Einführung in die Mikroökonomik

Falk Strotebeck

Einführung in die Mikroökonomik

Band II: Anwendungsbeispiele

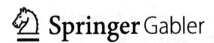

Falk Strotebeck
Fachhochschule Südwestfalen
Meschede, Deutschland

ISBN 978-3-658-27306-4   ISBN 978-3-658-27307-1 (eBook)
https://doi.org/10.1007/978-3-658-27307-1

Die Deutsche Nationalbibliothek verzeichnet diese Publikation in der Deutschen Nationalbibliografie; detaillierte bibliografische Daten sind im Internet über http://dnb.d-nb.de abrufbar.

Springer Gabler
© Springer Fachmedien Wiesbaden GmbH, ein Teil von Springer Nature 2019
Das Werk einschließlich aller seiner Teile ist urheberrechtlich geschützt. Jede Verwertung, die nicht ausdrücklich vom Urheberrechtsgesetz zugelassen ist, bedarf der vorherigen Zustimmung des Verlags. Das gilt insbesondere für Vervielfältigungen, Bearbeitungen, Übersetzungen, Mikroverfilmungen und die Einspeicherung und Verarbeitung in elektronischen Systemen.
Die Wiedergabe von allgemein beschreibenden Bezeichnungen, Marken, Unternehmensnamen etc. in diesem Werk bedeutet nicht, dass diese frei durch jedermann benutzt werden dürfen. Die Berechtigung zur Benutzung unterliegt, auch ohne gesonderten Hinweis hierzu, den Regeln des Markenrechts. Die Rechte des jeweiligen Zeicheninhabers sind zu beachten.
Der Verlag, die Autoren und die Herausgeber gehen davon aus, dass die Angaben und Informationen in diesem Werk zum Zeitpunkt der Veröffentlichung vollständig und korrekt sind. Weder der Verlag, noch die Autoren oder die Herausgeber übernehmen, ausdrücklich oder implizit, Gewähr für den Inhalt des Werkes, etwaige Fehler oder Äußerungen. Der Verlag bleibt im Hinblick auf geografische Zuordnungen und Gebietsbezeichnungen in veröffentlichten Karten und Institutionsadressen neutral.

Springer Gabler ist ein Imprint der eingetragenen Gesellschaft Springer Fachmedien Wiesbaden GmbH und ist ein Teil von Springer Nature.
Die Anschrift der Gesellschaft ist: Abraham-Lincoln-Str. 46, 65189 Wiesbaden, Germany

Für meine Eltern

Ein paar einleitende Worte ...

„But I am an economist. You might think that my mind would be elsewhere, thinking about stock markets or inflation figures, but if so, you'd be mistaken. I notice the gamblers and the prostitutes, the drinkers and the gangs. I just see them in a different light." (Tim Harford, 2009, S. IX)

Der vorliegende Band II zur Einführung in die Mikroökonomik enthält im Sinne des vorherigen Zitats einen Blick auf alltägliche Gegebenheiten „in einem anderen Licht", nämlich dem Licht mikroökonomischer Erklärungsmodelle. Ziel ist es nicht, typische Wirtschaftsvariablen zu erfassen und zu beschreiben, sondern schlicht und ergreifend die Welt durch die Brille eines Ökonomen zu betrachten. Die Darstellungsweise erfolgt dabei kongruent zum ersten Band der Reihe, sprich: Es werden die in der Mikroökonomik allgemein üblichen und verbreiteten grafischen Darstellungen verwendet, sodass der Effekt des „Wiedererkennens" gezielt gefördert wird. Ebenfalls werden fiktive Zahlen verwendet, um zur Übung Rechnungen nachvollziehbar und übersichtlich durchexerzierbar zu gestalten. Anzumerken sei, dass ein gewisses Verständnis der mikroökonomischen Lehre in diesem Band vorausgesetzt wird. Um Frustration vorzubeugen, empfiehlt sich daher eine vorherige oder parallele Beschäftigung mit der Thematik anhand des ersten Bands oder weiterer mikroökonomischer Lehrbücher.

Die im vorliegenden Buch in ihrer Länge sehr unterschiedlichen Abschnitte sollen gleich in mehrfacher Hinsicht dienlich sein:

1. Mit der Anwendung der mikroökonomischen Grundlagen auf die unterschiedlichsten Fragestellungen (von Arbeitsangebot und Agrarpolitik über Kindererziehung bis zu Wohnungsmärkten) soll das ökonomische Denken geschult werden. Dabei geht es nicht darum, dass die Modellanwendung perfekte Ergebnisse liefert, sondern darum zu erkennen, wie Themen überhaupt mit dem erlernten Instrumentarium angegangen werden *könnten*. Die Anwendbarkeit und die Schlussfolgerungen mögen gerne kontrovers diskutiert werden. Und: Die Beispiele sind inhaltlich teils angelehnt an aktuelle gesellschaftliche Diskurse, stellen aber ausdrücklich keine wissenschaftlichen Studien dar. Sinn und Zweck ist es lediglich aufzuzeigen, welch umfangreichen Werkzeugkasten

zur Untersuchung unterschiedlichster Sachverhalte die Mikroökonomik bietet.[1] Es ist des Weiteren zu unterscheiden, ob wir uns mit ökonomischen Themen befassen (dies ist im Folgenden zwar durchaus auch der Fall, aber dennoch eher zweitrangig) oder ob wir uns verschiedene Themen durch eine ökonomische Brille ansehen.

2. Die Abwechslung hinsichtlich der Beispiele fördert im besten Fall das Interesse an den Inhalten der Wirtschaftslehre.

3. Die Anwendung der mikroökonomischen Konzepte sowohl auf typische als teils auch sehr untypische[2] Handlungsfelder führt vielleicht dazu, dass ein ums andere Mal *„der Groschen fällt"*, wenn ein Konzept in einem völlig anderen Zusammenhang (etwa Kindererziehung) durchgesprochen wird. Es soll dabei nicht der Anschein erweckt werden, dass die Ökonomik der universelle Antwortbringer ist, sondern lediglich aufgezeigt werden, welch vielseitigen Werkzeugkasten die Mikroökonomik bereitstellt. Andere Wissenschaftsbereiche können auf anderem Wege zu den gleichen Ergebnissen oder auch zu anderen Ergebnissen führen.

4. Manche Textteile gehen im Folgenden gar ein wenig über das in dem Band I erläuterte Grundwissen hinaus, um zumindest anzudeuten, was hinter dem Horizont einer mikroökonomischen oder mikroökonomisch geprägten wirtschaftspolitischen Grundlagenveranstaltung noch zu erwarten wäre. Diese Inhalte werden im Zuge des Texts entsprechend erläutert.

Meine persönliche Hoffnung ist, dass diese Form der Anwendung einen Anreiz für die weitere Beschäftigung mit dem Lernstoff darstellt. Bisher habe ich diesbezüglich durchweg positive Rückmeldung erfahren.

Für anregende Diskussionen über die Anwendungsfelder der Mikroökonomik danke ich meinen derzeitigen und ehemaligen Kolleginnen und Kollegen sowie allen mir verbundenen Weggefährten.

Fehler und Unstimmigkeiten im vorliegenden Text habe nur ich selbst zu verantworten.

Brilon, Deutschland Falk Strotebeck
Juni 2019

---

[1] Auch das folgende Zitat verdeutlicht, dass die ökonomische Lehre einen Methodenrahmen bietet und eben nicht auf eine reine Wiedergabe vermeintlich ökonomisch relevanter Fakten zu reduzieren ist. *„One tends to forget that economics is primarily a technique, a way of thinking, rather than merely an accumulation of facts."* (Officer 2009, S. 2.) Und um eine eben solche hier angesprochene Anwendung von Techniken soll es in diesem Band ganz zentral gehen.

[2] Zugegebenermaßen findet eine solche Überwälzung ökonomischer Modelle auf abseitige Themengebiete nicht nur Zuspruch, sondern durchaus auch vehementen Widerstand, was sich in Vorwürfen *„ökonomischen Imperialismus"* zu betreiben ausdrückt oder – da manch eine Anwendung als banal abgetan wird – zu Texten führt, die eine solche Vorgehensweise ins Lächerliche ziehen sollen, wie etwa die *„Ökonomische Theorie des Zähneputzens"* von Alan S. Blinder (1974). In meinen Augen ist es jedoch klar von Vorteil, in der Lage zu sein, eine weitere Sichtweise auf Sachverhalte einnehmen zu können und daher sinnvoll, solch einen Transfer anhand vielfältiger Beispiele zu üben.

Literatur

Blinder, A. S. (1974). The economics of brushing teeth. *The Journal of Political Economy*, *82*(4), 887–891.

Harford, T. (2009). *The logic of life*. London: Abacus.

Officer, L. H. (2009). *Everyday economics – Hones answers to tough questions*. New York: Palgrave Macmillan.

Inhaltsverzeichnis

1	**Warum in Büchern häufig noch Fehler sind**	1
2	**Der administrierte Wohnungsmarkt**	5
	2.1 Angebot und Nachfrage nach Wohnraum	5
	2.2 Preisfixierung	7
	2.3 Neubau lautet das Zauberwort	10
	2.4 Wer bezahlt den Makler?	12
	2.5 Wohnungspolitik aus Sicht der Haushaltstheorie	14
	2.5.1 Grundmodell und anteilige Mietkostenübernahme	14
	2.5.2 Einkommenszuschuss	17
	2.5.3 Sozialer Wohnungsbau	19
	Literatur	20
3	**Der administrierte Milchmarkt**	21
	3.1 Interventionspreis	21
	3.2 Quotierung	22
	3.3 Stall oder Sofa?	24
	Literatur	29
4	**Vom Kaufen und Verkaufen**	31
	4.1 Über den Wiederverkauf meines Autos	31
	4.2 Wenn zwei sich scheinbar widersprechende Wahrheiten existieren	33
	4.3 Kartenkontingente und der Schwarzmarkt	35
	Literatur	37
5	**Sozialleistungen und mögliche Einflüsse auf den Arbeitsmarkt**	39
	5.1 Transferleistungen	39
	5.2 Rückwärts geneigt und vorwärts fallend	42
	5.3 Bedingungsloses Grundeinkommen	48
	5.4 28-Stunden-Woche, Elternzeit, Präferenzänderungen	51
	5.5 Starre Arbeitszeiten	53
	Literatur	54

Inhaltsverzeichnis

6 Bedürfnisse und Arbeitsmotivation 55
   6.1 Das Gefangenendilemma 56
      6.1.1 Das Zwei-Personen-Spiel 56
      6.1.2 Das Drei-Personen-Spiel 58
      6.1.3 Das N-Personen-Spiel 59
   6.2 Nur eine Sache des Vertrauens? 62
      6.2.1 Das Zwei-Personen-Vertrauensspiel 62
      6.2.2 Das N-Personen-Vertrauensspiel 63
   6.3 Gesellschaftsbewusstsein 66
   Literatur 67

7 Marktmacht im Drogenhandel 69
   7.1 Das Kartell als Monopolist 69
   7.2 Das Kartell als Monopsonist 71
   7.3 Kaufe günstig, verkaufe teuer 73
   Literatur 75

8 Wenn nur noch der Kranich fliegt, ... wird es teuer? 77
   8.1 Das einfache Monopolmodell 77
   8.2 Konkurrenz oder Segmentierung 79
   Literatur 81

9 Mikroökonomische Weihnachten 83
   9.1 Effizientes Schenken 83
   9.2 Satisficing beim Weihnachtsbaumkauf 84
   9.3 Wir brauchen mehr Lichter 86
   Literatur 87

10 Mit Mikroökonomik zur Wunschfigur 89
   10.1 Die Kalorienrestriktion 89
   10.2 Ungesundes schmeckt so gut 91
   10.3 Light-Produkte und Sport 93
   Literatur 95

11 Warum es einfach ist, ein Impfgegner zu sein 97

12 Ökonomisches Denken in der Kindererziehung 101
   12.1 Nutzenmaximierung: Lernen und Spielen? 101
   12.2 Zeit ist Geld, oder so ähnlich 103
   12.3 Optimiertes Lernen 105
   12.4 Und bis du nicht willig ... Von Prinzipalen und Agenten 107
   12.5 Die Produktion guter Noten 110
   Literatur 112

13 Wasser und Diamanten 113
   Literatur 115

Inhaltsverzeichnis

14 Umweltverschmutzung 117
    14.1   Gibt es ein optimales Ausmaß an Verschmutzung? 117
    14.2   Die Verhandlungslösung 119
    14.3   Umweltpolitische Eingriffe 123
        14.3.1   Auflagen 123
        14.3.2   Handel mit Verschmutzungsrechten 124
        14.3.3   Kombination von Verschmutzungsrechten und Mindestpreisen.... 128
        14.3.4   Steuerlösung 131
    14.4   Eine haushaltstheoretische Betrachtung einer CO_2-Steuer 132
    14.5   Wer hat Angst vorm Ombudsmann? 134
    Literatur.. 137

15 Marktversagen in der Tourismusbranche? 139
    15.1   Externalitäten des globalisierten Tourismus 139
    15.2   Kurtaxe und die Bereitstellung lokaler öffentlicher Güter............ 141
    15.3   Auf dem Gipfel ist nicht genug Platz............................ 145
    Literatur.. 147

16 Auf Weltmärkten handeln 149
    16.1   Das Zwei-Länder-Modell...................................... 149
    16.2   Einführen eines Zolls... 154
        16.2.1   Importzoll eines kleinen Landes......................... 154
        16.2.2   Importzoll eines großen Landes 157
        16.2.3   Importzoll und Monopolmodell 160
    16.3   Einfluss von Wechselkursänderungen auf den Außenhandel........... 161
    Literatur.. 165

17 Verbrechen lohnt sich nicht ... oder etwa doch? 167
    Literatur.. 173

18 Mikroökonomik im Zeitalter der Digitalisierung 175
    18.1   DLC in der Videospielindustrie 175
    18.2   Vom abnehmenden Grenzertrag der Wildschweinjagd 182
    18.3   Raubkopierer 184
    18.4   Netzwerkmärkte... 185
    18.5   Zweiseitige Märkte 192
    Literatur.. 199

19 Straßenverkehr 201
    19.1   Lärm, Staub und Pendlerpauschale 201
    19.2   Koordination im Straßenverkehr 204
    19.3   Kostenerhöhungsstrategie im Kraftstoffmarkt..................... 206
    Literatur.. 208

Weiterführende Literatur... 209

Abbildungsverzeichnis

Abb. 1.1 Optimale Fehlervermeidung 2

Abb. 2.1 Marktgleichgewicht | Wohnraum. 7
Abb. 2.2 Höchstpreis auf dem Wohnungsmarkt 9
Abb. 2.3 Kurzfristiges Angebot an Wohnraum 10
Abb. 2.4 Neubau 11
Abb. 2.5 Maklercourtage (ausgestaltet als Euro pro m^2) 13
Abb. 2.6 Optimales Ausmaß an Wohnfläche 15
Abb. 2.7 Mietkostenzuschuss 17
Abb. 2.8 Einkommenszuschuss 18
Abb. 2.9 Sozialer Wohnungsbau 19

Abb. 3.1 Mindestpreis für Rohmilch 22
Abb. 3.2 Quotenregelung mit Interventionspreis 23
Abb. 3.3 Milchquotenhandel 25
Abb. 3.4 Quotenhandel 26
Abb. 3.5 Markt für Produktionsrechte 27

Abb. 4.1 Ausstattungspakete und Wiederverkauf 32
Abb. 4.2 Güterbündel und Preisverhältnis 34
Abb. 4.3 Handel mit Eintrittskarten 36

Abb. 5.1 Freizeitverzicht nach Präferenz und Transferleistung 40
Abb. 5.2 Freizeitverzicht bei Lohnerhöhung 43
Abb. 5.3 Das Arbeitsangebot | Der invertiert S-förmige Verlauf 44
Abb. 5.4 Arbeit oder Freizeit | Dominierender Einkommenseffekt 45
Abb. 5.5 Arbeit oder Freizeit | Dominierender Substitutionseffekt 46
Abb. 5.6 Arbeit oder Freizeit | Höherer Lohn, mehr Freizeit 47
Abb. 5.7 Bedingungsloses Grundeinkommen 48
Abb. 5.8 Anrechnung der Transferzahlung. 49
Abb. 5.9 Präferenzenänderung 52
Abb. 5.10 Feste Arbeitszeiten 54

XV

Abb. 6.1	Auszahlungsmatrix Gefangenendilemma	58
Abb. 6.2	Drei-Personen-Gefangenendilemma	59
Abb. 6.3	N-Personen-Gefangenendilemma	61
Abb. 6.4	Auszahlungsmatrix Vertrauensspiel	62
Abb. 6.5	N-Personen-Vertrauensspiel	65
Abb. 6.6	Auszahlungsmatrix bei Gesellschaftsbewusstsein	66
Abb. 7.1	Gewinnmaximierung im Kartell	70
Abb. 7.2	Monopson auf dem Faktormarkt	72
Abb. 8.1	Monopol im Flugverkehr	79
Abb. 8.2	Segmentierung im Flugverkehr	81
Abb. 9.1	Weihnachtsbeleuchtung als positive Externalität	87
Abb. 10.1	Kalorienrestriktion und optimales Güterbündel	92
Abb. 10.2	Kalorienreduzierung durch Light-Produkte	94
Abb. 10.3	Drehung und Verschiebung der Kaloriengerade	95
Abb. 11.1	Impfung I Marktgleichgewicht	98
Abb. 11.2	Impfung I Positive Externalität	100
Abb. 12.1	Spielen und Lernen	102
Abb. 12.2	So lange Du Deine Füße unter meinen Tisch stellst	103
Abb. 12.3	Möglichkeiten bei zwei Restriktionen	104
Abb. 12.4	Talent und Anstrengung	111
Abb. 13.1	Wasser und Diamanten	114
Abb. 13.2	Preisfixierung durch Mengenkontrolle	115
Abb. 14.1	Wie viel Verschmutzung darf es denn sein?	118
Abb. 14.2	Die Verhandlungslösung I	120
Abb. 14.3	Die Verhandlungslösung II	122
Abb. 14.4	Emissionsreduktion durch Auflagen	124
Abb. 14.5	Handelbare Verschmutzungsrechte	126
Abb. 14.6	Lizenzen und Mindestpreis	129
Abb. 14.7	Wasserbetteffekt durch den Mindestpreis auf Lizenzen	130
Abb. 14.8	Steuerlösung	131
Abb. 14.9	Verhaltensänderung durch Besteuerung	133
Abb. 14.10	Zwiespalt zwischen Umwelt und Konsum	134
Abb. 14.11	Gesellschaftspräferenz	136
Abb. 15.1	Luftverschmutzung durch den Konsum von Flugreisen	140
Abb. 15.2	Optimales Ausmaß der Bereitstellung des öffentlichen Gutes	143
Abb. 15.3	Einführen einer Kurtaxe (analog einer Mengensteuer)	144
Abb. 15.4	Staukosten	146

Abbildungsverzeichnis

Abb. 16.1	Herleitung der Exportnachfrage auf dem Weltmarkt		151
Abb. 16.2	Herleitung des Exportangebots auf dem Weltmarkt		151
Abb. 16.3	Herleitung des Weltmarktpreises		153
Abb. 16.4	Auswirkungen eines Zolls (kleines Land)		155
Abb. 16.5	Getränkedosen und Weißblechpreis		156
Abb. 16.6	Ausweitung der Importe von Fertigprodukten		158
Abb. 16.7	Auswirkungen eines Zolls (großes Land).		159
Abb. 16.8	Freihandel oder Zoll | Monopolist		161
Abb. 16.9	Abwertung | Importmarkt		163
Abb. 16.10	Abwertung | Exportmarkt		164
Abb. 17.1	Verbrechenskalkül		168
Abb. 17.2	**a–c** Einflüsse auf die Zahl der Verbrechen. **a** Erhöhte Polizeipräsenz, **b** verlängerte Inhaftierungszeit, **c** weniger Wertgegenstände und Bargeld		169
Abb. 17.3	**a,b** Verbrechen und Alarmanlagen. **a** Schutz durch Alarmanlagen und Sicherheitsequipment, **b** Markt für Alarmanlagen und Sicherheitsequipment		171
Abb. 17.4	Regionale Aufteilung von Einbruchsaktivitäten		172
Abb. 18.1	Nachfrage nach Downloadable Content (DLC)		177
Abb. 18.2	Preissetzungsmöglichkeiten bei DLC.		178
Abb. 18.3	Kostendeckende Preise für DLC		181
Abb. 18.4	Grenznutzen bei Betrachtung unterschiedlicher Netzarten		187
Abb. 18.5	Nachfrage nach einem Netzwerkgut		190
Abb. 18.6	Quasi-Reaktionsfunktionen der Marktseiten		196
Abb. 19.1	Negative Externalitäten (im Konsum)		202
Abb. 19.2	Koordination im Straßenverkehr I		204
Abb. 19.3	Koordination im Straßenverkehr II.		205
Abb. 19.4	Kostenerhöhungsstrategie bei Kraftstoffen		207

Tabellenverzeichnis

Tab. 2.1 Angebots- und Nachfrageplan für Wohnraum 6

Tab. 3.1 Angebots- und Nachfrageplan | Quotenhandel 25

Tab. 6.1 Grundstruktur simultaner Zwei-Personen-Spiele 57

Tab. 12.1 Optimale Zeiteinteilung 106

Tab. 17.1 Beispiel zur Inhaftierungsdauer und Verbrechensanzahl 171

Tab. 18.1 Level-Aufstieg 183

Warum in Büchern häufig noch Fehler sind 1

In der Regel, so auch bei diesem Buch, verweist der Autor oder die Autorin darauf, dass die übrigen Fehler in den Texten trotz der Vielzahl an Korrekturhilfen seitens der Verlage, von Kolleginnen und Kollegen oder auf Basis der eigenen Mühen zur Reduzierung der Fehleranzahl noch als eigenes Verschulden in der Verantwortung des Schreibenden liegen. Nun fragt man sich vielleicht, warum bei einem professionell herausgegebenen Buch denn noch immer mit Fehlern gerechnet wird und wieso man nicht alles daransetzt, um dies zu vermeiden. Immerhin wird es mehrfach gedruckt und es ist unangenehm, wenn nicht – je nach Fehler – schlicht peinlich, im Nachhinein noch auf Fehler zu stoßen oder in Mails auf Ungereimtheiten oder gar Rechen- oder Darstellungsfehler hingewiesen zu werden. Doch dies ist mit Blick auf das Marginalkalkül einfach nachzuvollziehen.

Unter dem Marginalkalkül verstehen wir die Beurteilung der Veränderung von z. B. der Produktion oder dem Konsum um eine kleine Einheit hinsichtlich des damit einhergehenden Nutzens oder der Kostenänderung. Als Beispiele: Der Grenzerlös wäre definiert als die Veränderung des Gesamterlöses durch Ausweitung der Absatzmenge um eine Einheit, und der Grenznutzen wäre der zusätzliche Nutzen, geschaffen durch Ausweitung des Konsums um eine Einheit. Diese Grundidee der „Grenzbetrachtung" nutzen wir auch mit Blick auf die Fehlervermeidung. Unsere Kosten sollen in Arbeitswochen bestehen, die wir investieren müssen, um den Text auf Auffälligkeiten, Tippfehler, Denkfehler, Schreibfehler etc. durchzugehen, um diese aufzuspüren und zu korrigieren. Irgendwo ganz weit rechts auf der Abszisse (der x-Achse) der Abb. 1.1 wäre der Text voll mit Fehlern und es wäre ein Leichtes, dies zu ändern, indem man einfach einmal im halbwegs klaren Geisteszustand an den Text geht und die offensichtlichen Fehler korrigiert. Die Grenzkosten der Vermeidung von Fehlern wären sehr gering. Mit wenig zeitlichem Aufwand könnten

---

© Springer Fachmedien Wiesbaden GmbH, ein Teil von Springer Nature 2019
F. Strotebeck, *Einführung in die Mikroökonomik*,
https://doi.org/10.1007/978-3-658-27307-1_1

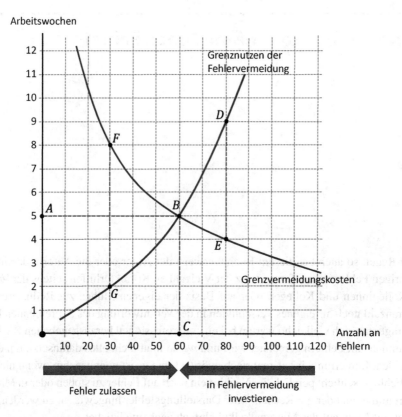

Abb. 1.1 Optimale Fehlervermeidung

bereits etliche Fehler behoben werden. Gleichfalls ist der Nutzen der Vermeidung hoch, da ein völlig fehlerhafter Text grausig ist und bereits einfache Eingriffe den Text bereits in etwas durchaus Lesbares verwandeln könnten.

Bewegen wir uns mit Blick auf die Abb. 1.1 von rechts nach links (z. B. von 80 Fehlern in Richtung 60 Fehler), so steigen die Kosten der Vermeidung weiterer Fehler immer weiter an (von E nach B). Aufgaben durchrechnen, doppelte Leerzeichen aufspüren etc. kostet viel Zeit und der Nutzen dieser Tätigkeit nimmt immer weiter ab (von D nach B), denn ein doppeltes Leerzeichen z. B. macht ein Buch nicht gleich unbrauchbar und die dafür aufgewendete Zeit könnte man sinnstiftender nutzen. Rechts vom Punkt B ist es demnach noch sinnvoll, weitere Zeit in die Reduzierung der Fehleranzahl zu stecken, da die Grenzkosten der Vermeidung unterhalb des Grenznutzens liegen. Die Schere zwischen Grenzkosten und Grenznutzen schließt sich, wenn wir ausgehend von 80 Fehlern mehr Zeit in Fehlervermeidung investieren. In Punkt B stimmen Grenzkosten und Grenznutzen überein. In diesem Fall würden insgesamt fünf Wochen zur Fehlerkorrektur aufgewendet werden und eine Anzahl von 60 übrigen Fehlern wird akzeptiert. Und dieses

Ausmaß an Fehlern wäre optimal. *„Nein, überhaupt keine Fehler im Text, das wäre doch optimal!"* möge man rufen. Mit Blick auf das Marginalkalkül nicht. Links von Punkt B liegen die Grenzkosten der Vermeidung über dem Grenznutzen. Eine Reduzierung auf 30 Fehler geht mit deutlich höheren Grenzkosten (Punkt F) als Grenznutzen (Punkt G) einher. Eine weitere Vermeidung von lediglich wenigen zusätzlichen Fehlern kostet mich bereits viele wunderbare Wochen, in denen ich angenehme andere Dinge machen könnte.

Der administrierte Wohnungsmarkt

2

2.1 Angebot und Nachfrage nach Wohnraum

Wir wollen uns im Folgenden einmal einem klassischen Eingriff in einen Wettbewerbsmarkt widmen und der wohl typischste Markt auf dem (in gewisser Weise) Höchstpreisvorschriften Anwendung finden, ist der Wohnungsmarkt. Dazu kommt, dass die Mietpreisbremse in vielen Städten ein dauerhaft diskutiertes Thema ist.[1] Um dies für unsere Analyse nutzen zu können, sind zuvor die Annahmen des vollkommenen Marktes noch einmal kurz anzusprechen. Wir setzen im Folgenden voraus, dass auf dem Wohnungsmarkt viele Anbieter (Vermieter) und Nachfrager (Mieter) vorhanden sind, die einzeln keine Marktmacht besitzen. Sie nehmen den Preis des Marktes hin und passen ihre nachgefragte bzw. angebotene Menge an Wohnraum an. Die Wohnungen wiederum gelten als homogenes Gut (wohl die heroischste Annahme an dieser Stelle), unterscheiden sich also z. B. hinsichtlich der Größe und Ausstattung und der Lage nicht.[2] Auch ist es den Vermietern (zumindest zu Beginn in unserem einfachen Modell) möglich den Wohnraum kurzerhand anders zu nutzen, als zur Vermietung, sodass das Gesetz des Angebotes insofern Anwendung findet, dass bei einem sinkenden Preis weniger Wohnraum angeboten wird und bei einem Anstieg des Preises die angebotene Menge an Wohnraum zunimmt. Wir betrachten nunmehr den Markt für Wohnraum in m^2 und den monatlichen Mietpreis für einen m^2 Wohnraum in €.

Die Tab. 2.1 gibt Ihnen den Überblick über einen Nachfrage- und Angebotsplan.

---

[1] Die Mietpreisbremse ist allerdings deutlich komplexer als die einfache Vorgabe eines Höchstpreises, der vom Vermieter verlangt werden darf. Dennoch ist die grundlegende Idee m. E. gut zur Darstellung geeignet.

[2] Trotz des Immobilienslogans: *„Lage! Lage ! Lage!"*.

© Springer Fachmedien Wiesbaden GmbH, ein Teil von Springer Nature 2019
F. Strotebeck, *Einführung in die Mikroökonomik*,
https://doi.org/10.1007/978-3-658-27307-1_2

Tab. 2.1 Angebots- und Nachfrageplan für Wohnraum

Preis pro m^2	Nachgefragter Wohnraum in m^2	Angebotener Wohnraum in m^2
2,00 €	130.000	10.000
4,00 €	110.000	20.000
6,00 €	90.000	30.000
8,00 €	70.000	40.000
10,00 €	50.000	50.000
12,00 €	30.000	60.000
14,00 €	10.000	70.000

Vergleichen Sie die Preise mit den jeweils angebotenen und nachgefragten Mengen, sehen Sie, dass Angebot und Nachfrage sich passend zu unseren vorherigen Überlegungen verhalten. Bei einem hohen Mietpreis je m^2 fällt die nachgefragte Menge an Wohnraum gering aus (z. B. 30.000 m^2 bei einem Preis von 12,00 € je m^2) und bei einer niedrigen Miete fällt die nachgefragte Menge hoch aus (z. B. 90.000 m^2 bei einem Preis von 6,00 € je m^2). Hinsichtlich der angebotenen Mengen können Sie den gegensätzlichen Zusammenhang erkennen. Zu einem höheren Mietpreis wird von den Anbietern mehr Wohnraum angeboten und zu einem geringen Mietpreis wird nur eine geringe Fläche an Wohnraum angeboten. Tragen wir die Preis-Mengen-Kombinationen in einem Marktdiagramm ein, entsteht ein Marktdiagramm wie in Abb. 2.1.

Die grafische Analyse zeigt uns, dass sich ein Gleichgewicht am Markt einstellt, bei dem zu einem Gleichgewichtspreis von 10,00 Euro pro m^2 genau 50.000 m^2 Wohnfläche angeboten und auch nachgefragt werden. Nutzen wir die Gelegenheit noch einmal, um durchzusprechen, warum sich kein anderer Punkt, als der Gleichgewichtspunkt einstellt. Läge der Quadratmeterpreis derzeit noch unter 10,00 €, so würde weniger Wohnraum angeboten als nachgefragt. Bei einer Überschussnachfrage bieten die Käufer mit einer höheren Zahlungsbereitschaft mehr Geld an, um in den Genuss von Wohnraum zu kommen. Zu einem höheren Preis sind auch mehr Anbieter bereit, Wohnraum zu vermieten. Somit erhöht sich einerseits die angebotene Menge an Wohnraum und gleichzeitig sind weniger Nachfrager bereit (oder in der Lage) Wohnraum anzumieten, da die Zahlungsbereitschaft mancher Nachfrager nun unter dem geforderten Mietpreis liegt.

Oder, um das Kalkül eines individuellen Nachfragers durchzuspielen: Für einen höheren Mietpreis je m^2 liegt dieser über der Grenzzahlungsbereitschaft des letzten Quadratmeters Wohnraum, sodass ich als Nachfrager die Menge an Wohnraum bei höherem Preis soweit einschränke, bis die Grenzzahlungsbereitschaft für einen m^2 Wohnraum dem Preis für Wohnraum entspricht.

Ein Hochbieten und Anziehen des Preises endet aber, wenn das Gleichgewicht erreicht wird. Zwar würden die Anbieter für einen noch höheren Preis weiteren Wohnraum anbieten, doch gibt es keinen Nachfrager mehr, der weiteren Wohnraum zu dem hohen Preis anmieten würde. Im Gleichgewicht dagegen finden alle, die bereit sind, 10,00 € monatlich pro m^2 Wohnfläche zu bezahlen, eine Wohnung und alle Vermieter die bereit sind ihre Wohnraum für 10,00 € pro m^2 zu vermieten, können die Wohnflächen vermieten.

2.2 Preisfixierung

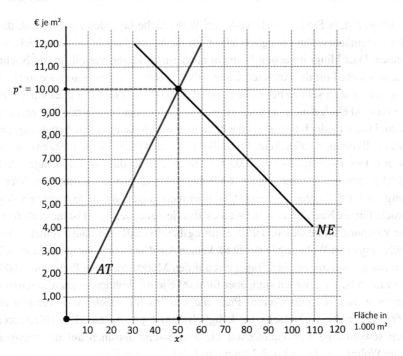

Abb. 2.1 Marktgleichgewicht I Wohnraum.

Läge der Preis im Ausgangspunkt über dem Gleichgewichtspreis, so würde mehr Wohnraum angeboten werden als nachgefragt. In dem Fall gäbe es Anbieter, die – ansonsten anderweitig genutzten – Wohnraum für einen hohen Mietpreis gerne zur Vermietung bereitstellen. Bei dem hohen Mietpreis (über 10,00 € pro m²) gibt es jedoch nicht ausreichend Nachfrager für den angebotenen Wohnraum. Dies führt dazu, dass viele Vermieter mit Preissenkungen reagieren, was wiederum dazu führen wird, dass manch ein Wohnraumbesitzer sich gegen die Vermietung entscheidet und den Wohnraum lieber für andere Zwecke nutzt, die ihm mehr wert sind. Bei sinkenden Mietpreisen wiederum wird eine größere Menge an Wohnungen nachgefragt, z. B. weil sich die Wohnungen nun eine größere Zahl an Menschen leisten können bzw. leisten mögen. Die Preissenkung, die mit sinkender angebotener und steigender nachgefragter Menge an Wohnfläche einhergeht, stoppt bei Erreichen des Mietpreises von 10,00 € je m². Zwar würde bei weiter sinkenden Preisen noch mehr Wohnraum nachgefragt werden, nur würden die Vermieter bei sinkendem Preis Wohnraum vom Markt abziehen, statt ebenfalls mehr anzubieten.

2.2 Preisfixierung

Kommen wir nun zu dem Moment, in dem es zu einer staatlichen Intervention kommt: Wir nehmen an, dass die Stadtverwaltung beschließt, einen Höchstpreis für die Wohnungsmiete bei 6,00 €/m² einzusetzen. Was bedeutet dieser festgesetzte Preis? Dies bedeutet für die Nachfrager, dass Sie lediglich 6,00 €/m^2 Wohnfläche bezahlen müssen und, dass die Anbieter im Umkehrschluss lediglich 6,00 € für die Vermietung je m^2 Wohnfläche verlangen können. Dies klingt im ersten Moment nach einem klaren Vorteil für die Nachfrager und einem Nachteil für die Anbieter. Ohne jedwede Reaktion des Marktes einzukalkulieren, mag man geneigt sein zu behaupten, dass die 50.000 m^2 nun nicht mehr für 10,00 €/m^2 sondern für 6,00 €/m^2gemietet werden können und damit der bestehende Wohnraum günstiger wird. Dies ist jedoch zu kurz gedacht, denn damit ließe man den Anpassungsprozess am Markt vollkommen außer Acht. Formulieren wir daher die Konsequenzen des Höchstpreises um: Der Höchstpreis von 6,00 € je m^2 bedeutet, dass nur diejenigen Anbieter Wohnfläche anbieten werden, denen 6,00 € als Miete pro m^2 ausreichen. Wer seine Wohnung nur für 8, 50 €/m^2 oder 9,00 €/m^2 oder mehr angeboten hätte, zieht sein Angebot nun zurück. Für die Nachfrager bedeutet dies, dass jemand, der bereit ist mehr als 6,00 €/m^2 für eine Wohnung zu bezahlen, seiner Zahlungsbereitschaft und damit seiner Präferenz/ Wertschätzung einer Wohnung in der Stadt keinen Ausdruck mehr verleihen kann. Gleichsam strömen all diejenigen Nachfrager mit auf den Markt, die einen Preis von 10,00 €/m^2 nicht zu zahlen bereit gewesen sind, aber für 6,00 € je m^2 Wohnraum nachfragen bzw. die Nachfrager weiten bei günstigerem Preis die gewünschte Fläche von wenigen m^2 bei 10,00 €/m^2 auf mehr Wohnfläche bei lediglich 6,00 € pro m^2 aus. Der Höchstpreis hat demnach sowohl eine Konsequenz auf die angebotene als auch auf die nachgefragte Menge an Wohnraum. Die Abb. 2.2 zeigt den Effekt.

Nehmen wir an, dass ein Nachfrager bereit wäre 8,00 € pro m^2 zu bezahlen und ein Anbieter wäre bereit für 10,00 €/m^2 seine Wohnung zu vermieten. Was würde geschehen? Die Transaktion käme nicht zustande, obwohl sich beide Parteien besser stellen könnten (z. B. bei einem Preis von 9,00 € je m^2). Warum geschieht dies nicht? Der Höchstpreis verbietet es dem Anbieter, die Wohnung für über 6,00 €/m^2 zu vermieten. Der Nachfrager steht nun also auf der Straße und wedelt mit den Geldscheinen, und der Vermieter sitzt am Fenster und schaut zu, da ihm die Hände gebunden sind.

Anhand der Abb. 2.2 wird ein Ergebnis überdeutlich: Bei einem Höchstpreis von 6,00 € pro m^2 wird weit weniger Wohnraum angeboten als nachgefragt. Die entstehende Knappheit können wir auch ermitteln, indem wir die angebotene Menge und nachgefragte Menge bei einem Preis von 6,00 €/m^2 auf der x-Achse ablesen und gegenüberstellen. Es werden 30.000 m^2 an Wohnfläche angeboten, jedoch 90.000 m^2 an Fläche nachgefragt. 60.000 m^2 an Wohnraum fehlen dementsprechend, um die nachgefragte Menge bei einem geltenden Preis von 6,00 €/m^2 zu befriedigen. Zu einem Preis von 6,00 €/m^2 wird diese Fläche jedoch niemals angeboten.

Viele Nachfrager wären allerdings sogar bereit mehr zu bezahlen, nur bringt ihnen das nichts, da die Anbieter den Preis nicht erhöhen dürfen, auch wenn dies dazu führen würde, dass die angebotene Wohnfläche zunähme. Die Knappheit wird bei Festlegung des Preises auf einem Niveau unterhalb des Gleichgewichtspreises dauerhaft bestehen bleiben.

Warum ist das problematisch? Bei einer hohen Knappheit werden Sie auf dem Wohnungsmarkt nun ziemlich lange auf Wohnungssuche gehen, bis Sie vielleicht mal eine Wohnung erwischen, in der Sie zur richtigen Zeit am richtigen Ort sind, wenn gerade

2.2 Preisfixierung

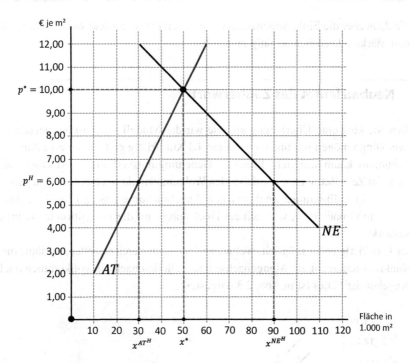

Abb. 2.2 Höchstpreis auf dem Wohnungsmarkt

jemand auszieht. Aufgrund der Zeit, die Sie für die Suche einer Wohnung aufwenden müssen, entstehen Ihnen Opportunitätskosten, da Sie Ihre Zeit auch anders hätten verwenden können. Des Weiteren kommt es zu Ineffizienz, da es noch Transaktionsmöglichkeiten gäbe, die sowohl Vermieter als auch Nachfrager besserstellen würden. Soll bedeuten: Der gesamtgesellschaftliche Nutzen könnte erhöht werden, würde es keine Preisvorschrift geben.[3]

Anzumerken sei aber Folgendes: Wir gehen implizit davon aus, dass die Zahlungsfähigkeit der Nachfrager auf dem Wohnungsmarkt gleich hoch ist. Dann ist die Allokation von Wohnraum über den Markt und die Signalwirkung des Preises im Sinne der Höhe der Zahlungsbereitschaft der Konsumenten einerseits und der Kostensituation der Anbieter andererseits tatsächlich effizient. Die Annahme ist jedoch auf dem Wohnungsmarkt sicherlich diskussionswürdig. Es wird jedoch häufig darauf verwiesen, dass für politische

---

[3] Häufig wird als Konsequenz auch angemerkt, dass die Vermieter keinen Anreiz mehr haben, in die Wohnungen zu investieren. Das mag im Extremfall stimmen, wenn eine Mietpreisbremse so strikt ausgestaltet ist, wie in unserem Beispiel. In der Regel sind die Instrumente aber flexibler, sodass eine deutliche Verbesserung einer Wohnung durch Investitionen es erlaubt, auch den Mietzins zu erhöhen. Dies wiederum kann allerdings auch wieder problematisch sein, wenn es von Vermietern strategisch zum „herausrenovieren" von Mietern eingesetzt wird, die sich höhere Mietzahlungen nicht leisten können.

Eingriffe dann eher die Einkommensverteilung in den Fokus gerückt werden sollte, als auf einzelnen Märkten korrigierend tätig zu werden.

2.3 Neubau lautet das Zauberwort

Schließen wir kurz eine Überlegung an, wie wir das Modell realistischer gestalten können. Zwei Dinge mögen wir uns vornehmen: 1.) Kurzfristig gedacht ist eine Ausweitung von Wohnraum kaum möglich. Planung, Genehmigungsverfahren und Durchführung benötigen viel Zeit. Betrachten wir daher den Wohnungsmarkt noch einmal und gehen von einer kurzfristig vollkommen unelastischen Angebotskurve aus. 2.) Im Anschluss betrachten wir in Grundzügen, wie sich ein Höchstpreis auf die Investition in Neubauprojekte auswirkt.

Ist es kurzfristig nicht möglich, weiteren Wohnraum bereitzustellen, verläuft die Angebotsfunktion senkrecht zur Mengenachse und stellt demnach ein vollkommen unelastisches Angebot dar.[4] Dies ist in Abb. 2.3 dargestellt.

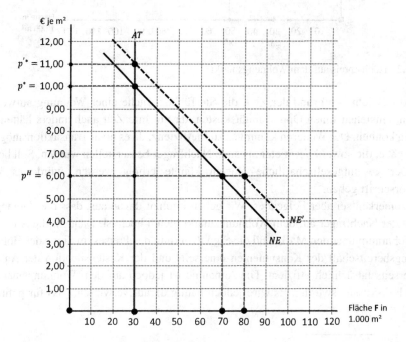

Abb. 2.3 Kurzfristiges Angebot an Wohnraum

---

[4] Elastizität? Was war das noch einmal? Bei der Preiselastizität des Angebots betrachten wir, in welchem Verhältnis eine prozentuale Mengenänderung des Angebots zu einer prozentualen Änderung des Preises steht. Im hier angedeuteten vollkommen unelastischen Fall geht mit einer Preiserhöhung (einer Mieterhöhung) überhaupt keine Änderung des angebotenen Wohnraums einher.

2.3 Neubau lautet das Zauberwort

Das Gleichgewicht ist bei einem Preis von 10,00 € je m² erreicht und 30.000 m² an Wohnfläche sind vermietet. Würde die Nachfrage steigen (von NE auf NE'), so schlägt sich dies (ohne Mietpreisfixierung) vollständig im Preis nieder. Die Menge an Wohnraum kann auch bei höherer Zahlungsbereitschaft der Mieter seitens der Anbieter kurzfristig nicht geändert werden. Variabel ist lediglich der Preis. In unserem Beispiel erhöht sich durch den Nachfrageanstieg der Quadratmeterpreis auf 11,00 €.

Bei Gültigkeit einer Preisfixierung wiederum ist kurzfristig auch zu erwarten, dass es nicht zu einem Abbau von Wohnraum kommen kann. Die Wohnungen stehen sonst leer (und kosten vor sich hin), sodass die vorhandene Wohnfläche von 30.000 m² zum Quadratmeterpreis von 6,00 € je m² bereitgestellt wird. Zu einem Nachfrageüberhang kommt es dennoch, da der niedrige festgesetzte Preis schließlich nicht lediglich Einfluss auf die angebotene Wohnfläche besitzt, sondern auch auf die nachgefragte Fläche. Diese liegt bei einem Preis von 6,00 € je m² bei 70.000 m² und bei einem Nachfrageanstieg gar bei 80.000 m².

Schauen wir nun, wie sich das Angebot an Wohnfläche mit der Zeit verändern könnte. Gehen wir dafür von einem Gleichgewichtspreis von 7,00 € je m² aus und einer derzeitigen Gleichgewichtsmenge in Höhe von 30.000 m², bevor es zu einem Nachfrageanstieg (von NE auf NE') kommt (Abb. 2.4).

Der Nachfrageanstieg führt zu einem starken Preisanstieg (von 7,00 € je m² auf 10,00 € je m²). Der Gesamterlös durch Vermietung steigt von 210.000 € auf 300.000 € an. Der hohe Preis stellt für die Anbieter ein Signal dar, dass Wohnraum knapp ist, sodass mehr

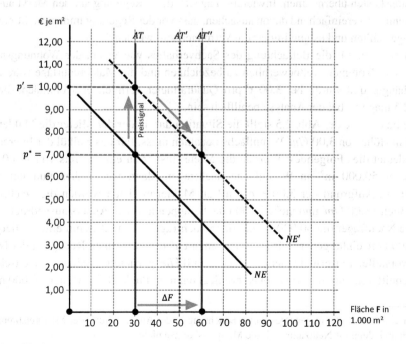

Abb. 2.4 Neubau

Wohnraum erstellt und angeboten wird. Die Zunahme des Angebotes führt zu sinkenden Mieten. Liegen diese nach dem Ausbau noch immer so hoch, dass weiterer Neubau rentabel ist, wird der Ausbau weiter fortgeführt. Über die Zeit vergrößert sich das Angebot von AT auf AT' und AT'', bis ein neues Gleichgewicht erreicht wird. Die Fläche hat sich durch Zubau jedoch von 30.000 m² auf 60.000 m² verdoppelt. Gilt nun eine Mietpreisfixierung, sodass der Preis bei einem Nachfrageanstieg nicht von 7,00 € auf 10,00 € hochschnellen kann, sondern z. B. bei 8,00 € gebremst (Mietpreis*bremse*) werden würde, fällt das Preissignal für die Anbieter geringer aus. Daher wird bereits in erster Periode ein geringerer Ausbau betrieben und der Anpassungsprozess auf den alten Gleichgewichtspreis durch Ausbau von Wohnraum nimmt mehr Zeit in Anspruch. In dem Fall konterkariert die Mietpreisfixierung das gesetzte Ziel, zügig ausreichend günstigen Wohnraum für die Nachfrager bereitzustellen. Zwar ist der Preis festgelegt und diejenigen, die tatsächlich eine Wohnung finden, profitieren auch davon, doch der Nachfrageüberschuss wird langsamer abgebaut als ohne die Mietpreisbremse.[5]

2.4 Wer bezahlt den Makler?

Während bis zum Jahr 2015 unter Abwesenheit einer Regelung mehrheitlich Mieter einer Wohnung die Maklercourtage übernahmen, ist über das *Bestellerprinzip* („Wer den Makler bestellt, der bezahlt ihn auch.") klarer geregelt worden, ob Vermieter oder Mieter die Provisionskosten übernehmen. Inwiefern mag sich diese Regelung auf den Markt auswirken, wenn wir vereinfachend davon ausgehen, dass vor der Regelung immer die Mieter die Courtage zahlten und es nun immer die Vermieter sein würden?[6]

Nehmen wir für die Betrachtung des Sachverhaltes wieder an, der Wohnungsmarkt wäre als vollkommen wettbewerblich zu bezeichnen und die Maklercourtage wäre mengenabhängig und würde bei 3,00 € pro Quadratmeter vermieteter Wohnfläche liegen. Abb. 2.5 mag uns bei der Analyse behilflich sein.

Die linke Seite der Abb. 2.5 stellt die Situation dar, in der der Mieter die Maklerprovision in Höhe von 3,00 €/m^2 Wohnfläche bezahlen muss. Für das Kalkül der Interessenten bedeutet dies Folgendes: Würden die Mieter bisher zu einem Preis von 10,00 €/m^2 insgesamt 50.000 m² an Wohnfläche nachfragen, dann wären dies nun nur noch 20.000 m². Aufgrund der 3,00 € pro m² an Maklerprovision würden die Nachfrager schließlich 13,00 €/m^2 und nicht 10,00 €/m^2 berappen müssen. Anders ausgedrückt würden die Nachfrager die 50.000 m² nur dann nachfragen, wenn dies mit einem Mietpreis von 7,00 €/m^2 einhergehen würde. Wir können uns dies wie einen Rückgang der Nachfrage vorstellen (aufgrund einer jeweils um 3,00 €/m^2 geringeren Zahlungsbereitschaft). Der Schnittpunkt mit der Angebotskurve liegt dann im Punkt B. Es werden 40.000 m² an

---

[5] Dieser Umstand findet in gewisser Weise Beachtung in der Ausgestaltung der Mietpreisbremse in Deutschland, denn für Neubauten gilt die Mietpreisbremse nicht.

[6] Vgl. ergänzend hierzu auch Dascher, Kristof (2013), S. 65–66.

2.4 Wer bezahlt den Makler?

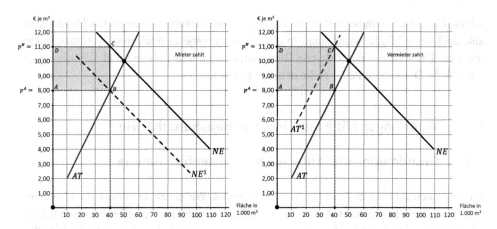

Abb. 2.5 Maklercourtage (ausgestaltet als Euro pro m²)

Wohnfläche nachgefragt. Der Vermieter erhält 8,00 € je m² und der Mieter bezahlt insgesamt 11,00 € pro m², wobei 8,00 € pro m² an den Vermieter gehen und 3,00 € je m² an den Makler. Die Einnahmen der Makler betragen demnach insgesamt 120.000 € (Fläche *ABCD*).

Die rechte Seite der Abb. 2.5 zeigt die Auswirkungen auf den Markt (gegeben unserer Annahmen), wenn der Vermieter die Courtage übernehmen müsste. Während die Vermieter zuvor 20.000 m² zu einem Preis von 4,00 € je m² angeboten haben, würden Sie dies nun nur noch zu einem Preis von 7,00 €/m² tun, da die Kosten des Maklers mit einkalkuliert werden. Wir können uns dies – aufgrund des Kostenzuschlags – wie eine Linksverschiebung der Angebotskurve vorstellen. Der neue Schnittpunkt mit der Nachfragekurve liegt bei einem Preis von 11,00 € je m² und einer Menge von 40.000 Quadratmetern Wohnfläche. Die Nachfrager müssen 11,00 € pro m² bezahlen, die Vermieter müssen davon aber 3,00 € je m² an den Makler abführen und erhalten nach Abzug daher nur noch 8,00 €/m². Wieder erhalten die Makler insgesamt (Fläche *ABCD*) 120.000 € an Maklercourtage.

Es ist zu erkennen, dass das Marktergebnis in beiden Fällen völlig identisch ist.[7] Und in beiden Fällen (hier aufgrund des im Vergleich zur Nachfrage weniger elastischen Angebots) tragen die Vermieter so oder so einen höheren Teil des Provisionsvolumens (nämlich 80.000 € der insgesamt 120.000 €).

Eine anschließende Überlegung könnte sein, wie die Maklercourtage sich pauschal auf den Markt auswirkt. Sind sowohl Angebot als auch Nachfrage recht unelastisch, dürfte sich die gehandelte Menge an Wohnraum nicht stark reduzieren. Des Weiteren müssten wir sicherlich die Annahme vollkommener Information in unserem Wettbewerbsmarkt fallen lassen. Eben aufgrund von Informationsmängeln werden Makler schließlich bestellt. Auch bleibt im Modell außen vor, dass Makler nicht (wie z. B. eine Steuer, und so haben

---

[7] Wir haben an dieser Stelle nichts anderes gemacht, als die Maklercourtage wie eine Mengensteuer (siehe hierzu Band I) im Wohnungsmarkt zu implementieren.

wir die Courtage ja nun behandelt) zwangsweise bestellt werden müssen. Ein Handel kann also auch ohne Makler stattfinden. In diesem Sinne gäbe es noch manch Ansatzpunkte, doch die Grundidee – der kritische Blick dafür, inwiefern Zahlung und Zahllast unterschiedliche Dinge bedeuten – sollte deutlich geworden sein.

2.5 Wohnungspolitik aus Sicht der Haushaltstheorie

2.5.1 Grundmodell und anteilige Mietkostenübernahme

Im Folgenden geht es um staatliche Wohnungspolitik. Wir gehen davon aus, dass Personen mit geringerem Einkommen lediglich in qualitativ weniger ansprechenden Wohnungen leben können. Die Qualität des Wohnraums messen wir im Folgenden einfachheitshalber anhand der Wohnfläche (f). Je größer die Wohnfläche (f) ausfällt, desto höherwertiger ist die Wohnung. Die Menge an Wohnfläche tragen wir an der Abszisse ab. Auf der Ordinate dagegen tragen wir die Menge x ab, welche einfach generell für alle anderen Güter (außer eben Wohnraum) stehen soll. Dies ist eine übliche Vorgehensweise, wenn wir uns mit einem spezifischen Gut auseinandersetzen wollen. Betrachten wir jetzt eine Person mit einem gegebenen Einkommen, dann können wir eine Budgetgerade zeichnen. Diese trifft an dem Punkt auf die x-Achse, bei dem wir das gesamte Einkommen für Wohnen verausgaben würden. Und die Budgetgerade trifft an dem Punkt auf die y-Achse, an dem keinerlei Einkommen für Wohnen verwendet wird (unsere Person demnach obdachlos wäre) und stattdessen alles an Einkommen für andere Güter ausgegeben wird. Entlang der Budgetgeraden gilt, dass alle Mischverhältnisse von Mengen an anderen Gütern und Wohnfläche möglich sind.[8]

Um die optimale Aufteilung des Einkommens zwischen den beiden Güterbündeln zu identifizieren, benötigen wir noch eine Indifferenzkurve die widerspiegelt, in welchem Austauschverhältnis jeweils Wohnraum gegen andere Güter getauscht werden würde, unter der Bedingung, dass das Nutzenniveau konstant bleibt. Dort wo die Indifferenzkurve die Budgetgerade tangiert, können wir die optimalen konsumierten Mengen der beiden Güterarten (Wohnraum f gegenüber aller anderen Güter x) ablesen. Dabei interessiert uns insbesondere der Bereich des Wohnens und wir können in Abb. 2.6 ablesen, dass bei gegebenem Einkommen und gegebenen Preisen die optimale Wohnungsgröße 30 m² beträgt (der Tangentialpunkt der Indifferenzkurve und der Budgetgerade in Punkt B bestimmt das Optimum und der Wert kann an der Abszisse in Punkt C abgelesen werden).

Dies als Ausgangspunkt nehmend, mag der Staat im Rahmen der Wohnpolitik gleich zweierlei Ziele verfolgen:[9]

---

[8] Vgl. für diese klassische Vorgehensweise der Analyse der Nachfrage nach Wohnen im Modell der Haushaltstheorie McDonald 1997, S. 230–235 sowie Roth 2014, S. 208–211, Brueckner 2011, S. 145–153 und Harvey und Jowsey 2004, S. 335.

[9] Vgl. Brueckner 2011, S. 145.

2.5 Wohnungspolitik aus Sicht der Haushaltstheorie

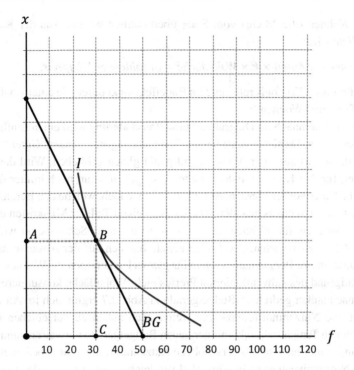

Abb. 2.6 Optimales Ausmaß an Wohnfläche

(1) Die Wohnqualität soll verbessert werden (bzw. ist dies in unserem Fall gleichbedeutend mit einer Vergrößerung der Wohnfläche), sodass weniger minderwertiger Wohnraum genutzt wird.[10]
(2) Die Lebensqualität (der Nutzen) für Personen mit geringem Einkommen soll erhöht werden.

Drei Instrumente werden nachfolgend im Hinblick auf die beiden zuvor genannten Ziele auf ihre Wirksamkeit hin untersucht. Wir beginnen mit einem anteiligen Mietkostenzuschuss (MKZ), im Anschluss betrachten wir die Wirkung eines Einkommenszuschusses (EZ), gefolgt von der Ausweitung staatlichen Wohnungsbaus (SWB).[11]

Als erstes Instrument der Wohnpolitik betrachten wir eine anteilsmäßige Mietkostenübernahme (zwischen 0 und 100 %) seitens des Staates. Dies bedeutet, dass ein Teil des

---

[10] Minderwertiger Wohnraum ist dabei nicht lediglich für die Bewohner von Nachteil, sondern stellt in entsprechendem Ausmaß auch eine negative Externalität für Dritte da. Sicherlich kennen Sie Gegenden in Städten, bei denen Sie unwillkürlich dachten: *„Hier würde ich aber nicht wohnen wollen, so wie das hier aussieht."*

[11] Vgl. hierzu wiederum auch Brueckner 2011, S. 145–153 sowie McDonald 1997, S. 230–235 und Roth 2014, S. 208–211 sowie Harvey und Jowsey 2004, S. 335.

16 2 Der administrierte Wohnungsmarkt

Preises für Wohnen (die Miete) vom Staat übernommen würde. Aus der Kalkulation: $€ \times m^2 = Miete$ wird:

1-übernommener Anteil $\times$ $€$ $\times$ Wohnfläche = zu zahlender Mietpreis.

Was ist für uns als Ergebnis relevant? Im Endeffekt sinkt durch die anteilsmäßige Übernahme der Preis fürs Wohnen.[12]

Was geschieht demnach im Diagramm? Eine Preisänderung wird einen Einfluss auf die Budgetgerade haben. Da sich jedoch bei der Sammelkategorie *„andere Güter"* kein Preis verändert hat, ist dort auch der Achsenschnittpunkt gleich geblieben. Wird das Einkommen komplett für den Konsum anderer Güter ausgegeben, kann noch immer die gleiche Menge wie bisher erworben werden. Auf der x-Achse jedoch, welche den Bereich Wohnen widerspiegelt, hat sich etwas geändert. Da der Staat einen Teil der Mietkosten übernimmt und dadurch der Preis für Wohnen gesunken ist, ist der neue Schnittpunkt weiter rechts entlang der Achse zu verorten. Die Budgetgerade hat sich auf der Abszisse nach außen gedreht. Würde unsere Person nämlich nun ihr ganzes Einkommen für Wohnen ausgeben, könnte sie aufgrund des subventionierten Preises mehr Wohnfläche konsumieren.[13]

Mit der nach außen gedrehten Budgetgerade in Abb. 2.7 ergibt sich im Anschluss die Möglichkeit, die Nutzenindifferenzkurve weiter nach außen zu verschieben (I_{MKZ}), bis diese einen neuen Tangentialpunkt mit der neuen Budgetgerade vorweisen kann (H). Eine vom Ursprung weiter nach außen verschobene Nutzenindifferenzkurve bedeutet nun, dass ein höheres Nutzenniveau erreicht wird. Und vergleichen wir nun noch die zuvor und die nun konsumierte Wohnfläche (C gegenüber G) so wurde auch das Ziel einer Erhöhung der Wohnqualität durch die Subventionierung der Miete erreicht. Der Haushalt erhöht die Wohnungsgröße von zuvor 30 m² auf nunmehr 50 m². Die Zerlegung des Gesamteffekts in Einkommens- und Substitutionseffekt zeigt uns außerdem, dass im Bereich Wohnen der Substitutionseffekt durch die relative Preisänderung (von C nach F) im Beispiel einen ähnlichen Ausschlag hinsichtlich des Gesamteffekts (von C nach G) hat, wie der Einkommenseffekt (von F nach G).[14] Mit Blick auf die übrigen Güter überkompensiert der positive Einkommenseffekt den negativen Substitutionseffekt (der ja daraus entsteht, dass Wohnen im Vergleich zu den anderen Gütern günstiger geworden ist). Dies wäre gerade

---

[12] In Deutschland könnte man hierunter den Mietzuschuss im Rahmen des Wohngeldes fassen.

[13] Vgl. Harvey und Jowsey 2004, S. 334 f.; Brueckner 2011, S. 146 f. sowie Roth 2014, S. 208–211.

[14] Gesamteffekt, Einkommenseffekt, Substitutionseffekt? In mikroökonomischen Lehrbüchern finden Sie diesbezüglich in der Regel die Hicks- oder die Slutsky-Zerlegung. Es geht darum, dass eine Preisänderung schließlich dazu führt, dass wir beobachten können, dass sich die konsumierte Gütermenge ändert. Dies bezeichnen wir als Gesamteffekt. Allerdings besteht der Gesamteffekt im Grunde aus zwei Effekten. Der Substitutionseffekt basiert einzig darauf, dass das geänderte Preisverhältnis betrachteter Güter sich ändert, wenn ein Güterpreis steigt oder sinkt. Steigt der Preis von Limonade, dann substituiere ich einerseits das Gut möglicherweise in einem gewissen Ausmaß durch den Konsum von mehr Mineralwasser. Andererseits: Wenn ich trotzdem noch in gewissem Ausmaß Limonade kaufe (obwohl diese nun teurer ist), dann kostet mich dies einen höheren Anteil meines Einkommens. Damit sinkt meine Kaufkraft. Dies wiederum kann dazu führen, dass sich die Konsummenge auch durch diesen Effekt ändert. Dies ist dann der Einfluss des Einkommenseffekts.

2.5 Wohnungspolitik aus Sicht der Haushaltstheorie

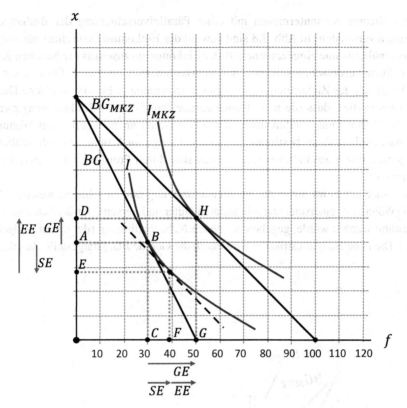

Abb. 2.7 Mietkostenzuschuss

für eine Person mit geringerem Einkommen auch gut begründbar, da bei geringem Einkommen im Bereich des Konsums „anderer Güter" hauptsächlich Grundbedürfnisse gedeckt werden dürften, die auch bei einer relativen Preisänderung (relativ günstigerem Wohnen und relativ teureren anderen Gütern) noch immer gedeckt werden wollen. Die Einsparung im Bereich Wohnen (welcher oftmals einen erheblichen Teil der Ausgaben ausmacht) jedoch führt dazu, dass die Person sich sowohl mehr der anderen Güter als auch mehr Wohnqualität leisten kann und daher auch den Konsum der anderen Güter ausweitet.[15]

2.5.2 Einkommenszuschuss

Eine andere Möglichkeit, um sowohl den Nutzen eines Haushalts als auch die Nachfrage nach qualitativ höherwertigem Wohnraum zu erhöhen, ist die Gewährung eines Einkommenszuschusses (EZ). Eine Erhöhung des Einkommens ist im Modell der

---

[15] Vgl. Harvey und Jowsey 2004, S. 334 f.; Brueckner 2011, S. 145–153 sowie McDonald 1997, S. 230–235.

Haushaltstheorie bekanntermaßen mit einer Parallelverschiebung der Budgetgerade nach außen verbunden. In Abb. 2.8 sind sowohl der Einkommenszuschuss als auch die Mietkostenübernahme eingezeichnet, da der Einkommenszuschuss die gleichen Kosten für den Staat verursachen soll, wie der Mietkostenzuschuss zuvor. Dies vereinfacht einen Vergleich des Zielerreichungsgrades der Instrumente. Für die grafische Darstellung bedeutet dies, dass die neue Budgetgerade (bei höherem Einkommen) zwangsläufig durch den Punkt laufen muss, der das Ausmaß an nachgefragtem Wohnraum durch Kostenübernahme bestimmt hat. Diese Menge an Wohnraum soll schließlich nun – jedoch durch zusätzliches Einkommen statt durch Preiseingriffe – erreicht werden können.[16]

Wie bisher gilt es im Sinne der Nutzenmaximierung nun zu schauen, welches Güterbündel (Wohnraum einerseits und alle anderen Güter andererseits) tatsächlich vom Haushalt gewählt werden würde, gegeben der neuen Nebenbedingung (der neuen Budgetrestriktion). Die neue Budgetrestriktion wird durch die Gerade BG_{EZ} dargestellt. Zu erkennen

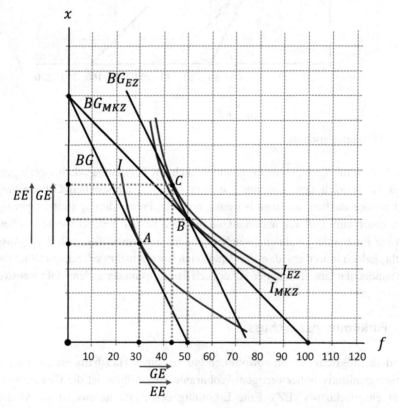

Abb. 2.8 Einkommenszuschuss

---
[16]Vgl. Roth 2014, S. 208–211 und Brueckner 2011, S. 145–153.

2.5 Wohnungspolitik aus Sicht der Haushaltstheorie

ist, dass die Budgetgerade es ermöglicht, eine Nutzenindifferenzkurve zu erreichen (I_{EZ}), die weiter entfernt vom Ursprung liegt als im Fall ohne staatliche Hilfe (I) oder auch des Mietkostenzuschusses (I_{MKZ}). Somit wird durch den Einkommenstransfer ein höheres Nutzenniveau für den unterstützten Haushalt erreicht. Dem zweiten Ziel jedoch – der Reduzierung minderwertigen Wohnraums – kommt der Staat durch das Programm nicht so nah, wie im Fall des Mietkostenzuschusses. Die genutzte Wohnfläche steigt nicht bis auf 50 m² wie zuvor (oder gar höher), sondern lediglich bis auf ca. 43 m².[17]

2.5.3 Sozialer Wohnungsbau

Im letzten Fall wird staatlich für die Bereitstellung von Wohnraum auf gewünschtem qualitativem Niveau gesorgt. Dieses kann von Haushalten mit geringen Einkommen bei Zahlung der Miete bezogen werden, die sonst für weniger wertigen (bzw. in unserem Beispiel kleinflächigeren) Wohnraum gezahlt werden müsste. Dies bedeutet, dass keinerlei Geldzahlung

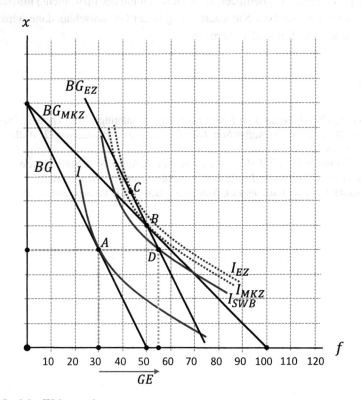

Abb. 2.9 Sozialer Wohnungsbau

---

[17] Vgl. Harvey und Jowsey 2004, S. 335 und Brueckner 2011, S. 148.

fließt, sondern eine reine Sachleistung zur Verfügung gestellt wird. Es wird lediglich die Wohnqualität durch Berechtigung oder Zuweisung höherwertigen Wohnraums verbessert, die nunmehr für einen Nutzenanstieg sorgt. In Abb. 2.9 wurde davon ausgegangen, dass die bisher beispielhaft für einen Einkommenszuschuss verausgabten staatlichen Mittel nunmehr in eine Qualitätserhöhung des Wohnraums geflossen sind. Folglich hat sich der Wohnraum von 30 m² auf 55 m² genau um den Abstand der zu BG parallel verlaufenden Budgetgerade BG_{EZ} erhöht.[18]

Erhält der Haushalt höherwertigen Wohnraum bei Zahlung einer Miete in bisheriger Höhe (und ohne jeglichen weiteren Einfluss auf das Einkommen und die Preise), dann verändert sich die konsumierte Menge anderer Güter nicht. Wir treffen in dem Beispiel allerdings implizit die Annahme, dass der Staat den zusätzlichen Wohnraum zu den gleichen Kosten produzieren und anbieten könnte/würde wie private Anbieter. Im Nutzenvergleich liegt der direkte Sachtransfer an letzter Stelle im Vergleich zu den beiden anderen Instrumenten der Wohnpolitik: $I_{SWB} < I_{MKZ} < I_{EZ}$. Im Hinblick auf die Erhöhung der Wohnfläche dagegen scheint das Instrument am besten geeignet zu sein: $f_{EZ}(43\ m^2) < f_{MKZ}(50\ m^2) < f_{SWB}(55\ m^2)$. Betrachten wir demnach die Zielerreichung der Instrumente hinsichtlich der Fläche des Wohnraums und der Nutzenerhöhung in der Gesamtschau, dann wird deutlich, dass diesbezüglich ein Zielkonflikt herrscht.[19]

Literatur

Brueckner, Jan K. (2011). *Lectures on Urban Economics*. Cambridge, MA: The MIT Press.
Dascher, K. (2013). *Volkswirtschaftslehre: Eine Einführung in Bausteinen* (2. Aufl.). München: Oldenbourg Verlag.
Harvey, J., & Jowsey, E. (2004). *Urban land economics* (6. Aufl.). New York: Palgrave Macmillan.
McDonald, J. (1997). *Fundamentals of urban economics*. Prentice: Prentice Hall.
Roth, S. J. (2014). *VWL für Einsteiger* (4. Aufl.). Konstanz: UVK Verlagsgesellschaft.

---

[18]Vgl. hierzu auch Brueckner 2011, S. 149. Für Deutschland wäre z. B. die Möglichkeit des Beziehens entsprechenden Wohnraumes bei Erhalt eines Wohnberechtigungsscheines denkbar.

[19]Vgl. Harvey und Jowsey 2004, S. 334 f.; Brueckner 2011, S. 150–153 und McDonald 1997, S. 229–234.

Der administrierte Milchmarkt

3

3.1 Interventionspreis

Im Rahmen europäischer Agrarpolitik wurde mittels Interventionspreisen eine Absicherung von Milchpreisen am Markt unterstützt. Da die Kosten dieser Politik aus Sicht der EU jedoch zu hoch ausfielen, wurde 1984 eine Quotierung der produzierbaren Rohmilchmenge eingeführt. Insgesamt 31 Jahre lang war die anfangs für lediglich fünf Jahre angesetzte Quotenregelung in Kraft, bevor diese zum 01. April 2015 für beendet erklärt wurde.[1]

Ziele der EU bestanden darin:

- den europäischen Haushalt für Landwirtschaft (der vor der Quotierung teilweise zu gut einem Drittel für Interventionskäufe aufgebraucht wurde) zu schonen,
- den Marktpreis für Rohmilch zu sichern sowie
- für eine Verlangsamung des Strukturwandels (einer Entwicklung zur stärker industriellen Landwirtschaft), sprich für den Erhalt auch der kleineren Milchviehbetriebe, zu sorgen.

Betrachten wir auf dem Markt für Rohmilch einmal die Auswirkungen eines Mindestpreises und einer Quotierung, wobei wir im letzten Fall a) einmal den Handel mit zugeteilten Quoten zulassen (wie dies in Deutschland der Fall war) und b) diese Möglichkeit einmal untersagen (Abb. 3.1).

Wird ein Mindestpreis eingeführt, bedeutet dies, dass dem Anbieter der gesetzte Preis garantiert wird, er diesen also mindestens erhalten wird. Ein Eingreifen, sei es hinsichtlich Preis oder Menge, führt aber dazu, dass die jeweils andere Größe im Hinblick auf Anbieter

---

[1]Vgl. Bundesministerium für Ernährung und Landwirtschaft (o. J.), Das Ende der EU-Milchquote – Auswirkungen auf den Milchmarkt sowie Deutscher Bauernverband (2015), Faktencheck „Auslaufen der Milchquote" und ZMB (2015), EU-Milchmarkt – Beginn der quotenfreien Zeit.

© Springer Fachmedien Wiesbaden GmbH, ein Teil von Springer Nature 2019
F. Strotebeck, *Einführung in die Mikroökonomik*,
https://doi.org/10.1007/978-3-658-27307-1_3

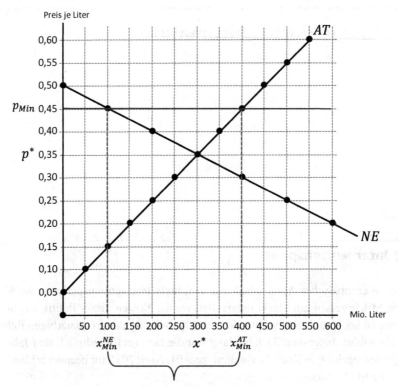

Abb. 3.1 Mindestpreis für Rohmilch

und Nachfrager nicht übereinstimmt, denn diese Besonderheit birgt schließlich nur unser Marktgleichgewicht.

Wird demnach der Mindestpreis p_{Min} oberhalb des Gleichgewichtspreises p^* festgesetzt, stimmen angebotene Menge x_{Min}^{AT} und nachgefragte Menge x_{Min}^{NE} nicht mehr überein. Dem Gesetz des Angebots zufolge bieten die Produzenten bei einem höheren Preis eine größere Menge an, die Nachfrager fragen jedoch bei einem höheren Preis, dem Gesetz der Nachfrage folgend, eine geringere Menge nach. Der Angebotsüberschuss muss in diesem Fall von jemand anderem als unseren Nachfragern (und zwar ebenfalls zum Preis p_{Min}) erworben werden.

3.2 Quotierung

Eine Preisgarantie kann durchaus ein fehlerhafter Anreiz für die Produktionsplanung der Anbieter sein, da der Produzent auf schwankende Nachfrage nicht mehr reagieren muss, sondern die Produktion laufen lassen kann. 31 Jahre lang gab es daher eine Quotenregelung, die bestimmte, wie viel Milch produziert werden darf. Lediglich bei einem Absinken

3.2 Quotierung

der Nachfrage und einem dadurch induzierten Preisverfall unter 20 ct/l wurde seitens des Staates wieder eingegriffen und überschüssige Milch aufgekauft, um den Preis von mind. 20 ct/l zu stützen.

In der Abb. 3.2 sind bereits beide Regelungen (Interventionspreis und Quotenregelung) eingezeichnet. Beginnen wir unbeeindruckt mit der Quotierung. Die Quotierung stellt einen Eingriff in die handelbare Menge dar, daher ist auf der Abszisse eine Menge x^Q eingetragen. Diese Menge kommt aufgrund der Quotierung zustande und ist geringer als die Menge, die eigentlich beim Zusammenspiel von Angebot und Nachfrage gehandelt werden würde (x^*). Warum? Es wird davon ausgegangen, dass gerade Kleinbetriebe zu den geringen Kosten kaum produzieren könnten und beim geringen Gleichgewichtspreis aus dem Markt aussteigen müssten. Dies würde einen strukturellen Wandel vom Kleinbauerntum zur industriellen Landwirtschaft bedeuten, was von vielen Menschen nicht als wünschenswert erachtet wird. Die Quotierung hält nun die Menge knapp und im Ergebnis kann die Zahlungsbereitschaft der Konsumenten bei der geringen angebotenen Menge als Quotenrente abgeschöpft werden.

Wie steht es derzeit um den eingezeichneten Mindestpreis? Dieser liegt unterhalb des Gleichgewichtspreises und unterhalb des Preises, den die Nachfrager durch die Quotierung derzeit bereit sind zu zahlen und hat daher keine Wirkung.

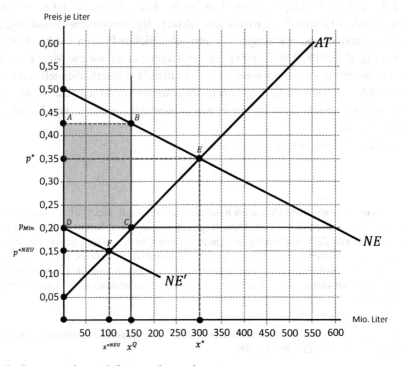

Abb. 3.2 Quotenregelung mit Interventionspreis

24   3 Der administrierte Milchmarkt

Sollte nun jedoch die Nachfrage fallen (z. B. negative Schlagzeilen hinsichtlich des Verzehrs von Milchprodukten), dann könnte die neue relevante Nachfragekurve durch NE' gegeben sein. Diese liegt soweit „Innen", dass die Quotierung keine Wirkung hat, denn die nachgefragte Menge wäre kleiner, als die erlaubte Bereitstellungsmenge. Die Nachfrage wäre im Ergebnis sogar so gering, dass sich ein neuer Gleichgewichtspreis p^*_{Neu} und eine neue Gleichgewichtsmenge x^*_{Neu} durchsetzen würde, wenn da nicht der Rettungsanker, nämlich der Mindestpreis in Höhe p_{Min} gesetzt worden wäre. Dieser verhindert ein Abrutschen des Preises, führt aber – wie im Beispiel (Interventionspreis) zuvor – zu einem Auseinanderklaffen von angebotener und nachgefragter Menge. Während die nachgefragte Menge nun (in unserem Extrembeispiel) auf null zurückgeht, bleibt die angebotene Menge bei x^Q. Die Differenz der Mengen muss wiederum ein Dritter zum vereinbarten Mindestpreis p_{Min} aufkaufen.

3.3   Stall oder Sofa?

Eine zuvor kurz erwähnte Begründung für den Eingriff in den Markt für Rohmilch ist die Verhinderung oder Verlangsamung des strukturellen Wandels in der Landwirtschaft. Nun ist es für die Bauern im Rahmen der Quotenregelung seitens der EU möglich gewesen, Produktionsquoten zu kaufen und zu verkaufen.[2]

Ein Blick auf den Milchquotenhandel zu Beginn, kann uns ergänzend noch dazu dienen, das einfache Marktmodell darzustellen. Kleinere Besonderheiten einmal ausgeblendet, werden Anbieter und Nachfrager mit unterschiedlichen Preisen konfrontiert und zu jedem Preis (z. B. 0,70 €, 0,80 €, 0,90 €) geben Nachfrager an, welche Menge an Quoten (für die Produktion in kg) sie erwerben wollen würden.[3] Gleichermaßen teilen die Anbieter mit, welche Mengen sie je gegebenem Preis anbieten würden. Dies sind typische Preis-Mengen-Kombinationen, die wir in den klassischen Angebots- und Nachfrageplänen auch verwenden.

Dies sieht z. B. dann wie in Tab. 3.1 aus.[4]

---

[2] Wobei zu Beginn Quoten und Flächen noch miteinander verknüpft waren. Ein Quotenkauf bedeutete demnach gleichzeitig Flächenkauf. Diese Regelung wurde jedoch bereits in den 1990er-Jahren gelockert und im Jahr 2000 vollständig aufgehoben (Ening 2013, S. 44). *„Anfang der 90er-Jahre wurde die zwischenbetriebliche Handelbarkeit der Milchquoten erleichtert, indem beim Quotentransfer [...] die Flächenbindung bei Quotenübertragungen gelockert und das Quotenleasing eingeführt wurde. Dies hat sich in einem beschleunigten Strukturwandel niedergeschlagen."* Offermann et al. 2002, S. 91.

[3] Vgl. Zimmerlin 2000, S. 157.

[4] Für exakte Werte und eine genauer Beschreibung des Vorgangs ist die Erläuterung von Wilhelm Zimmerlin zu empfehlen: Zimmerlin 2000.

3.3 Stall oder Sofa?

Tab. 3.1 Angebots- und Nachfrageplan | Quotenhandel

Preis in Cent/kg	Angebotene Menge in kg	Nachgefragte Menge in kg
10	5000	45.500
20	10.000	40.000
30	15.000	37.500
40	20.000	35.000
50	25.000	32.500
60	30.000	30.000
70	35.000	27.500
80	40.000	25.000
90	45.000	25.500
100	50.000	20.000

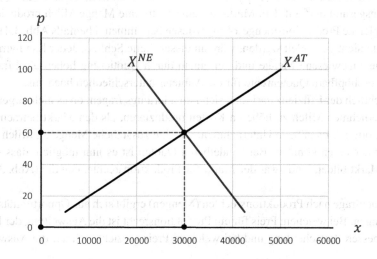

Abb. 3.3 Milchquotenhandel

Klassisch zu den „*Gesetzen*" von Angebot und Nachfrage werden hohe Quotenmengen bei geringem Preis nachgefragt, aber nur in geringer Menge angeboten und vice versa im Fall hoher Preise. Somit kommt es abweichend vom Gleichgewicht (hier bei 30.000 kg zu einem Preis von 60 Cent je kg) zu einem Angebotsüberschuss (bei Preisen über 60 Cent) oder einem Nachfrageüberschuss (bei Preisen unter 60 Cent). Abgetragen in ein Marktdiagramm, resultiert hieraus der typische Verlauf der Angebots- und Nachfragekurven (Abb. 3.3).

Wie sehen für einen Landwirt nun die Handlungsoptionen aus? Drei Ergebnisse können zustande kommen, wenn ich mir als Landwirt Gedanken über die Möglichkeiten des Kaufs und Verkaufs von Produktionsrechten mache:

1. Ich werde als Landwirt tätig und melke, verarbeite etc. soviel, wie ich durch die Quotierung darf.

2. Ich betrachte meine Kosten für eine Produktionsausweitung und dabei insbesondere auch die Kosten für die dafür notwendigen Quotenankäufe (ohne die ich die Produktion nicht ausweiten kann) und entscheide mich für Quoten*an*kauf und eine *Ausweitung* der Produktion.
3. Die Kosten der Produktion liegen über dem Preis, den ich für den Verkauf meiner Milchquoten bekommen könnte, daher *verkaufe* ich die Quoten und werde zum so genannten *„Sofamelker"*.

Wir gehen davon aus, dass es Unternehmen am Markt gibt, bei denen eine Ausweitung der Produktionsmenge mit geringeren Grenzkosten verbunden ist, als bei anderen Unternehmen (Abb. 3.4). Im vorliegenden Fall sind die Grenzkosten des Landwirts A (K'_A) höher als die Grenzkosten des Landwirts B (K'_B). Beide Milchbauern haben im Rahmen der Quotenregelung (insgesamt darf auf dem Markt nur eine bestimmte Menge Milch produziert werden) die gleiche Produktionsmenge x^Q zugewiesen bekommen (ebenfalls Abb. 3.4). Dürfte eine Quote nicht gehandelt werden, wäre an dieser Stelle Schluss: Jeder Landwirt produziert seine zugewiesene Menge und bei einem durch Quotierung hohen Nachfragepreis fällt die abschöpfbare Quotenrente für die Anbieter unterschiedlich hoch aus.

Hinsichtlich der Effizienz darf man sich nun allerdings fragen, ob es nicht ärgerlich ist, dass Unternehmen Milch zu höheren Kosten produzieren, als den Markt betrachtend eigentlich nötig ist. Es gäbe ja Unternehmen, die eine zusätzliche Menge an Milch kostengünstiger herstellen könnten. Bei handelbaren Quoten ist es nun möglich, dass sich ein zweiter Markt bildet. Und zwar der Markt für Produktionsrechte, den die (Abb. 3.5) darstellt.

Die Nachfrage nach Produktionsrechten (Mengen) ergibt sich aus Opportunitätskostenüberlegungen. Bei welchem Preis für ein Produktionsrecht ist die Ausweitung der Produktion die bessere Entscheidung und bei welchem Preis verzichte ich auf die Ausweitung?

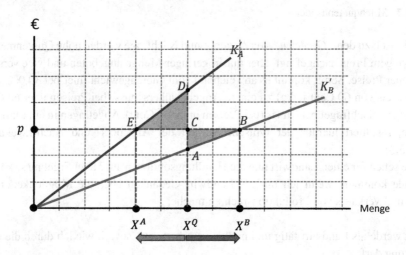

Abb. 3.4 Quotenhandel

Abb. 3.5 Markt für Produktionsrechte

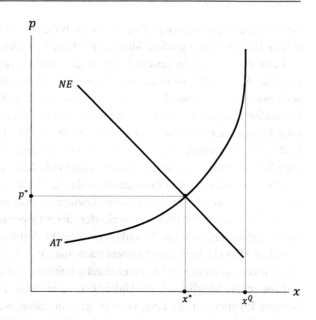

Bei einem geringen Preis für eine Lizenz lohnt sich im Vergleich zu meinen Produktionskosten der Kauf und bei hohen Lizenzkosten möglicherweise eben nicht mehr. Das Angebot an Rechten ist das Gegenstück und folgt ebenfalls der Opportunitätskostenüberlegung. Soll ich selbst produzieren oder verzichte ich auf das Recht und verkaufe es zu einem bestimmten Preis auf dem Markt? Die einzige vielleicht erwähnenswerte Besonderheit an dieser Stelle ist, dass wir im Grunde davon ausgehen können, dass die Angebotskurve irgendwann (bei Erreichen der vorgegebenen Quotenmenge) senkrecht verläuft, da auch bei extrem hohen Preisen schlicht und ergreifend keine Rechte zum Verkauf mehr bereitstehen, da diese von einer dritten Instanz beschränkt wurden.[5] Wie man sehen kann, bildet sich ein Gleichgewichtspreis p^* und eine Gleichgewichtsmenge x^*. Die Nachfrage auf diesem Markt für Milchrechte wiederum hängt eng mit dem Markt für Rohmilch zusammen. Sollte z. B. eine extreme Nachfrageerhöhung (z. B. durch Exporte nach China) zu beobachten sein, dann würde sich dies durch eine Rechtsverschiebung der Nachfragekurve in Abb. 3.2 ausdrücken lassen. Dies erhöht die Quotenrente, sodass Unternehmen eine erhöhte Nachfrage nach Produktionsrechten haben, was wiederum in der Abb. 3.5 zur Rechtsverschiebung der Nachfrage nach Produktionsrechten führen würde. Ablesen lässt sich dann eine hohe Zahlungsbereitschaft für Produktionsrechte. Wiederum würden diejenigen ihre Rechte abtreten, die nun in einem Verzicht auf das Produktionsrecht die bessere Alternative sehen, als in der Eigenproduktion. Des Weiteren hat die EU bei steigender

---

[5] Ebenso passend wäre eine Darstellung, in der man sich bereits auf dem vollkommen unelastischen Bereich der Angebotskurve (für Produktionsrechte) befindet. In dem Fall wird die steigende und sinkende Nachfrage gar nicht mehr über die Menge an Rechten, sondern nur noch in vollem Umfang über den Quotenpreis reflektiert.

Nachfrage die Quotenmenge über die Zeit erhöht, sodass mehr Produktionsrechte gehandelt und folglich auch größere Mengen produziert werden durften.

Betrachten wir die insgesamt zuvor dargestellten Zusammenhänge im Hinblick auf die Ziele der Agrarpolitik, dann konnten Preisschwankungen durch Änderungen der Nachfrage noch immer deutlich ausfallen. Stieg die Nachfrage, stieg der Preis aufgrund der begrenzten Produktionsmengen an, doch gleichermaßen konnte bei Nachfrageeinbrüchen der Preis nur noch bis zur Interventionspreisgrenze fallen, ab der die EU jedoch wiederum durch Stützkäufe eingreifen musste. Der Strukturwandel innerhalb der Milchviehwirtschaft konnte nicht aufgehalten werden, stattdessen beschleunigte sich dieser mit zunehmender Vereinfachung des Quotenhandels sogar. Ökonomisch ist dies leicht begründbar, da die Handelbarkeit der Produktionsrechte (die zu einer kosteneffizienten Produktion führt) einen Anlass für diejenigen Betriebe bietet, ihre Rechte zu verkaufen, deren Opportunitätskosten der Produktion über dem erzielbaren Preis für die Produktionsrechte lag. Somit erklärt sich gerade durch Größenvorteile die Entwicklung, dass nunmehr nach Auslaufen der Milchquote die Anzahl an Milchviehbetrieben gesunken ist und deren durchschnittliche Größe gestiegen ist.[6]

Eine andere Möglichkeit der Unterstützung im Sinne des Ziels, ein ausreichendes und sicheres Einkommen für Landwirte zu gewährleisten, wäre schlicht und ergreifend ein direkter Einkommenstransfer. Der direkte Einkommenstransfer als Umverteilungsmaßnahme über Steuereinnahmen hätte den Vorteil gegenüber dem Eingriff in den Marktmechanismus, dass kein Überschuss produziert wird (also nunmehr keine Produktionsmittel ineffizient verwendet werden) und Konsumentenrente im Milchmarkt – aufgrund des höheren festgelegten Preises – vernichtet wird. Gleichsam würde der Einkommenstransfer in vollem Umfang als Produzentenrente wirksam, und die Kosten wären deutlich geringer als der Aufkauf der überschüssigen Milch.[7]

Tatsächlich ist nach Auslaufen der Milchquote (auch aufgrund eines Nachfragerückgangs aufgrund geringerer chinesischer Importe und der auch Milch und Milchprodukte beinhaltenden Einfuhrverbote Russlands) der Preis für Rohmilch deutlich gesunken. Die EU hatte Zeitungsberichten zufolge daher im Jahr 2017 Milchpulverberge in einer Größe, die diese seit gut zwanzig Jahren nicht mehr hatte, da die Aufkäufe wieder als Preisstütze eingesetzt wurden.[8]

---

[6] Die ZMB spricht von 368.500 Betrieben im Jahr 1984 und lediglich 76.469 Betrieben im Jahr 2014. Und gerade im Bereich der kleinen Betriebe (mit weniger als zwanzig Kühen) schrumpfte die Anzahl um ganze 92 Prozent (von 266.000 auf 22.433); ZMB 2015, S. 4 f.

[7] Vgl. Feess 2000, S. 280.

[8] Vgl. Spiegel-Online 2017b. Siehe auch Europäische Union 2016.

Literatur

Bundesministerium für Ernährung und Landwirtschaft. (o. J.), Das Ende der EU-Milchquote – Auswirkungen auf den Milchmarkt. https://www.bmel.de/DE/Landwirtschaft/Agrarpolitik/1_EU-Marktregelungen/_Texte/Auswirkungen-Ende-Milchquote.html. Zugegriffen am 30.08.2017.

Deutscher Bauernverband. (2015). Faktencheck „Auslaufen der Milchquote". Berlin. http://media.repro-mayr.de/08/633908.pdf. Zugegriffen am 18.11.2019.

Ening, C.-M. (2013). *Die Insolvenz landwirtschaftlicher Unternehmen.* Berlin/Boston: De Gruyter.

Feess, E. (2000). *Mikroökonomie – Eine spieltheoretisch- und anwendungsorientierte Einführung* (2. Aufl.). Marburg: metropolis.

Offermann, F., Kleinhanß, W., & Manegold, D. (2002). Ausstieg aus dem Milchquotensystem: Wie und mit welchen Folgen? *Landbauforschung Völkenrode Sonderheft, 242,* 91–96.

Spiegel-Online. (2017b). EU bunkert größten Milchpulvervorrat seit 20 Jahren, vom 27.07.2017. http://www.spiegel.de/wirtschaft/soziales/bauern-hilfe-eu-bunkertgroessten-milchpulvervorrat-seit-20-jahren-a-1159893.html. Zugegriffen am 27.07.2017.

Zimmerlin, W. (2000). Wie bildet sich der Preis an der Börse? *Top Agrar, 3,* 156–159.

ZMB. (2015). EU-Milchmarkt – Beginn der quotenfreien Zeit, 04/2015. Berlin. http://milchindustrie.de/uploads/tx_news/Quotenrueckblick_ZMB_2015.pdf. Zugegriffen am 06.06.2017.

Internetseitenverzeichnis

Europäische Union. (2016). Verordnung (EU) 2016/591 des Rates vom 15. April 2016, Amtsblatt der Europäischen Union, L 103/3 vom 19.4.2016. http://eur-lex.europa.eu/legal-content/DE/TXT/PDF/?uri=CELEX:32016R0591&from=DE. Zugegriffen am 27.07.2017.

Vom Kaufen und Verkaufen

4

4.1 Über den Wiederverkauf meines Autos

Nachfolgend wollen wir anhand der Verwendung des Modells der Haushaltstheorie eine Erklärung finden, warum andere Käufer unser zum Kauf angebotenes Auto nicht in dem Maße wertschätzen wie wir.[1] Folgend unterstelle ich, dass ich eine hohe Präferenz besitze, was Komfortausstattung in einem Automobil angeht. Ihre Präferenzen – was die Aspekte „*Sicherheit*" auf der einen und „*Komfort*" auf der anderen Seite angeht – sind hingegen deutlich ausgewogener. Wir gehen davon aus, dass jeder Nutzenpunkt (egal auf welcher Achse) mit Kosten von 1000 € je Ausstattungspunkt verbunden wäre und somit bei einem Budget von 9000 € für einen Wagen die Budgetrestriktion BG gilt.

Betrachten wir die Abb. 4.1 und halten fest, was wir sehen. Meine Indifferenzkurve tangiert die Budgetrestriktion BG bei Punkt A, sodass ich ein Auto mit 7 „Komfortpunkten" und 2 „Sicherheitspunkten" erwerbe. Bei gleichem Budget von 9000 € würde Ihr Auto – aufgrund Ihrer differierenden Präferenzstruktur – eine andere Ausstattungszusammensetzung besitzen. Dies wird angezeigt durch den Tangentialpunkt B. Ihr Auto wäre mit 5 „Sicherheitspunkten" und 4 „Komfortpunkten" ausgestattet.

Würde ich Ihnen nun mein Automobil für den Preis verkaufen wollen, den ich dafür zu zahlen bereit war,[2] würden Sie lediglich ein geringeres Nutzenniveau erreichen (I'_{Sie}), als wenn Sie das Geld für einen Wagen ausgeben würden, der Ihren Anforderungen entspricht (I_{Sie}). Steht nun mein Auto zum Kauf zur Verfügung, werden Sie, dem ökonomischen Prinzip folgend, daher entweder für 9000 € ein Auto (aber nicht meines) nach Ihren Wünschen

---

[1] Wir verzichten an dieser Stelle auf Konzepte wie bspw. den Endowment-Effekt. Siehe hierzu bei Interesse aus dem sehr angenehm geschriebenen Buch Predictably Irrational von Dan Ariely (2008), S. 127–138.

[2] Den klassischen Wertverlust lassen wir einmal außen vor oder wir nehmen den Preis, den ich zum jetzigen Zeitpunkt noch bereit wäre, für genau dieses (mein) Auto auszugeben.

© Springer Fachmedien Wiesbaden GmbH, ein Teil von Springer Nature 2019
F. Strotebeck, *Einführung in die Mikroökonomik*,
https://doi.org/10.1007/978-3-658-27307-1_4

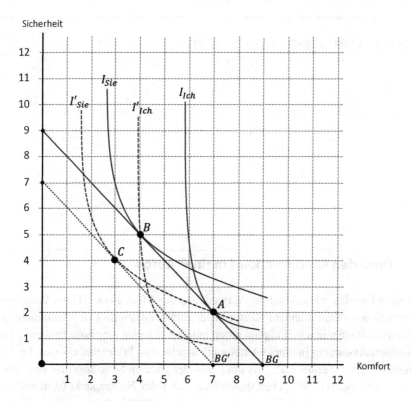

Abb. 4.1 Ausstattungspakete und Wiederverkauf

erwerben (Ihren Nutzen bei gegebenem Budget maximieren) oder – im Sinne der Ausgabenminimierung – mein Auto zum kleinsten Preis erwerben (den gegebenen Output mit minimalem Input/das gegebene Auto mit minimalem Budget). Letzterer Fall interessiert uns nun: Ihre hypothetische Budgetlinie wäre nun durch BG' gekennzeichnet. Diese tangiert Ihre Nutzenindifferenzkurve I'_{Sie} bei Punkt C. Steht demnach nun mein Auto zum Verkauf, sind Sie lediglich bereit einen Preis von 7000 € zu bieten, gekennzeichnet durch BG'. Dies liegt in diesem Beispiel daran, dass die Ausstattung des Autos meinem optimalen Ausstattungsbündel entsprach (und *mir* daher 9000 € wert ist) aber nicht Ihrem (und *Ihnen* daher keine 9000 € wert ist).[3] Ihnen wäre der nach meinen Wünschen ausgestattete Wagen demnach nur 7000 € wert, was vom Nutzenniveau gleichbedeutend mit einem Wagen wäre, der lediglich 4 Ausstattungspunkte bei „Sicherheit" und 3 beim Aspekt „Komfort" hätte (was eigentlich Ihrem optimalen Güterbündel bei einem Budget von 7000 € entsprechen würde). Dies ist daran erkennbar, dass die Nutzenindifferenzkurve I'_{Sie} die neue Budgetgerade im Punkt C tangiert und den Punkt A (der die Ausstattung meines Autos anzeigt) schneidet.

---

[3] Wir gehen an dieser Stelle natürlich davon aus, dass die nicht ausgegebenen 2000 € nun nicht weg sind, sondern diese für andere Güterkäufe zur Verfügung stehen.

4.2 Wenn zwei sich scheinbar widersprechende Wahrheiten existieren

Das Beispiel soll zur Illustration der Beobachtung dienen, dass es in der Regel heißt, dass Sie bestimmte Investitionen in z. B. Auto, Haus oder Wohnung beim Wiederverkauf nicht wieder *„hereinbekommen"* werden.[4] Wenn Sie den Garten nach Ihren Präferenzen verschönern lassen, im Haus die Fliesen verlegen, die Ihnen am besten gefallen haben, dynamisches Kurvenlicht und getönte Heckscheibe als Ausstattungspaket sowie eine matte giftgrüne Lackierung für Ihr Auto gewählt haben, dann haben Sie Ihr Güterbündel jeweils nach Ihren Präferenzen optimal gewählt.[5] Auf dem Markt jemanden zu finden, der genau Ihre Präferenzen besitzt und daher gewillt ist, den gleichen Betrag zu bezahlen, dürfte sehr schwierig sein und darauf zu verweisen, etwas habe aber doch *„so und so viel Euro gekostet"*, ist vergebene Liebesmüh.

4.2 Wenn zwei sich scheinbar widersprechende Wahrheiten existieren

Während wir im vorherigen Abschnitt festgestellt haben, dass unterschiedliche Präferenzen eine gute Erklärung dafür liefern, warum die Preisvorstellungen zwischen Käufern und Verkäufern auseinanderklaffen können, gehen wir nun exakt andersherum vor: Wir stellen uns vor, dass Emily und Kurt eineiige Zwillinge mit exakt gleichen Präferenzen darstellen. Dennoch wird das Haushaltsmodell beim nächsten Sachverhalt wieder Erhellendes hervorbringen: Stellen Sie sich vor, dass das Geschäft *„Gigagünstig"* damit wirbt, dass Kurt in einem Konkurrenzgeschäft 4,00 € mehr hätte zahlen müssen, hätte er seinen Einkauf nicht bei *„Gigagünstig"*, sondern in einem anderen Geschäft (z. B. *„Primapreiswert"*) getätigt. Nun wirbt wiederum *„Primapreiswert'* gleichermaßen damit, dass Emily ebenfalls 4,00 € mehr hätte berappen müssen, hätte sie ihren Einkauf nicht bei *„Primapreiswert'* sondern bei dem Konkurrenten *„Gigagünstig'* getätigt. Beide Geschäfte behaupten demnach das Gleiche. Ich behaupte: Keiner lügt. Schauen wir uns die Situation daher genauer an, um dem scheinbaren Widerspruch auf die Schliche zu kommen.[6]

Beide Geschäfte verkaufen zwei Güter und im Schnitt kosten diese 1,50 €. Bei *„Gigagünstig"* kostet das Gut x_1 genau 2 € pro Stück und das Gut x_2 genau 1 €. Bei *„Primapreiswert"* dagegen kostet Gut x_1 nun 1 € und Gut x_2 kostet 2 €. Sowohl Emily als auch Kurt haben jeweils ein Einkommen von 10 € zu ihrer Verfügung (Abb. 4.2).

---

[4] Das bedeutet nicht, dass Sie etwa ein Haus nicht mit Gewinn veräußern können. Es geht nur darum, dass dies auf theoretischer Grundlage nur selten auf spezifische Investitionen hinsichtlich der Ausstattung zurückzuführen ist. Hier dürften tatsächlich eher die Lage und das Zusammenspiel aus angebotener und nachgefragter Menge eine Rolle spielen, nicht aber die Wahl von bestimmten Marmorfliesen, es sei denn, jemand ist ein noch größerer Liebhaber der Fliesenart als Sie.

[5] Haben Sie bei Autos in hässlichen Farben (über Geschmack lässt sich natürlich streiten) z. B. noch nie gedacht *„Den wird der doch nie (zu einem vernünftigen Preis) wieder los"*? Daher wohl auch stets die Empfehlung zur Wahl einer der Mehrheit potentieller Käufer gefallenen Farbwahl beim Autokauf (Zeit Online 2013).

[6] Vgl. Friedman 1997, S. 25–32.

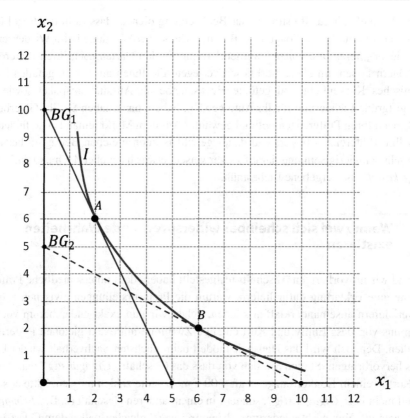

Abb. 4.2 Güterbündel und Preisverhältnis

Für Kurt, der bei „*Gigagünstig*" einkauft und der 10 € als Budget zur Verfügung hat, gilt die Budgetgerade BG_1. Gibt er die 10 € gänzlich für Gut x_1 aus, könnte er fünf Einheiten des Gutes kaufen, würde er sein Budget gänzlich zum Erwerb von Gut x_2 ausgeben, könnte er 10 Einheiten erstehen. Für Emily dagegen gilt die Budgetgerade BG_2. Sie geht in den Laden „*Primapreiswert*" und dort kostet das Gut x_1 lediglich 1,00 € je Stück und dagegen das Gut x_2 ganze 2,00 € je Stück. Die Präferenzen unserer Zwillinge, Emily und Kurt, sind – wie wir festgelegt hatten – identisch. Daher können wir für beide Personen die gleiche Indifferenzkurve I nutzen.

Es wird deutlich, dass die Indifferenzkurve die Budgetgeraden an unterschiedlichen Stellen tangiert (Punkt A oder Punkt B). Dies ist auf das relative Preisverhältnis der Güter zurückzuführen. Es ist zu erkennen, dass Kurt sechs Einheiten von Gut x_2 und zwei Einheiten von Gut x_1 erwirbt (Punkt A). Für Emily ist dies genau umgekehrt (Punkt B). Im jeweils anderen Laden wären diese Güterbündel mit einem Budget von 10,00 € aufgrund der anderen Preisstruktur nicht erhältlich. Beide Akteure könnten aber durch Anpassung ihres jeweiligen Warenkorbes das gleiche Nutzenniveau wie zuvor erreichen, einfach indem Sie eine neue optimale Güterkombination, basierend auf den im jeweiligen Laden gültigen Preisen, wählen. Kurzum: Die Konsumenten ändern Ihr Güterbündel je nach

4.3 Kartenkontingente und der Schwarzmarkt 35

Preis, sodass der Besuch im anderen Laden nach (!) dem Besuch des Konkurrenzgeschäfts immer teurer ausfallen wird.[7]

Das Beispiel scheint nun etwas konstruiert zu sein, aber das so hervorgehobene Ergebnis ist ungemein wichtig: Wann immer sich die Preise für ein oder mehrere Güter ändern, darf nicht mehr einfach davon ausgegangen werden, dass die konsumierten Mengen gleichbleiben. Ein Konsument wählt unserer Theorie nach sein optimales Güterbündel gemäß des Ausgleichs des (Grenz-)Nutzens je Euro. Natürlich verändert sich mit einer Preisänderung z. B. nicht der reine Güternutzen, den ein kühles Getränk für Sie bereithält. Es ändert sich aber das relative Preisverhältnis des Gutes gegenüber aller anderen Gütern und somit werden Sie Ihr Einkommen anders auf die Vielzahl an konsumierbaren Güter aufteilen, um wiederum ein höchstmögliches Nutzenniveau zu erreichen.

4.3 Kartenkontingente und der Schwarzmarkt

Joachim Weimann (2009) hat mit Blick auf die Kartenvergabe im Rahmen der Fußballweltmeisterschaft 2006 in Deutschland beschrieben, inwiefern die Verlosung von Eintrittskarten und des daran anschließenden Verbots eines Weiterverkaufs der Karten zu Ineffizienzen führte. Im nachfolgenden wollen wir uns die Überlegungen einmal grafisch vergegenwärtigen.[8]

Das grundsätzliche Problem, warum überhaupt ein besonderer Vergabemechanismus gesucht und implementiert wurde, lag in dem im Gegensatz zur Nachfrage begrenzten Angebot an Stadionplätzen aufgrund der begrenzten Kapazität der Veranstaltungsorte. Um nicht die Zahlungsfähigkeit entscheiden zu lassen, wurde als ein fair erachtetes Mittel der Vergabe das Losverfahren gewählt. Jeder Interessent konnte im Rahmen der Verlosung gleichermaßen auf die Möglichkeit eines Kartenkaufs hoffen. Da eine Verlosung lediglich die Allokation der Karten regelt, nicht aber die Begrenztheit des Kontingents zu verändern vermag, kam es nach der Verlosung zu schlechter Laune bei denjenigen, die ohne Karte dastanden.[9]

Die linke Seite der Abb. 4.3 zeigt den Ausgangspunkt der Vergabe per Losverfahren. Es wird deutlich, dass bei gesetztem Kartenpreis $\overline{p}$ und begrenzter Kapazität $\overline{x}$ eine Überschussnachfrage (Strecke $\overline{AB}$) vorherrscht. Aufgrund des Losverfahrens ist anzunehmen, dass nicht genau diejenigen Fans Karten erhalten werden, die auch die höchste Zahlungsbereitschaft besitzen, den Karten also die höchste Wertschätzung entgegenbringen. Somit ist das Instrument der Verlosung zwar fair, aber die Effizienz ist fraglich. Gibt es noch beidseitig vorteilhafte Tauschmöglichkeiten zwischen Kartenbesitzern und Kartennachfragern, so können sich die Personen zum Handel auf dem Schwarzmarkt (rechte Seite der Abb. 4.3) treffen.

---

[7]Vgl. Friedman 1997, S. 25–32.
[8]Vgl. Weimann, Joachim (2009), S. 238–241.
[9]Vgl. Weimann, Joachim (2009), S. 238–241.

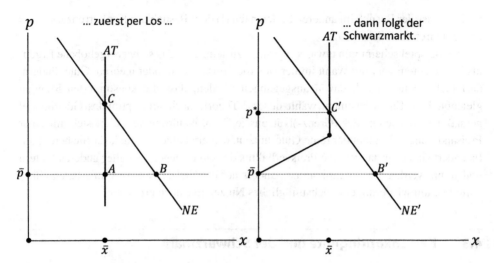

Abb. 4.3 Handel mit Eintrittskarten

Definieren wir kurz ein paar Eckpunkte: 1.) Es wird angenommen, dass kein Kartenbesitzer die Eintrittskarte unterhalb des von ihm bezahlten Preises abgeben möchte. Daher liegt der Markteintrittspreis auf dem Schwarzmarkt mindestens in Höhe $\bar{p}$. 2.) Das Angebot ist und bleibt bei einer Menge von $\bar{x}$ begrenzt. Durch Schwarzmarktaktivität entstehen schließlich keine neuen Tribünenplätze. 3.) Die Nachfrage dürfte sich nach links verschoben haben, ist also gesunken, da eine Vielzahl an Nachfragern durch Karten bedient wurde und diese nicht mehr als Nachfrager (oder als Nachfrager einer nun geringeren Anzahl an weiteren Karten) auftreten würden. 4.) Das Angebot verläuft nun ab dem Reservationspreis bis zur Mengenbegrenzung hin ansteigend. Während die ersten Anbieter mindestens den Kaufpreis erhalten müssten, um die Karte abzugeben, sind weitere Kartenbesitzer nur bereit die Karten abzugeben, wenn sie einen Preis deutlich über dem Kaufpreis erhalten, den sie bezahlt haben. Diese im Rahmen der *Willingness to Accept* deutlich werdenden Zusatzkosten (man denke immer an das umfassende Konzept der Opportunitätskosten), die ebenfalls gedeckt werden müssen, stellen die Wertschätzung der Karte seitens des Besitzers dar. Diese würden selbst zum Turnier gehen, außer der Erlös aus dem Verkauf deckt mindestens den Nutzenverzicht, nicht zum Spiel gehen zu können.

Bis zum Punkt C (dieser muss nicht zwangsweise im unelastischen Bereich der Angebotskurve liegen) liegt die Nachfragekurve oberhalb der Angebotskurve. Was bedeutet dies? Es gibt in dem Bereich Tauschmöglichkeiten, da die Wertschätzung der Nachfrager (*„Ich bin bereit viel zu bezahlen, um eine Karte zu bekommen."*) oberhalb der Wertschätzung der Anbieter liegt (*„Also, für den Preis verkaufe ich die Karte. So viel ist mir der Besuch eines Spiels nicht wert."*)

Eröffnen sich für die Kartenbesitzer und Kartensuchenden beidseitig vorteilhafte Handelsmöglichkeiten, ist folgerichtig ein Effizienzanstieg zu verwirklichen. Mit einem

Verbot eines Weiterverkaufs (und dem Bekämpfen des Schwarzmarktes) ginge im Umkehrschluss Ineffizienz einher. Das Verbot des Weiterverkaufs ist gerade mit Blick auf die durch Losvergabe initiierte faire Anfangsallokation unverständlich.[10]

Literatur

Ariely, D. (2008). *Predictably irrational*. London: HarperCollins.
Friedman, D. (1997). *Hidden order – The economics of everyday life*. New York: Harper Business.
Weimann, J. (2009). *Wirtschaftspolitik – Allokation und kollektive Entscheidung* (5. Aufl.). Berlin/Heidelberg: Springer.

Internetseitenverzeichnis

Zeit Online. (2013). Was vom Extra übrig bleibt, vom 21.10.2013. http://www.zeit.de/mobilitaet/2013-10/gebrauchtwagen-sonderausstattung. Zugegriffen am 30.08.2017.

---

[10] Vgl. Weimann 2009, S. 238–241.

Sozialleistungen und mögliche Einflüsse auf den Arbeitsmarkt

5

5.1 Transferleistungen

Eine mögliche Argumentation hinsichtlich der Beurteilung staatlicher Leistungen wie etwa einer finanziellen Grundsicherung kann mithilfe des bekannten Instrumentariums der Haushaltstheorie erfolgen. Die Maßnahmen der Zusammenlegung von Arbeitslosenhilfe[1] und der Sozialhilfe für erwerbsfähige Hilfebedürftige (auf dem niedrigeren Niveau der Sozialhilfe) zum so genannten Arbeitslosengeld II im Rahmen der Agenda 2010 und der nach einem Jahr Arbeitslosigkeit (in dem Arbeitslosengeld I gezahlt wird) nun erfolgenden Zahlung von (wie man so sagt) *„Hartz IV"* ist immer wieder diskussionswürdig. Die Spannweite reicht einerseits von der Bezeichnung als *„Armut per Gesetz"* (Wegner 2010, S. 10) und der damit einhergehenden Kritik der niedrigen Höhe, die keine gesellschaftliche Teilhabe ermöglicht und damit Menschen in relativer Armut leben lässt. Und auf der anderen Seite wird *„[...] argumentiert, dass die für die Betroffenen gewährten finanziellen Versorgungsleistungen nach wie vor zu großzügig bemessen seien und Menschen deswegen zu wenig zum eigenverantwortlichen Ausstieg aus der Armut nötigen. HartzIV wäre in dieser Hinsicht folglich geradezu ‚Faulheit per Gesetz'."* (Wegner 2010, S. 10). Die Extreme werden somit offensichtlich: Aus Sicht der einen ist das soziale Sicherungsnetz eine Hängematte und aus Sicht der anderen hängt das Netz so tief über dem Boden, dass es keine wirkliche Sicherungsfunktion mehr leistet und man im Netz liegend den Betonboden spürt.

In Abb. 5.1 wurden an der Ordinate Monatseinkommen (je nach gearbeiteter Stundenzahl und bei gegebenem Stundenlohn) und auf der Abszisse die für Freizeit zur Verfügung stehende Stundenzahl abgetragen. Wir gehen davon aus, dass acht Stunden definitiv zur

---

[1] Die frühere Arbeitslosenhilfe basierte auf der Höhe des bisherigen Einkommens und galt unbefristet. Nunmehr erfolgt nach einem Jahr Bezug des Arbeitslosengeld I der Bezug der Grundsicherung, die sich nicht an vorherigem Einkommen sondern am Bedürftigkeitsprinzip orientiert.

© Springer Fachmedien Wiesbaden GmbH, ein Teil von Springer Nature 2019
F. Strotebeck, *Einführung in die Mikroökonomik*,
https://doi.org/10.1007/978-3-658-27307-1_5

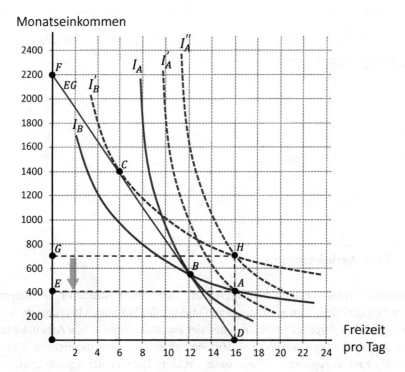

Abb. 5.1 Freizeitverzicht nach Präferenz und Transferleistung

Erholung von Körper und Geist benötigt werden, sodass unsere Individuen A und B (wir gehen von Ein-Personen-Haushalten aus)[2] lediglich entscheiden können, wie sie die übrigen 16 Stunden verbringen wollen. Sie haben die Möglichkeit, keiner Arbeit nachzugehen und demnach die 16 Stunden an Freizeit zu genießen (s. Punkt D) oder aber die ganzen 16 Stunden zu arbeiten und vollständig auf Freizeit zu verzichten, was bei gegebenem Stundenlohn einen Monatslohn von 2200 € einbringen würde (Punkt F). Dazwischen sind theoretisch alle Kombinationen denkbar. Die Möglichkeiten werden durch die Einkommensgerade (EG) dargestellt. Mit einem zusätzlichen Verzicht auf Einkommen, kann mehr Freizeit genossen werden.

Unser Individuum A hat eine relativ starke Freizeitpräferenz, was durch den steilen Verlauf der Indifferenzkurve abgebildet wird. Im Normalfall – ohne Transferzahlung – wird das Individuum A auf vier Stunden Freizeit am Tag verzichten und somit *halbtags* arbeiten. Dies ermöglicht es ihm, das durch die Indifferenzkurve I_A dargestellte Nutzenmaximum zu erreichen. Die Indifferenzkurve tangiert die Einkommensgerade bei Punkt B. Das Monatseinkommen liegt demnach bei etwa 550 €.

---

[2] Je mehr arbeitsfähige Personen einem Haushalt zugehörig sind, desto mehr vergrößert sich die auf Freizeit und Arbeit aufteilbare Stundenzahl. Vgl. Endres, Alfred und Martiensen, Jörn (2007), S. 177.

5.1 Transferleistungen 41

Das Individuum B besitzt eine ausgewogenere Präferenzstruktur. Ein Halbtagsjob (wie ihn Individuum A ausführt) stiftet Individuum B nicht den maximalen Nutzen. Die Nutzenindifferenzkurve I_B *schneidet* die Einkommensgerade in Punkt B. Dies zeigt uns bereits, dass es eine Verbesserungsmöglichkeit gibt, denn es muss auch einen Tangentialpunkt (oder eine Randlösung) geben. Den Tangentialpunkt finden wir bei Punkt C. Eine weiter außen liegende Nutzenindifferenzkurve (I'_B) kann erreicht werden. In Punkt C arbeitet Individuum B nun 10 Stunden und erwirtschaftet ein Monatseinkommen von 1400 €.

Nun kommen wir zum Thema der finanziellen Grundsicherung: Eingezeichnet sind in der Abb. 5.1 des Weiteren zwei Systeme einer möglichen finanziellen Grundversorgung. Während ein System bei ungefähr 700 € liegt (s. Punkt G), liegt das andere darunter, bei 400 € (Punkt E). Die höhere Versorgungsleistung ist durch die gestrichelte Linie zwischen G, H und D eingezeichnet und die geringere Transferzahlung wird durch die gestrichelte Linie zwischen E, A und D verdeutlicht. Selbst wenn auf keine Stunde Freizeit verzichtet wird (Punkt D) können Einkommen in Höhe von 700 € (Punkt H) bzw. im Fall des alternativen Sicherungssystems in Höhe von 400 € eingenommen werden (Punkt A). Je nach Höhe dieser finanziellen Grundversorgung ist abzusehen, wie die Bereitschaft der Arbeitsaufnahme aussehen könnte.

Gilt das Sicherungssystem, bei dem 700 € im Monat als Versorgungsleistung gezahlt werden, ist Individuum B indifferent zwischen den Optionen, dargestellt durch Punkte C und H (einerseits der Tangentialpunkt der Nutzenindifferenzkurve I'_B mit der Einkommensgerade und andererseits der Berührungspunkt mit der „*Ecke*" der Versorgungsleistung in Punkt H). Die Option, zehn Stunden zu arbeiten und ein Monatseinkommen von 1400 € zu erwirtschaften, stiftet dem Individuum B den gleichen Nutzen, wie die Option nicht zu arbeiten und 700 € an finanzieller Versorgungsleistung zu beziehen. Das Individuum A hingegen erreicht den höchsten Nutzen, wenn A nicht arbeitet, sondern die Leistung bezieht (Punkt H als Berührungspunkt von I''_A und der im Diagramm abgetragenen Versorgungsleistung).

Betrachten wir nun den Fall, dass die finanzielle Grundsicherung abgesenkt wird und statt zuvor 700 € nur noch ein monatliches Einkommen von 400 € garantiert.[3] Es gilt weiterhin, dass für den Erhalt der Leistung keine Freizeit aufgegeben werden muss.

Wie nun deutlich wird, ist dies für unser Individuum B ausschlaggebend, arbeiten zu gehen. Während zuvor der Bezug von 700 € bei voller Freizeit als genauso gut eingestuft wurde wie ein Einkommen von 1400 € bei zehn Stunden Arbeit, wäre die maximale Menge an Freizeit bei nur 400 € an monatlichen Einnahmen deutlich schlechter (sprich mit geringerem Nutzen verbunden). Die Indifferenzkurve I_B tangiert den Punkt A zwar, liegt jedoch näher am Ursprung als die Indifferenzkurve I'_B und weist damit ein niedrigeres Nutzenniveau auf.

---

[3] Sozusagen der modellierte Effekt der Zusammenlegung der Arbeitslosenhilfe und der Sozialhilfe auf dem niedrigeren Niveau der Sozialhilfe. Dies entspricht einer Absenkung der Arbeitslosenhilfe auf das Niveau der Grundversorgung.

42 5 Sozialleistungen und mögliche Einflüsse auf den Arbeitsmarkt

Anders sieht dies für unser Individuum A aus. A kann noch immer ein höheres Nutzenniveau erreichen, dargestellt durch die mittlere Nutzenindifferenzkurve I'_A, als wenn A arbeiten gehen würde.[4] Die gleiche Änderung hinsichtlich der finanziellen Grundsicherung führt demnach zu ganz unterschiedlichen Ergebnissen, in Abhängigkeit der Präferenzstrukturen der Individuen.

Eine andere Möglichkeit wäre, den Stundenlohn zu erhöhen, sodass die Opportunitätskosten der Zeitverwendung für Freizeit steigen.

Die Einkommensgerade dreht sich bei höherem Stundenlohn an der Ordinate nach außen, sodass die neue Einkommensgerade durch EG' dargestellt wird. Würde diese Einkommensgerade gelten, würde selbst unserem zugegebenermaßen sehr freizeitaffin/arbeitsscheu modellierten Individuum A der Halbtagsjob mit einem Monatseinkommen von 1200 € einen höheren Nutzen bringen (dargestellt durch den Tangentialpunkt G der weiter außen liegenden Nutzenindifferenzkurve I''_A mit der neuen Einkommensgerade EG'), als das hohe Ausmaß an Freizeit und der Einnahme der Transferzahlung (Punkt A).[5]

5.2 Rückwärts geneigt und vorwärts fallend

Im einfachsten Fall einer Arbeitsangebotskurve wird diese als monoton steigend dargestellt. Eine geringere Menge an Arbeit wird bei geringem Lohn bereitgestellt und bei höherem Lohn wird eine höhere Menge an Arbeit angeboten. Das zuvor (in Abb. 5.2) dargestellte Beispiel führt zu einem solchen Verlauf. Aufgrund des Anstiegs des Stundenlohns steigt der Anteil der Arbeitszeit an der verfügbaren Zeit. Doch dies muss nicht zwangsläufig der Fall sein. Das Resultat der Lohnänderung basiert auf zwei Effekten und zwar dem Einkommenseffekt und dem Substitutionseffekt. Steigt der Stundenlohn, steigen die Opportunitätskosten der Freizeit. Es ist daher denkbar, dass ein Individuum Freizeit gegen Arbeitszeit eintauscht. Dieser Substitutionseffekt würde das zuvor gezeigte Resultat bestätigen. Gleichzeitig führt ein höherer Stundenlohn dazu, dass das Individuum ein bestimmtes Einkommen bereits mit weniger Stunden an Arbeit erreichen kann. Dies könnte dazu führen, dass der Arbeitszeitanteil abnimmt und stattdessen der Freizeitanteil hinsichtlich der Zeiteinteilung zunimmt. Das Endresultat hängt nun davon ab, welcher der

---

[4] Dies ist die Begründung für eine weitere Absenkung der Grundversorgung, da diese ansonsten ja (für etwa Akteur A) wie oben bereits angemerkt *„Faulheit per Gesetz"* (Wegner 2010, S. 10) bedeuten würde. Beurteilen dürfen Sie die unterschiedlichen Aussagen selbst.

[5] Kurzer Zusatz: Ein Artikel von Launov und Wälde (2014) beschreibt die Wirkung der Hartz-IV-Reformen auf die Arbeitslosigkeit als äußerst gering. Lediglich ein Rückgang von 0,1 Prozentpunkten wird auf die Reform zurückgeführt. Begründet wird dies unter anderem damit, dass bei Hochqualifizierten die Absenkung der Versorgungsleistung irrelevant erscheint, da diese noch vor Greifen der Absenkung (also innerhalb eines Jahres) eine neue Beschäftigung finden. Für Geringqualifizierte wiederum ist die Differenz der Versorgungsleistung vor und nach der Reform zu gering, als dass diese einen großen Einfluss auf das individuelle Verhalten auszuüben vermag (Launov und Wälde 2014, S. 113).

5.2 Rückwärts geneigt und vorwärts fallend

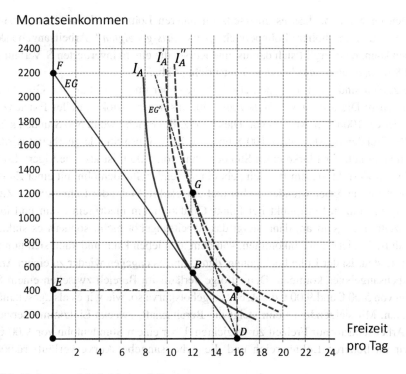

Abb. 5.2 Freizeitverzicht bei Lohnerhöhung

beiden Effekte größer ausfällt. Wir gehen davon aus, dass die Arbeitsangebotskurve in unterschiedliche Bereiche unterteilt werden kann. Im unteren Bereich würde eine Absenkung des Lohns trotzdem zu verstärktem Zeiteinsatz für Arbeit führen, da das geringe Einkommen nicht für ein ordentliches Leben ausreicht. (Folglich würde auch bei steigendem Lohn der Einkommenseffekt überwiegen und der Arbeitszeitanteil ginge zurück.) Im „normalen" Bereich überwiegt der Substitutionseffekt und ein höherer Lohn führt zu einem Anstieg des Arbeitszeitanteils. Bei sehr hohem Lohn kann wiederum der Einkommenseffekt überwiegen, da z. B. Freizeit benötigt wird, um das Einkommen für angenehme Dinge zu verwenden. Dies führt zu einer Rückwärtskrümmung der Arbeitsangebotskurve (*„backward-bending labor supply curve"*).[6] Des Weiteren ist die Situation denkbar, dass ein Einkommen generiert werden will, dass dem Existenzminimum (*„subsistance level"*) genügt. Daher kann auch auf Höhe eines geringen Lohnniveaus ein sinkender Lohn zu einem Anstieg der Arbeitsmenge führen (*„forward-falling labor supply curve"*).[7]

---

[6] Vgl. Rycroft 2009, S. 62 und Begg et al. 2008, S. 197 sowie Sloman 2000, S. 325.
[7] Vgl. Natrop 2012, S. 158 und ausführlich Dessing 2002, Sharif 1991 sowie Nakamura und Murayama 2010.

Bedenken wir nun, dass es einerseits im unteren Lohnbereich zu einer *„vorwärts-fallenden"* und im hohen Lohnbereich *„rückwärts-geneigten"* Arbeitsangebotskurve kommen kann, dann ergibt sich daraus eine Kurve, die einem invertierten S-Verlauf (*„inverted S-shaped labor supply curve"*) entspricht (Abb. 5.3).

Die Zahlen sind nun rein hypothetisch, helfen aber im besten Fall, die Grundidee zu verdeutlichen: Die *grau gestrichelte Linie* gibt uns unser soziokulturelles Existenzminimum (hier ca. 1000 € im Monat) vor. Dies wird z. B. erreicht, wenn 500 Stunden à 2,00 € oder 200 Stunden à 5,00 € oder 100 Stunden à 10,00 € pro Stunde gearbeitet wird. Der Bereich unterhalb der Marke eines Stundenlohns von 5,00 € ist als „niedriger" Lohnbereich klassifiziert. In diesem Bereich geht ein sinkender Stundenlohn mit einer Zunahme des Angebotes an Arbeitsstunden einher und umgekehrt. Steigt der Lohn nun, im Zusammenhang mit einem Startpunkt bei Punkt *C* (also einem niedrigem Lohn und langen Arbeitszeiten) langsam an, dann steigt das Arbeitsangebot nicht, sondern es sinkt. Der Haushalt besitzt jetzt ein Einkommen, von dem man leben kann und kann sich nun mehr Freizeit leisten. Ist der Lohn hoch genug, dann kann es dagegen wieder zu einem Anstieg des Arbeitsangebotes kommen. Demzufolge verläuft im Bereich zwischen einem Stundenlohn von 5,00 € und 9,00 € die Arbeitsangebotskurve so, wie wir es als „gesetzmäßig" betrachten. Mit steigendem Lohn steigt die Bereitschaft, zwecks Einkommenserzielung durch Arbeitseinsatz auf Freizeit zu verzichten. Über einem Stundenlohn von 9,00 € landen wir im höheren Lohnbereich und die Arbeitsangebotskurve verläuft rückwärts

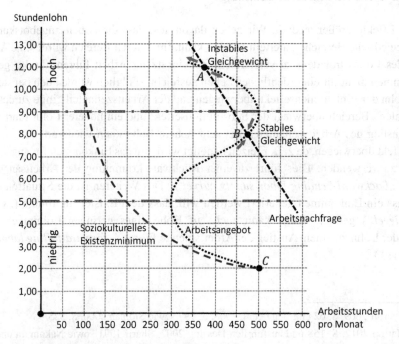

Abb. 5.3 Das Arbeitsangebot | Der invertiert S-förmige Verlauf

5.2 Rückwärts geneigt und vorwärts fallend

gekrümmt. Ebenfalls eingezeichnet ist eine hypothetische Arbeitsnachfragefunktion. Anstelle eines einzigen Schnittpunkts haben wir aufgrund des ungewöhnlichen Verlaufs der Angebotskurve nun zwei Schnittpunkte. Punkt A ist jedoch ein instabiles Gleichgewicht. Bei einem höheren Lohn (oberhalb von 12,00 €) ist die Nachfrage nach Arbeit stets größer als das Angebot. Weicht der Lohn nach unten ab, so steigen mit sinkendem Lohn sowohl angebotene als auch nachgefragte Menge an Arbeit bis zum Übergang in den normalen Verlauf, wo sich mit sinkenden Löhnen die angebotene Menge an Arbeit reduziert, bis das (lokal stabile) Gleichgewicht in Punkt B erreicht ist.

Betrachten wir aufbauend auf die grundlegende Gesamtbetrachtung anschließend die Teilbereiche der Arbeitsangebotskurve einzeln. Beginnen wir mit der Möglichkeit, dass aufgrund des Subsistenzlevels, sprich des Existenzminimums, in unserem Beispiel der Arbeitszeitanteil steigt, obwohl der Lohn sinkt (Abb. 5.4).

Im Ausgangspunkt wird etwas über sieben Stunden am Tag gearbeitet und somit ein monatliches Einkommen von 1000 € erwirtschaftet (Punkt A). Nun wird im dargestellten Fall der Stundenlohn reduziert, sodass bei vollständigem Verzicht auf Freizeit (und im Einklang mit unserer Vorgabe einer täglichen Arbeitszeit von 16 Stunden) anstelle von 2200 € nunmehr nur 1400 € erwirtschaftet werden können (Drehung auf der Ordinate von Punkt C nach Punkt E). Ein Sinken des Stundenlohns führt zu einer relativen Preisänderung

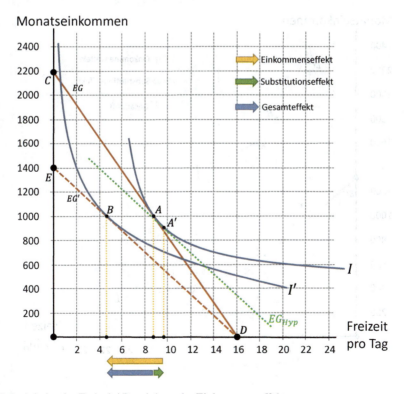

Abb. 5.4 Arbeit oder Freizeit | Dominierender Einkommenseffekt

von Freizeit. Freizeit wird günstiger. Daher ist zu erwarten, dass vermehrt Arbeitszeit gegen Freizeit eingetauscht wird. Diese Reaktion können wir ablesen, indem wir die Punkte A und A′ miteinander vergleichen. In der Tat würde – nur den Substitutionseffekt betrachtend – die Arbeitszeit reduziert (auf ungefähr sechs Stunden). Dies würde bedeuten, dass das monatliche Einkommen auf unter 1000 € fällt. Es reduziert sich auf ungefähr 900 €. Um den Einkommensverlust auszugleichen, wird – dies zeigt der Einkommenseffekt, sichtbar durch den Vergleich der Punkte A′ mit B – die Arbeitszeit deutlich erhöht und auf Freizeit verzichtet. Im Endeffekt wird nahezu 11 ½ Stunden gearbeitet und somit wird auch beim niedrigen Stundenlohn ein monatliches Einkommen von 1000 € erreicht. Der Einkommenseffekt überwiegt in diesem Fall den Substitutionseffekt deutlich.

Ähnliches lässt sich dergestalt konstruieren, sodass wir den Anstieg der Arbeitszeit bei Anstieg des Stundenlohns beobachten können und in der Form, dass wir sehen wollen, wie es dazu kommt, dass die Arbeitszeit sinkt, wenn der Lohn weiter steigt.

Startpunkt der Betrachtung (Abb. 5.5) ist der Punkt A. Unser Individuum arbeitet acht Stunden pro Tag und verdient monatlich ungefähr 700 €. Durch eine Erhöhung des Stundenlohns dreht sich die Einkommensgerade nach außen. Dies macht Freizeit relativ teuer, sodass wir davon ausgehen, dass Freizeit durch Arbeitszeit substituiert wird. Genau dies können wir durch den Vergleich der Punkte A und A′ bestätigen. Aufgrund der relativen

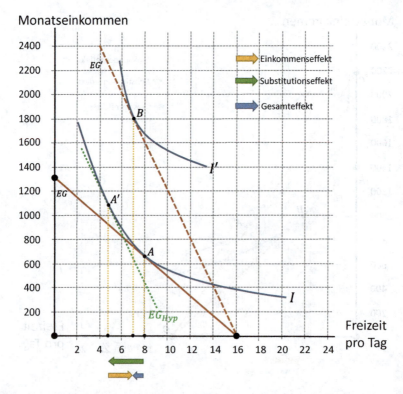

Abb. 5.5 Arbeit oder Freizeit | Dominierender Substitutionseffekt

5.2 Rückwärts geneigt und vorwärts fallend

Preisänderung würde auf etwa drei Stunden Freizeit zugunsten von Arbeitszeit verzichtet werden. Der Einkommenseffekt hingegen zeigt, dass mit weniger Arbeit aufgrund des gestiegenen Stundenlohns bereits ein höheres Einkommen erreicht werden kann. Somit kann eine Reduzierung der Arbeitszeit begründet werden (von A' nach B, demnach ca. zwei Stunden). Im Endeffekt wird die Freizeit insgesamt um ca. eine Stunde reduziert (vergleichen Sie die Punkte A und B) und die Arbeitszeit folglich um diese Stunde (also von acht auf neun Stunden) aufgestockt und ein monatliches Einkommen von 1800 € erzielt.

Abschließend betrachten wir die Situation im oberen Lohnbereich, wo wiederum eine Erhöhung des Lohns zu einer Senkung der Arbeitszeit führt (Abb. 5.6).

Wieder beginnen wir in Punkt A. Zehn Stunden Arbeit und ein Monatseinkommen von 1200 € beschreiben diese Situation. Die Lohnerhöhung führt anschließend zum relativen Preisanstieg für Freizeit, sodass der Substitutionseffekt eine Reduzierung von Freizeit zugunsten von Arbeitszeit anzeigt (Punkt A nach A'). Gegenläufig wirkt der Einkommenseffekt. Pro Stunde kann nun ein höherer Lohn eingenommen werden, sodass das Einkommen trotz einer geringeren Arbeitszeit erhöht werden kann. Unser betrachtetes Individuum reduziert seine Arbeitszeit gegenüber dem Ausgangspunkt um zwei Stunden und arbeitet nunmehr acht anstelle von zehn Stunden am Tag, kommt aber auf ein monatliches Einkommen von 1400 € anstelle von 1200 € (Punkt B gegenüber Punkt A).

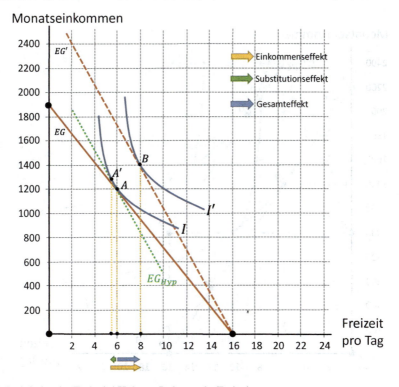

Abb. 5.6 Arbeit oder Freizeit | Höherer Lohn, mehr Freizeit

5.3 Bedingungsloses Grundeinkommen

Eine andere Möglichkeit einer finanziellen Grundsicherung wäre das immer wieder diskutierte Thema eines bedingungslosen Grundeinkommens. Gehen wir etwa von einer Auszahlung von 1000 € monatlich aus (unser vorheriges Subsistenzlevel), bei der es egal ist, ob gearbeitet wird oder nicht. Arbeiten Sie gar nicht, so erhalten Sie die 1000 €. Arbeiten Sie und erwirtschaften 3000 €, so gäbe es außerdem noch 1000 € dazu ausgezahlt. Schauen wir uns an, wie ein solches, bedingungsloses Grundeinkommen die Zeiteinteilung unserer beiden bekannten Akteure A und B beeinflussen könnte (Abb. 5.7).

In dem Fall eines bedingungslosen Grundeinkommens ist zu bedenken, dass sich die Einkommensgerade um den Betrag des Grundeinkommens nach oben verschiebt. Dies ist darin begründet, dass die Auszahlung in voller Höhe stattfindet, unabhängig davon, ob gearbeitet wird oder nicht. Die nun gültige Einkommensgerade EG_{BG} beginnt in Punkt F und endet ein gutes Stück außerhalb des Diagramms (die Steigung ist die gleiche wie zuvor) an der Ordinate. Wenig überraschend ist für unseren als eher arbeitsscheu charakterisierten Akteur A die Ecklösung in Punkt F, die Lösung mit dem höchsten Nutzenniveau.

Interessanter ist der Akteur B: Anstatt mit 10 Stunden Arbeit wie zuvor 1400 € zu verdienen und nun mit dem zusätzlichen Grundeinkommen in Höhe von 1000 € ganze 2400 € einzunehmen, ändert Akteur B seine Zeiteinteilung. Der Akteur B geht noch immer zur

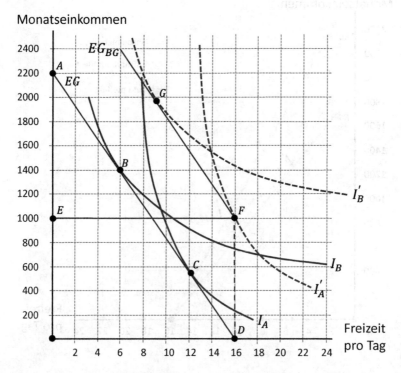

Abb. 5.7 Bedingungsloses Grundeinkommen

5.3 Bedingungsloses Grundeinkommen

Arbeit, fährt aber die Anzahl der Arbeitsstunden von 10 Stunden (Punkt B) auf 7 Stunden (Punkt G) zurück. Auf einem höheren Nutzenniveau als zuvor (Punkt G) erwirtschaftet er nun ein Einkommen in Höhe von ungefähr 1950 €. Je nach Präferenzstruktur lässt sich dies auch für manch eine Person intuitiv nachvollziehen. Es ist doch durchaus vorstellbar, dass man glücklicher ist, wenn man einerseits ein höheres Einkommen verwirklichen kann (1950 € > 1400 €) und gleichzeitig mehr Freizeit besitzt (7 *Std. Arbeit* < 10 *Std. Arbeit*).

Ein Problem könnte nun sein, dass wir bzgl. des Grundeinkommens bisher die Finanzierung gänzlich außer Acht gelassen haben. Diesbezüglich ließen sich die unterschiedlichsten Möglichkeiten durchdenken, wie etwa Einsparungen aufgrund der Kappung anderer sozialer Sicherungssysteme, der Erhöhung von Konsumsteuern (etwa ein Heraufsetzen der Mehrwertsteuer etc.). Nachfolgend soll jedoch betrachtet werden, wie es aussehen könnte, sollte das Grundeinkommen aus dem Arbeitseinkommen refinanziert werden.

Als ein letztes kurzes Szenario nehmen wir folglich die Finanzierung eines bedingungslosen Grundeinkommens in Abb. 5.8 auf.[8] Zum Zwecke einer besseren Darstellbarkeit senke ich nachfolgend das Grundeinkommen einmal auf 600 € anstelle von 1000 €.

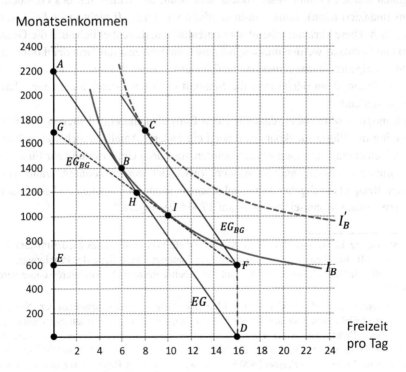

Abb. 5.8 Anrechnung der Transferzahlung

---

[8] Den Aspekt der „Bedingungslosigkeit" müsste man im Grunde auch einmal beleuchten und entweder wörtlich nehmen oder von einem Grundeinkommen mit (zumindest wenigen) Bedingungen sprechen. Auch wird teils in einem Atemzug mit dem Grundeinkommen auf einen Verzicht sonstiger

Des Weiteren gehen wir nun davon aus, dass Verdienste, die über die gesetzte minimale Einkommensgrenze von 600 € hinausgehen, angerechnet werden und somit unser Akteur B im Maximum keine 2800 € erhalten würde (2200 € durch Arbeitsleistung zuzüglich der 600 € durch das bedingungslose Grundeinkommen). Stattdessen würde nunmehr ab einem Einkommen von 600 € jeder weitere zusätzliche Euro hälftig mit dem Transfer verrechnet. Diese Verrechnung führt zu einer staatlichen Einnahme und damit zur Finanzierungsmöglichkeit des Grundeinkommens aus dem Arbeitseinkommen. Betrachten wir die Abb. 5.8.

Die Verrechnung führt dazu, dass die Opportunitätskosten einer Stunde Freizeit sinken. Während zuvor eine Stunde Freizeit (bei Gültigkeit der Gerade EG oder der Gerade EG_{BG} oberhalb von Punkt F) ca. 140 € an monatlicher Einkommenseinbuße kostete, wären dies nun lediglich ca. 70 €, da schließlich 50 Prozent des Lohns einbehalten werden (es gilt die Einkommensgerade EG'_{BG}). Unterscheiden wir zwei Varianten:

1. Entweder gilt die Anrechnung so lange, bis unser Akteur B durch seine Arbeit theoretisch 1200 € zusätzlich erwirtschaftet hätte und die 600 € an Transfereinkommen abgegolten wurden (womit unser Akteur aber somit nur *seinen* Teil des Grundeinkommens finanziert hätte). Dann würde oberhalb von Punkt H nicht mehr EG'_{BG} sondern EG gelten. Diese Variante scheint aber unrealistisch, da schließlich auch die Grundeinkommen finanziert werden müssen, bei denen die Bezieher das Grundeinkommen eben nicht aus eigener Tasche refinanzieren (können). (Denn: Würde es jeder selbst refinanzieren können, dann dürfte man die Sinnhaftigkeit des Grundeinkommens durchaus infrage stellen.)
2. Auch möglich wäre daher, dass für jeden Euro über die einbehaltenen 600 € hinaus weiterhin die Hälfte (denkbar wäre auch ein anderer Anteil) einbehalten würde, wodurch Gelder eingenommen werden würden, die durch Umverteilung zur Finanzierung des Grundeinkommens anderer Akteure verwendet werden könnten. Dann würde in diesem Beispiel durchgehend die Einkommensgerade EG'_{BG} gelten und sich das maximal erreichbare Monatseinkommen auf 1700 € verringern.[9]

Sozialleistungen (z. B. Wohngeld, BAföG, Kindergeld etc.) verwiesen. Dies wiederum kann in manchen Fällen (z. B. Krankenversicherung) nicht funktionieren. Diese Seite der Problematik ist aber für die modellhafte Betrachtung mit Fokus auf die Arbeitsanreize nicht von Interesse und wird ausgeklammert.

[9] Dieses Vorgehen entspricht im Grunde der Idee einer *negativen Einkommenssteuer*. Nehmen Sie an, dass es einen Einkommenssteuersatz von 50 Prozent gäbe, welcher bei einem Schwellenwert von 1200 € in beide Richtungen wirkt. Das soll bedeuten, dass monatliche Verdienste oberhalb von 1200 € mit 50 Prozent besteuert werden und Verdienste unterhalb von 1200 € mit 50 Prozent bezuschusst werden. Verdient eine Person 1800 € im Monat, so liegt der Betrag 600 € *oberhalb* des Einkommensgrenzwertes von 1200 €. Die 600 € werden mit 50 Prozent besteuert. Die Person zahlt demnach 300 € an Steuern und es bleibt ein verfügbares Einkommen von 1500 € übrig. Die Person ist Nettozahler. Verdient eine Person 400 € im Monat, so liegt dies 800 € *unterhalb* der Grenze von 1200 €. Die Person erhält nun 400 € (nämlich 800 ∗ 0,5) als Zuschuss und es ergibt sich ein Gesamtbetrag von 800 €. Sie sehen, dass dies in der Abb. 5.8 im Bereich F bis H zu einem erhöhten Anreiz der Arbeitsaufnahme führt, im Gegensatz zu einer vollständigen Kürzung der Transferleistung bei

5.4 28-Stunden-Woche, Elternzeit, Präferenzänderungen

Kommen wir nun auf die Arbeitsanreize zu sprechen: Relevant wäre die Nutzenindifferenzkurve I_B. Diese tangiert die Einkommensgerade EG'_{BG} in Punkt I und die Einkommensgerade EG in Punkt B. Bei Selbstfinanzierung gilt die Strecke $DFHA$. Akteur B kann zwei Tangentialpunkte verwirklichen und ist zwischen den beiden Situationen (I: 6 Stunden arbeiten und 1000 Euro verdienen sowie B: 1400 Euro verdienen bei 10 Stunden Arbeit) indifferent. Gilt jedoch die Regelung, dass ab 600 € jeder weitere Euro hälftig eingezogen wird, gilt die Strecke $DFHG$ als einfach geknickte Einkommensgerade und Punkt B könnte nicht mehr erreicht werden. Es wäre damit nutzenmaximierend, den Punkt I zu wählen. Von allen betrachteten Optionen (Punkt B, C und I) wäre dies dann diejenige, bei der die geringste Zeit für Arbeit aufgebracht werden würde. Damit ginge im Übrigen gleichfalls einher, dass selbst Akteur B zum Nettobezieher avancieren würde, da er lediglich 400 € in die Sozialkasse einbezahlt aber 600 € ausbezahlt bekommen würde.

5.4 28-Stunden-Woche, Elternzeit, Präferenzänderungen

Bisher sind wir davon ausgegangen, dass die Präferenzen unserer Haushalte (dargestellt durch die Indifferenzkurven) sich nicht ändern. Tatsächlich würden andauernde und abrupte Änderungen der Präferenzen einer sinnvollen Verwendung unseres haushaltstheoretischen Modells einen Riegel vorschieben. Vorstellbar ist aber durchaus, dass wir uns zu erwartende und für längere Zeitdauer konsistente Präferenzänderungen einmal näher anschauen.[10] Denkbar wäre etwa die derzeitige (Oktober 2017) Forderung der IG Metall für eine bis zu zweijährige Senkung der Wochenarbeitszeit von 35 (oder faktisch eher mehr) auf 28 Stunden, mit der Möglichkeit nach Ablauf der Zeit wieder auf 35 Stunden pro Woche zu erhöhen. Diese Forderung könnte auf Präferenzänderungen zurückgeführt werden. Selbstredend bedeutet eine Reduzierung der Arbeitszeit auch gleichzeitig eine Reduzierung des Einkommens. Eine andere Möglichkeit ist die Betrachtung von Elternzeit. Auf

---

Arbeitsaufnahme. (Vereinfacht ausgedrückt ist dies das Kalkül, ob Sie „für sich oder für den Staat arbeiten gehen".) Siehe bzgl. der negativen Einkommensteuer Brynjolfsson und McAfee 2018, S. 284–286 und Petersen 1995. Auch wäre es möglich, ab dem Punkt H – ab welchem man bei Mehrarbeit zum Nettozahler wird – einen anderen Einkommensteuersatz anlegt. So könnte negatives Einkommen mit 50 Prozent besteuert werden (wie im Beispiel zuvor) und positives Einkommen mit lediglich 20 Prozent. Verdient eine Person demnach z. B. 1800 €, sind dies 600 € mehr als der Schwellenwert von 1200 € angibt. Die 600 € werden nun mit 20 Prozent versteuert, sodass sich das Einkommen von 1800 € auf 1680 € und nicht (wie bei 50 Prozent) auf 1500 € reduziert. Dies ändert die Steigung der Einkommensgerade im Punkt H und schmälert mögliche Einbußen hinsichtlich der Arbeitsanreize bei Nettozahlern.

[10] Das macht ja auch durchaus Sinn. Ich ändere meinen Musikgeschmack bspw. wirklich nicht jede Woche, aber kann mit den Liedern, die ich als Kind richtig toll fand mittlerweile nicht mehr ganz so viel anfangen und auch meine präferierten Freizeitaktivitäten haben sich geändert und konzentrieren sich weit weniger auf Rutsche und Sandkasten als damals. Auch wenn von verstärktem ökologischem Bewusstsein der Gesellschaft gesprochen wird, dann impliziert dies eine Veränderung der Präferenzstrukturen.

Antrag können Mutter und/oder Vater bis zu drei Jahre Elternzeit beantragen und sich vermehrt dem Familiennachwuchs widmen. Dafür ist ebenfalls ein vermindertes Haushaltseinkommen hinzunehmen, da der Verdienstausfall nicht zur Gänze, sondern nur in gewissem Ausmaß übernommen wird.

Wie passt ein solches Verhalten in unser Modell? Bisher haben wir anhand des Stundenlohns eine (Monats-)Einkommensgerade pro Arbeitnehmer erstellt und dann anhand gegebener Präferenzen für Einkommen und Freizeit ermittelt, welche Stundenaufteilung (Arbeit und Freizeit) optimal wäre. Da sich der Stundenlohn im ersten der beiden genannten Fälle nicht ändert, die Budgetgerade also an gleicher Stelle verharrt, ist eine sich ändernde Einteilung der vorhandenen Zeit auf Arbeit und Freizeit lediglich durch eine Präferenzänderung erklärbar.

Im Falle des Elterngeldes ist es nicht ganz so eindeutig, da nun bei vollständigem Arbeitsverzicht dennoch ein Einkommen (Elterngeld) erzielt wird. Dies wäre in dem Sinn eine Grundsicherung (in der Abb. 5.9 auf Basis von 60 Prozent des Ausgangseinkommens), dargestellt durch die *(grüne) Linie* zwischen den Punkten E und F. Punkt E ist im vorliegenden Fall nur dann ein neues Optimum, wenn sich die Präferenzen geändert haben sollten (es gelte nunmehr I_2 anstelle von I_1). Hätte man I_1 anders modelliert, dann wäre eine Elternzeit (weniger Einkommen, mehr Freizeit) aber auch mit gegebenen Präferenzen zu zeigen gewesen.

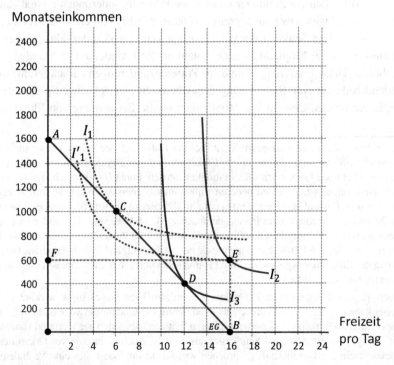

Abb. 5.9 Präferenzenänderung

5.5 Starre Arbeitszeiten

Wählt ein Arbeitnehmer eine Senkung der Wochenarbeitszeit, bedeutet dies, dass entlang der Budgetgerade ein Punkt weiter rechts gewählt wird (mehr Freizeit, geringeres Einkommen). Bei gleich gebliebener Präferenzstruktur würde dies ein Verlassen des Optimums auf eine niedrigere Nutzenindifferenzkurve (s. I_1') bedeuten. Realistischer ist, dass sich die Präferenzen dauerhaft geändert haben und daher etwa Freizeit (mit Kind) nun wertvoller eingeschätzt wird. Nur bei hohem Lohnausgleich (was die Budgetgerade drehen würde), könnten frischgebackene Eltern dazu bewegt werden, auf Zeit mit Kind – im Gegenzug für Geld – zu verzichten. Das würde im Umkehrschluss natürlich auch bedeuten, dass ohne die Absicherung des Einkommens durch das Elterngeld (also bei Gültigkeit der normalen Einkommensgerade) eine Wahl getroffen werden würde, die mit Einkommensverzicht für einen Freizeitgewinn einhergeht. Zum Beispiel könnte dies der Einstieg des betrachteten Elternteils nach Ablauf der Elternzeit in den Arbeitsmarkt durch Annahme einer Halbtagsstelle sein (s. Indifferenzkurve I_3 und Punkt D).

5.5 Starre Arbeitszeiten

Wir haben bis jetzt immer angenommen, dass die zur Verfügung stehenden 16 Stunden im beliebigen Mischverhältnis zwischen Arbeitszeit und Freizeit aufgeteilt werden können. In den meisten Fällen ist die vorgesehene Arbeitszeit am Tag jedoch vorgegeben. Schauen wir uns daher noch einmal einen Ein-Personen-Haushalt an und untersuchen seine tatsächliche Entscheidungssituation, gegeben, es gäbe nur die Auswahl zwischen einem Ganztagsjob (8 Stunden), einem Halbtagsjob (4 Stunden) und der Arbeitslosigkeit (wobei wir der Person in diesem Fall eine Grundversorgung in Höhe von 400 € zuweisen würden).

Die *gestrichelte Einkommensgerade* stellt als Referenz die Entscheidungsgrundlage bei vollkommen freier Arbeitszeitwahl dar (Abb. 5.10). Es wird deutlich, dass mit dem Punkt C und einer Arbeitszeit von 10 Stunden das höchste Nutzenniveau – ausgedrückt durch die Indifferenzkurve I_1 – erreicht werden könnte. Würden nun stattdessen ein auf acht Stunden pro Tag fixierter Ganztagsjob und ein auf vier Stunden festgelegter Halbtagsjob zur Verfügung stehen, würde sich das betrachtete Individuum für den Ganztagsjob entscheiden, jedoch lediglich ein geringeres Nutzenniveau erreichen (Punkt D, Indifferenzkurve I_2), als bei freier Arbeitszeitwahl.[11]

Nehmen wir nun an, ein Ganztagsjob wäre nicht verfügbar und das Individuum müsste sich zwischen einem Halbtagsjob und der Arbeitslosigkeit entscheiden. In diesem Fall bietet ein Halbtagsjob nicht genügend Anreiz, um arbeiten zu gehen. Stattdessen wäre der Nutzen durch Freizeit höher (I_3 liegt weiter außen als I_4). Somit hätte im dargestellten Fall das rigide und wenig ansprechende Arbeitsplatzangebot zu einer geringeren Arbeitsaufnahme geführt, als im Referenzmodell vollkommen freier Arbeitszeitwahl.

---

[11]Vgl. Endres und Martiensen (2007), S. 177.

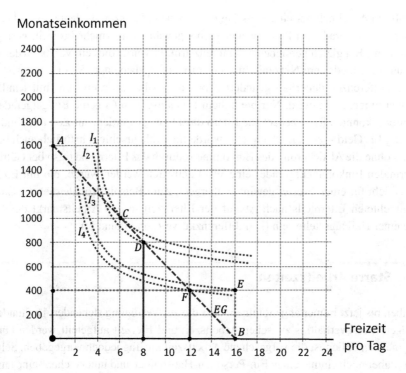

Abb. 5.10 Feste Arbeitszeiten

Literatur

Begg, D., Fischer, S., & Dornbusch, R. (2008). *Economics* (9. Aufl.). Berkshire: McGraw-Hill.
Brynjolfsson, E., & McAfee, A. (2018). *The second machine age*. Kulmbach: Plassen.
Dessing, M. (2002). Labor supply, the family and poverty: The S-shaped labor supply curve. *Journal of Economic Behavior & Organization, 49*, 433–458.
Endres, A., & Martiensen, J. (2007). *Mikroökonomik*. Stuttgart: Kohlhammer.
Launov, A., & Wälde, K. (2014). Folgen der Hartz-Reformen für die Beschäftigung. *Wirtschaftsdienst, 94*(2), 112–117.
Nakamura, T., & Murayama, Y. (2010). A complete characterization of the inverted s-shaped labor supply curve. *Metroeconomica, 61*(4), 665–675. https://doi.org/10.1111/j.1467-999X.2009.04086.x.
Natrop, J. (2012). *Grundzüge der Angewandten Mikroökonomie* (2. Aufl.). München: Oldenbourg Verlag.
Petersen, H.-G. (1995). *Pros and Cons of a Negative Income Tax, Finanzwissenschaftliche Diskussionsbeiträge* (Diskussionsbeitrag Nr. 2). Potsdam.
Rycroft, R. S. (2009). *The economics of inequality, discrimination, poverty and mobility*. New York: Routledge.
Sharif, M. (1991). Poverty and the forward-falling labor supply function: A microeconomic analysis. *World Development, 19*(8), 1075–1093.
Sloman, J. (2000). *Mikroökonomie* (3. Aufl.). München: Oldenbourg Wissenschaftsverlag.
Wegner, G. (2010). Ermutigung I statt Hartz IV, zur Diskussion um das SGB II. *Die Politische Meinung, 487*, 10–16.

Bedürfnisse und Arbeitsmotivation 6

Im nachfolgenden Textteil beschäftigen wir uns mit der Idee, dass eine Entlohnung der Menschen nicht auf Basis der *Leistung*, sondern unabhängig davon nach deren *Bedürfnissen* erfolgen solle. Die Schriftstellerin und Philosophin Ayn Rand hat 1957 in ihrem Roman *„Atlas Shrugged"* auf wenigen Seiten ihres umfangreichen Werkes ein solches Gedankenexperiment durchgespielt. In dem Roman beschreibt ein Angestellter des Unternehmens, in dem ein solcher Modellversuchs durchgeführt wurde, den Hauptakteuren des Romans ausführlich die Auswirkungen. Schauen wir uns die für unsere nachfolgende Betrachtung wichtigsten Teile des an dieser Stelle stark gekürzten und aufs Wesentliche reduzierten Monologs einmal kurz an und diskutieren es in den anschließenden Unterkapiteln ausführlich aus spieltheoretischer Sicht.

„Nun, in der Fabrik, in der ich zwanzig Jahre lang gearbeitet habe, ist etwas passiert, damals, als der alte Chef starb und seine Erben die Fabrik übernahmen. Die drei – zwei Söhne und eine Tochter – haben einen neuen Plan für die Leitung der Fabrik erstellt. [...] Sie sagten uns, dass dieser Plan ein hehres Ideal verwirklichen würde. [...] Wie dem auch sei, wir haben für den Plan gestimmt – und was daraus geworden ist, das haben wir uns wohl verdient. [...] Wissen Sie, wie dieser Plan funktionierte und was er mit den Menschen angerichtet hat? Versuchen Sie einmal, Wasser in einen Behälter zu füllen, an dessen Boden ein Rohr befestigt ist, durch das er sich schneller entleert, als Sie ihn füllen können, und jeder Eimer, den Sie einfüllen, weitet das Rohr um einen weiteren Zentimeter, und je härter Sie arbeiten, desto mehr erwartet man von Ihnen, und Sie stehen da und füllen Eimer nach, vierzig Stunden die Woche, dann achtundvierzig, dann sechsundfünfzig – für das Abendessen Ihres Nachbarn, für die Operation seiner Frau, für die Masern seines Kindes, für den Rollstuhl seiner Mutter, für das Hemd seines Onkels, für die Schulbildung seines Neffen, für das Baby nebenan, für das ungeborene Baby, für jeden in Ihrer Nähe – sie bekommen alles, von den Windeln bis zu den Zahnprothesen, während Sie selbst von Sonnenaufgang bis Sonnenuntergang arbeiten, Monat für Monat, Jahr für Jahr, ohne etwas anderes als Ihren Schweiß vorweisen zu können, ohne Aussicht auf etwas anderes als die Freude der anderen, Ihr ganzes Leben lang, ohne Rast, ohne Hoffnung, ohne Ende. [...] Die Produktion der Fabrik war im ersten Halbjahr um vierzig

Prozent gesunken, und daraus wurde der Schluss gezogen, dass anscheinend einige nicht ‚ihren Fähigkeiten entsprechend' gearbeitet hatten. Wer? Wie konnte man das sagen? Die ‚Familie' hat auch darüber abgestimmt. Sie haben abgestimmt, welche die besten Männer waren, und diese Männer wurden verurteilt, in den folgenden sechs Monaten jede Nacht Überstunden zu machen. Überstunden ohne Bezahlung – denn man wurde nicht aufgrund der Zeit und auch nicht aufgrund der geleisteten Arbeit bezahlt, sondern ausschließlich aufgrund des Bedürfnisses. […] Wir begannen, unsere Fähigkeiten zu verbergen, langsamer zu arbeiten und wie Schießhunde aufzupassen, dass wir nicht schneller oder besser arbeiteten als der Mann neben uns. […] Die Anschuldigung, die wir am meisten fürchteten, war, der Fähigkeit verdächtigt zu werden. Fähigkeiten zu haben war wie Schulden zu haben, die man nicht abbezahlen konnte. Und wofür hätte man auch arbeiten sollen? Man wusste ja, dass man sein Grundeinkommen so oder so bekommen würde, ob man arbeitete oder nicht – ‚Wohn- und Essensgeld' wurde das genannt -, und man hatte keine Chance, über diesen Grundbetrag hinaus etwas zu bekommen, egal, wie sehr man sich anstrengte. […] Die Produktionsrate von Babys war die einzige, die nicht fiel, sondern immer weiter anstieg – weil die Leute nichts anderes zu tun hatten, nehme ich an, und weil es Ihnen egal sein konnte, das Baby fiel ja nicht ihnen, sondern der ‚Familie' zur Last. Das ‚Babygeld' war tatsächlich die beste Möglichkeit, höheren Lohn zu bekommen und eine Weile lang aufatmen zu können. Entweder das oder eine schwere Krankheit. Wir haben recht schnell gesehen, wohin das alles führte. […] Wir begriffen, dass man uns ein Gesetz gegeben hatte, nach dem wir leben sollten, ein *moralisches* Gesetz, wie sie es nannten, das die strafte, die es befolgten – weil sie es befolgten. […] Die Redlichen zahlten, die Unredlichen kassierten. […] Die besten Männer verließen die Fabrik schon in den ersten Wochen des Plans. Wir verloren unsere besten Ingenieure, Werkstattleiter, Vorarbeiter und Facharbeiter. Jemand mit Selbstachtung lässt sich von niemandem zur Milchkuh machen. […] Wir verloren weiter unsere Männer, sie flüchteten aus der Fabrik wie aus einem Seuchengebiet – bis nur noch die Bedürftigen da waren, aber keine Fähigen mehr." (Ayn Rand, 1961, „Für den neuen Intellektuellen", zitiert aus der deutschen Übersetzung 2016, Auszüge von den Seiten 125–141. Hervorhebung im Original. Mit freundlicher Genehmigung des Ludwig von Mises Instituts Austria, mises.at, © Scholarium 2016.)

6.1 Das Gefangenendilemma

6.1.1 Das Zwei-Personen-Spiel

Die Problematik, die von Ayn Rand in dem Abschnitt ihres Romans aufgeworfen wird, ist durch das Gefangenendilemma (*Prisoner's Dilemma*) darstellbar. Das gemeinsame Ziel (die erfüllten Bedürfnisse) liegt im Interesse aller Beteiligten, doch der Weg dorthin (eine Leistung erbringen) lädt zum Trittbrettfahrerverhalten ein. Inwiefern es zu einem solchen (das gesellschaftliche Ziel insgesamt schädigenden) Trittbrettfahrerverhalten kommt, hängt jedoch von der Präferenzordnung der Gesellschaftsmitglieder ab. Amartya Sen (2009) entwickelt eine verwendbare Präferenzordnung: Er vergleicht zwei Situationen mit jeweils zwei Alternativen (und somit erhalten wir unsere typische Vier-Felder-Matrix). Das Grundmodell der folgenden spieltheoretischen Betrachtung ist wie folgt aufgebaut: Es gibt zwei Spieler I und S und je nach Handlung beider Akteure (kooperieren C [„cooperate"] oder nicht kooperieren D [„defect"]) kommt es zu einer entsprechenden Auszahlung

6.1 Das Gefangenendilemma

Tab. 6.1 Grundstruktur simultaner Zwei-Personen-Spiele

	Sie		
C	D		
Ich	D	v | v	y | z
D	z | y	w | w	

für die beiden Spieler (Tab. 6.1). Um unterschiedliche Spiele zu generieren, müssen die Rangfolgen der Auszahlungen v, w, y und z in Ihrer Höhe geändert werden. Vgl. z. B Taylor 1987, S. 64. Im einfachen Gefangenendilemma gilt z. B. z > v > w > y, im Vertrauensspiel v > z > w > y und im Feiglingsspiel z > v > y > w. Die erste Situation betrifft das Individuum, also z. B. mich, und meine Alternativen. Ich könnte entweder hart arbeiten (dargestellt durch I_1) oder faulenzen (I_0) und mich auf die Erfüllung meiner Bedürfnisse durch die Arbeitsleistung anderer Personen verlassen. Diese Verhaltensweisen können auch für den Rest der Belegschaft oder noch weiter gefasst „der Gesellschaft" unterschieden werden. Entweder die Gesellschaft arbeitet hart (G_1) oder diese faulenzt (G_0). Auf Basis dieser Möglichkeiten sollen zwei Prinzipen der Entlohnung unterschieden werden: Entlohnung nach Bedürfnissen und Entlohnung nach Leistung.[1]

Nehmen wir uns den Fall vor, dass nach Bedürfnissen entlohnt wird, um das Beispiel aus dem Roman zu erläutern, zumindest aber nicht nach Leistung. Bin ich auf mein eigenes Wohl bedacht, dann bevorzuge ich die Situation, in der die Gesellschaft arbeitet und ich selbst faulenzen darf (I_0G_1). Arbeiten alle außer mir, dann ist die Gesamteinbuße der Gesellschaft durch meine Untätigkeit vernachlässigbar und da ich nach Bedürfnis entlohnt werde, spüre ich diese Senkung des Gesamteinkommens nicht. Die nächstbeste Situation wäre die, dass die Gesellschaft arbeitet und ich selbst ebenfalls tätig werde (I_1G_1). Weniger ansprechend ist das Szenario, bei dem die Gesellschaft nicht arbeitet. Ist dies der Fall, ist es nur rational, wenn ich ebenfalls nicht arbeite, da meine Leistung schließlich nach Bedürfnissen – unter allen – verteilt wird,[2] bei mir selbst also nur ein Bruchteil dessen ankäme, was von mir erarbeitet wurde (I_0G_0). Der am wenigsten präferierte Fall wäre also genau dieser: Ich arbeite als Einziger (I_1G_0). Durch die eigene Arbeitsleistung kann man sein Einkommen nur minimal erhöhen, sodass – egal ob die Gesellschaft schuftet oder nicht – Faulenzen die individuell rationale und dominante Strategie ist.[3]

Nun haben wir es bei der Belegschaft in dem von Ayn Rand skizzierten Unternehmen gleich mit einer Vielzahl an Personen zu tun; doch betrachten wir das Dilemma dennoch zu Beginn einmal in der vereinfachten Form, sodass wir lediglich zwei Individuen (Ich I und Sie S) betrachten. Diese Personen (Ich und Sie) entscheiden sich, ob sie arbeiten oder faulenzen wollen und deren Präferenzrangfolge (aus meiner Sicht) der oben dargelegten entspricht (I_0S_1; I_1S_1; I_0S_0; I_1S_0). Arbeiten verursacht aufgrund des Freizeitverzichts bzw.

---

[1] Vgl. Sen 2009, S. 125.

[2] Was wir ausklammern, ist das Überbieten was die Forderung auf Basis von Bedürfnissen angeht.

[3] Vgl. Sen 2009, S. 125.

des Arbeitsleids eine Nutzeneinbuße, dafür jedoch eine verteilbare Produktionsleistung. Faulenzen, also ein Übermaß an Freizeit, bringt in unserer Auszahlungsmatrix nur dann einen Nutzen, wenn anderweitig produziert wird (die Auszahlungen in den Quadranten oben rechts und unten links in der Abb. 6.1). Wird überhaupt nichts produziert, darben wir dahin und keines unserer Bedürfnisse kann gestillt werden.

Die Auszahlungsmatrix zeigt uns, dass wir uns insgesamt besserstellen könnten, wenn wir beide arbeiten gehen würden. Wir würden viel produzieren und könnten unsere Bedürfnisse befriedigen. Mein Kalkül ist jedoch folgendes (und Ihres ebenso): Sollten Sie arbeiten gehen, dann ist für mich die beste Entscheidung zu faulenzen, da meine Auszahlung dann 8 beträgt (gegenüber 5, wenn ich mich für das Arbeiten entscheiden würde). Meine Bedürfnisse werden befriedigt und dies ganz ohne Arbeitsleid. Sollten Sie sich gegen das Arbeiten entscheiden, ist für mich ebenfalls Faulenzen die Alternative mit der höheren Auszahlung, nämlich 0 gegenüber −3. Da für Sie das gleiche Kalkül gilt, werden wir beide faulenzen. Die gewählte Auszahlung ist für mich je nach Spalte und für Sie je nach Zeile *unterstrichen*. Egal, wie Sie sich entscheiden, ich werde faulenzen und egal wie ich mich entscheide, Sie werden faulenzen. Faulenzen ist jeweils unsere dominante Strategie. Wir landen im Gleichgewicht in dominanten Strategien.[4] Wir faulenzen und die Auszahlung beträgt 0 für uns beide. Keine Leistung, also unerfüllte Bedürfnisse. Das Ergebnis ist nicht pareto-optimal, da eine Auszahlung von 5 für uns beide uns schließlich beide besserstellen würde, ohne jemanden schlechter zu stellen. Dennoch führt unser individuell rationales Verhalten zu diesem ineffizienten Ergebnis.

6.1.2 Das Drei-Personen-Spiel

Wir machen nun den nächsten Schritt, um zur Beobachtung für eine ganze Unternehmensbelegschaft zu gelangen, indem wir die Personenzahl noch einmal leicht erhöhen. Wir sehen, dass sich das Verhalten auch in einer Drei-Personen-Variante des Ge-

		Sie	
		Arbeiten	Faulenzen
Ich	Arbeiten	5 | 5	-3 | <u>8</u>
	Faulenzen	<u>8</u> | -3	<u>0</u> | <u>0</u>

Abb. 6.1 Auszahlungsmatrix Gefangenendilemma

---

[4]Vgl. auch Holler, Manfred und Illing, Gerhard (2009), S. 6.

6.1 Das Gefangenendilemma

Er

	Arbeiten						Faulenzen		

		Sie						**Sie**	
		Arbeiten	Faulenzen					Arbeiten	Faulenzen
Ich	Arbeiten	5 | 5 | 5	-3 | 8 | -3			**Ich**	Arbeiten	5 | 5 | 8	-3 | 8 | 2
	Faulenzen	8 | -3 | -3	0 | 0 | -5				Faulenzen	8 | -3 | 2	0 | 0 | 0

Abb. 6.2 Drei-Personen-Gefangenendilemma

fangenendilemmas zeigen lässt. Dazu ergänzen wir zu den Personen *„Ich"*, *„Sie"* noch eine dritte Person und nennen diese *„Er"*. Auch „Er" hat nun die beiden Möglichkeiten, entweder arbeiten zu gehen oder zu faulenzen. Seine Präferenzstruktur gleicht dabei der Ihren und der meinen. Die Auszahlungen sind für Sie in *rot eingefärbt*, für mich in *blau* und nun für ihn in *schwarz* (Abb. 6.2).

Die Auszahlungen sind nun ein wenig angepasst. Weiterhin gilt jedoch, dass alle eine Auszahlung von 5 erhalten, wenn Sie alle arbeiten und eine Auszahlung von 0 erhalten, wenn niemand arbeitet. Für jemanden der arbeitet, ist es nun am ärgerlichsten, wenn die anderen beiden Personen in der Zeit faulenzen. Sie arbeiten, erleiden das Arbeitsleid und der Ertrag wird auf drei Köpfe verteilt, damit diese ihre Bedürfnisse befriedigen können. Die Auszahlung der allein arbeitenden Person beträgt nun -5. Gleichzeitig sind die Auszahlungen der beiden Faulenzer *nur* bei einem Wert von 2 (immerhin erhalten Sie schließlich nur ein Drittel dessen, was einer allein erarbeiten musste). Am meisten profitiere ich von einer Situation, in der Sie und Er arbeiten und ich daran teilhaben kann, obwohl ich selbst faulenze. Infolgedessen erhalte ich eine Auszahlung von 8. Sie und Er haben eine negative Auszahlung von -3 (immerhin arbeiten Sie nicht ganz allein). Noch immer ist faulenzen eine strikt *dominante Strategie*. Wie auch immer Sie und Er sich entscheiden, ob Sie nun arbeiten oder faulenzen oder einer von Ihnen arbeitet und die andere Person nicht: Für mich ist die dominante Strategie zu faulenzen. Da dies für alle Personen im Spiel gilt, werden alle faulenzen und wir landen bei der Auszahlung (0/0/0).

6.1.3 Das N-Personen-Spiel

Wenn, wie wir sehen, das Zwei-Personen-Spiel als auch das Drei-Personen-Spiel zum gleichen Ergebnis führen, scheint die Vermutung angebracht zu sein, dass das Ergebnis auch für umfangreichere Gruppengrößen im Rahmen eines *Multiperson-Prisoners'-Dilemma* von N Personen gilt. Dies würde uns nun auch schließlich zu dem Ergebnis führen, dass in dem zuvor zitierten Monolog aus *„Der Streik"'* skizziert wurde.

Wir definieren, dass die Arbeitskosten (das Arbeitsleid) c für diejenigen Personen n aus der Belegschaft N anfallen, die sich für Arbeit anstelle von Freizeit entscheiden. Somit

60   6 Bedürfnisse und Arbeitsmotivation

können die Arbeitskosten durch $c(n)$ dargestellt werden. Außerdem bringt die Arbeit allen, ob nun arbeitend oder faulenzend, einen Nutzen b ein (die Erfüllung von Bedürfnissen), der wieder von der arbeitenden Anzahl an Personen n abhängt. Dargestellt wird dieser Zusammenhang durch $b(n)$. Die Auszahlung a für jeden arbeitenden Akteur n (demnach durch $a(n)$ dargestellt) ergibt sich aus der Differenz von Kosten und Nutzen: $a(n) = b(n) - c(n)$. Ein Faulenzer dagegen bekommt eine Auszahlung in Höhe von $f(n)$, die identisch ist mit dem Nutzen $b(n)$. Für mich (und jeden anderen) gilt nun als Grundlage der Überlegung, ob ich faulenze oder nicht, wie sich der übrige Teil der Belegschaft (also $N - 1$) verhält. Diese Gruppe wird sich aus meiner Sicht (ich bin sozusagen derjenige, der die -1 ausmacht) in n Arbeiter und $N - 1 - n$ Faulenzer aufteilen.[5]

Betrachten wir die Auszahlung, die ich je nach Verhalten erwarten kann. Faulenze ich, erhalte ich als Auszahlung $f(n)$, also einen Teil dessen, was die anderen erarbeiten. Arbeite ich, bin ich Teil der arbeitenden Gruppe ($n + 1$) und ich erhalte $a(n + 1)$ als Auszahlung (die Auszahlung hat sich durch meinen Arbeitseinsatz im Vergleich zu $a(n)$ ein kleines bisschen erhöht). Ob ich nun faulenze oder arbeite kommt auf das Verhältnis der Auszahlungen zueinander an. Ist $a(n + 1) > f(n)$ werde ich arbeiten gehen, ist die Auszahlung wenn ich arbeite jedoch kleiner als die, wenn ich faulenze, werde ich faulenzen. Demnach lässt sich auch für die Gesellschaft insgesamt eine Summe der Auszahlungen bilden, die in Abhängigkeit der Menge der Arbeiter als $W(n)$ angegeben werden kann und somit aus der Summe aus $n \times a(n)$ und $(N - n) \times f(n)$ besteht.[6]

In der Abb. 6.3 kann abgelesen werden, wie hoch meine Auszahlungen wären, würde ich mich – gegeben einer bestimmten Anzahl an Arbeitern n – für die Strategien Arbeit oder Freizeit entscheiden. Es wird deutlich, dass in jeder Situation, egal wie hoch n ist (sei es, dass n den Wert 0 annimmt, da niemand arbeitet oder im Gegensatz dazu alle außer mir arbeiten) die Entscheidung zu faulenzen, mir immer eine höhere Auszahlung beschert. Arbeitet niemand, aber ich würde mich dafür entscheiden, habe ich das Arbeitsleid zu tragen und meine Auszahlung beträgt nur einen Bruchteil dessen, was ich erwirtschaftet habe. Darum ist das Arbeitsleid größer als der durch Arbeit erworbene Nutzen. Je mehr Personen arbeiten (n steigt in der Abb. 6.3 nach rechts hin an), desto höher ist meine Auszahlung wenn ich faulenze (denn ich habe kein Arbeitsleid, erhalte aber einen Anteil dessen, was von n produziert wurde). Da dieses Kalkül für alle Akteure gilt, wird niemand arbeiten, auch wenn die durchschnittliche Auszahlung für die Akteure (*gestrichelte Linie*) wenn niemand arbeitet (Punkt A) geringer ist, als die Auszahlung wenn alle arbeiten (Punkt B). Aufgrund der dominanten Strategie, nicht zu arbeiten (was deutlich dadurch wird, dass $f(n)$ immer über $a(n + 1)$ liegt), landen wir im Nash-Gleichgewicht, welches

---

[5] Vgl. Ferguson, William D. (2013), S. 35–37 sowie Dixit, Avinash und Skeath, Susan (1999), S. 363.
[6] Vgl. Dixit und Skeath 1999, S. 363 sowie Schelling 1978, S. 217–220 und Dixit und Nalebuff 1991, S. 89–93. Somit wäre im Vergleich der Zustände, in denen keine Person oder alle Personen arbeiten, der letztere Zustand besser. Allerdings ist die Auszahlung eines jedes Einzelnen zu jedem Zeitpunkt immer höher, wenn er faulenzt.

6.1 Das Gefangenendilemma

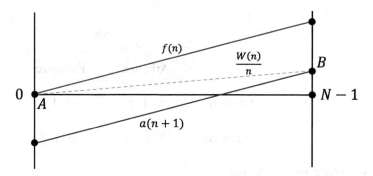

Abb. 6.3 N-Personen-Gefangenendilemma

jedoch nicht die höchste Auszahlung für unsere Akteure bedeutet. In dem Sinne würde es durchaus passen, dass in dem Monolog davon gesprochen wird, dass die Arbeitsleistung nach Bekanntgabe der neuen moralischen Verhaltensregel einbrach.

Als mögliche Funktionen mag man sich die folgenden denken: Gegeben sei ein in Euro bemessener Output als Produktionsergebnis in Höhe von 10.000 € eines jeden weiteren Arbeitenden, und dieser Output wird auf alle aufgeteilt ($b(n) = \frac{10.000n}{N}$). Für jeden Arbeitenden gelten des Weiteren Kosten, die sich aus einem Arbeitsleid von 6000 € ergeben ($c(n) = 6000$). Eine einzelne Person würde für sich auf Basis dieser Gegebenheiten arbeiten und eine Nettoauszahlung von 10.000 € − 6000 € = 4000 € erwirtschaften. Nutzen wir diese Zusammenhänge erreichen wir Auszahlungen, die unserem Gefangenendilemma für zwei Personen ($N = 2$) entsprechen: mit 4000 € für jeden, wenn beide die Handlungsoption der Arbeit wählen (Einkommen abzüglich Arbeitsleid); 0 € für jeden, wenn keiner arbeitet (kein Einkommen, kein Arbeitsleid); 5000 für den Faulenzer (½ des Gesamteinkommens ohne Arbeitsleid) und −1000 € für den Arbeiter (nur ½ des Gesamteinkommens von 10.000 aber das volle Arbeitsleid von − 6000 €), wenn einer arbeitet und der andere faulenzt.

Unser individuelles Kalkül lässt sich als Basis für das Ergebnis des Kollektivs – unserer Unternehmensbelegschaft – verwenden. Da sich alle Individuen gemäß der oben dargestellten Spielstrategie entscheiden würden, wird insgesamt keine Leistung mehr erbracht. Die Gesellschaft würde sich durch das Arbeiten insgesamt besser stellen, doch das individuelle Verhalten liegt in der Entscheidungsgewalt des Einzelnen, und für jedes Individuum ist es rational, sich für das Faulenzen zu entscheiden. Das kollektive Ergebnis ist nun lediglich die Summe der Entscheidungen und führt in dem zu Beginn des Kapitels dargestellten Betrieb zu seinem Niedergang. Sen (2009) betont, dass in dem Aufbau des Spiels der kulturelle Hintergrund hinsichtlich der Arbeitsmotivation zentral ist.[7] Der basiert hier

---
[7]Vgl. Sen 2009, S. 126.

		Sie	
		Arbeiten	Faulenzen
Ich	Arbeiten	5 | 5	-3 | 4
	Faulenzen	4 | -3	0 | 0

Abb. 6.4 Auszahlungsmatrix Vertrauensspiel

auf dem Nutzen des Produktionsoutputs, welcher durch Arbeits*leid* entstanden ist. Ein Nutzen*gewinn* aus der Arbeitstätigkeit an sich wurde ausgeklammert.[8]

6.2 Nur eine Sache des Vertrauens?

6.2.1 Das Zwei-Personen-Vertrauensspiel

Eine andere Möglichkeit, die Problematik mit spieltheoretischem Hintergrund zu beleuchten, wäre die Verwendung des Versicherungs- oder auch Vertrauensspiels (*Assurance Game*). In dem Fall gehen wir von einer etwas anderen Rangfolge hinsichtlich der Einschätzung der Szenarien aus. Statt den höchsten Nutzen aus dem Nichtstun und gleichzeitigem Profit aus der Arbeit der anderen zu ziehen (I_0S_1), würde das Szenario präferiert, bei dem alle arbeiten (I_1S_1) (Abb. 6.4).

Schauen wir uns für Sie und mich nach dominanten Strategien um: Sollten Sie arbeiten, dann würde ich mich auch für die Arbeit entscheiden und eine Auszahlung von 5 gegenüber 4 erreichen. Sollten Sie sich entscheiden, zu faulenzen, dann würde ich dies ebenfalls tun, da eine Auszahlung von 0 besser ist als eine von -3. Es gibt demnach keine dominante Strategie, stattdessen hängt meine präferierte Entscheidung von Ihrer Entscheidung ab. Weder im Falle des Gleichgewichts in dem wir beide faulenzen, noch in dem Fall in welchem wir beide arbeiten, lohnt sich für ein Individuum ein Wechseln der Strategie. Durch Koordination könnte das Pareto-Optimum erreicht werden und ein Abweichen käme nicht zustande.

---

[8] Die Unterteilung von der hergestellten Ware einerseits, die einen Wert hat, der entlohnt werden kann und der Arbeitsleistung an sich, die keiner Entlohnung bedürfen soll (da niemand sich eines anderen Untertan macht, sondern lediglich seine zu erbringende Leistung anbietet) folgt hier eher einem praktischen Kalkül, da so der Output als verteilbar angesehen werden kann und mag daher an dieser Stelle auch ungenau sein, soll aber hier auch nicht Kern der Debatte sein. Zentral stellt dies eher einen Aspekt dar, der im Rahmen der sozialen Dreigliederung im Bereich des Wirtschaftslebens durchdacht wurde (Strawe 1994).

6.2.2 Das N-Personen-Vertrauensspiel

Betrachten wir im Folgenden das Vertrauensspiel in der n-Personen-Variante und betrachten, inwieweit dies die Beurteilung des in „Der Streik" skizzierten Modellversuchs in dem Unternehmen beeinflussen würde. Weiterhin stellt $a(n)$ die Auszahlung für eine arbeitende Person dar. Wir gehen davon aus, dass durch jeden, der nicht arbeitet $(N - n)$ den restlichen arbeitenden Personen ein Schaden entsteht. Dagegen trägt jeder, der arbeitet gleichermaßen zum Gesamtoutput bei. Somit entsteht durch jede weitere Arbeitskraft ein (annahmegemäß nun konstanter) Grenzerlös in Höhe von E', der dann jedoch in Folge auf alle (N) umgelegt wird und daher den Nutzen des Einzelnen um einen entsprechenden Anteil erhöht und es entsteht durch jeden Weiteren, der nicht arbeitet für den Einzelnen ein Grenzschaden (S').[9] Arbeite ich, dann produzieren die anderen (n) und ich $(+1)$ eben $((1 + n) * E')$, müssen diesen Output aber mit allen (N) teilen. Lediglich ein N-ter Teil entfällt auf mich. Von meinem Nutzen abziehen muss ich den Schaden, den mir der nicht arbeitende Teil der Gesellschaft verursacht. Dies wären alle N, abzüglich derjenigen, die Arbeiten (n) und mir (-1). Folgendes Kalkül stellt dies dar:

$$a(n) = (1+n)\frac{E'}{N} - (N-1-n)S'$$

Würde ich dagegen nicht arbeiten, wäre meine Auszahlung durch $f(n)$ gegeben. Dies entspricht dem N-ten Teil dessen, was die arbeitende Bevölkerung (n) erwirtschaftet $(n * E')$.

$$f(n) = n * \frac{E'}{N}$$

Und nun wird es interessant, denn ermittelt werden kann nun die benötigte Menge an arbeitenden Personen (n), damit es sich für einen Akteur lohnt, statt zu faulenzen ebenfalls zu arbeiten. Der Präferenzwandel hat damit dazu geführt, dass es nicht zwangsläufig zur Faulenzerei der gesamten Belegschaft führt. Und die Wahl zu arbeiten ist dann auch rein rational die beste Variante, wenn die Auszahlung durch die Entscheidung zu arbeiten größer ist, als im Fall der Wahl des Faulenzens, also $a(n) > f(n)$ ist. Setzen wir daher $a(n)$ und $f(n)$ gleich und ermitteln n.

$$a(n) = f(n)$$

$$(1+n)\frac{E'}{N} - (N-1-n)S' = n * \frac{E'}{N}$$

---

[9] Denkbar wäre statt der Nutzung linearer Funktionen, die zu konstantem Grenzschaden und Grenzerlös führen auch eine Verwendung von Funktionen, die zu z. B. abnehmendem Grenzerlös und gleichzeitig zunehmendem Grenzschaden durch nicht arbeitende Personen führen.

$$n * \frac{E'}{N} + \frac{E'}{N} - \left(N - 1 - n\right)S' = n * \frac{E'}{N}$$

$$\frac{E'}{N} = \left(N - 1 - n\right)S'$$

$$\frac{E'}{N * S'} = N - 1 - n$$

$$n = N - 1 - \frac{E'}{N * S'}$$

Wir haben den theoretischen Zusammenhang nun ermittelt und ein Zahlenbeispiel soll abschließend die Bedeutung des Ergebnisses unterstreichen. Nehmen wir an, dass die Belegschaft des Unternehmens aus 160 Personen besteht. Verwenden wir außerdem für den Grenzerlös (demnach hier der Output, den eine weitere Arbeitskraft generiert) einmal einen Wert von 12.000 €. Dieser wird wie gehabt aufgeteilt auf alle Beteiligten unserer Belegschaft (auch auf mich, daher N). Nicht arbeitende Personen fügen der Gruppe Schaden zu. Jeder weitere Faulenzer verursacht einen Schaden (daher Grenzschaden) in Höhe von 15 €.

$$a\left(n\right) = \left(1 + n\right)\frac{12.000}{160} - \left(160 - 1 - n\right)15$$

$$f\left(n\right) = n * \frac{12.000}{160}$$

$$n = 160 - 1 - \frac{12.000}{160 * 15}$$

$$n = 160 - 1 - 5$$

$$n = 154$$

Wie ist dieses Ergebnis zu interpretieren? Erst wenn 96,25 Prozent (also 154 von 160 Personen) sich an der Arbeit beteiligen, ist es für eine weitere Person lohnenswert, sich ebenfalls für das Arbeiten zu entscheiden. Ist lediglich eine geringere Anzahl an Personen aktiv, dann ist die Auszahlung $f(n) > a(n)$ und ich würde mich für das Faulenzen entscheiden.

Lassen wir Grenzerlös (12.000 €) und Grenzschaden (15 €) einmal unangetastet und verändern lediglich die Gruppengröße. Tatsächlich hat dies maßgeblichen Einfluss auf den Anteil der Gesellschaft, der arbeiten muss, damit sich auch für ein weiteres Individuum Arbeit lohnt. Reduzieren wir N von 160 Personen auf lediglich ein Viertel (also 40 Personen). Wir ersparen uns die Herleitung des Ergebnisses und arbeiten direkt mit der nach n aufgelösten Funktion.

$$n = N - 1 - \frac{E'}{N * S'}$$

6.2 Nur eine Sache des Vertrauens?

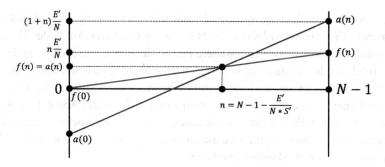

Abb. 6.5 N-Personen-Vertrauensspiel

$$n = 40 - 1 - \frac{12.000}{40 * 15}$$
$$n = 40 - 1 - 20$$
$$n = 19$$

Klein n liegt nunmehr bei 19. Dies sind lediglich 47,5 Prozent der Gruppe. Die Auszahlung $f(n)$ und $a(n)$ würde bei 5700 € liegen. Prüfen wir dies einmal: Würden nur 10 Personen arbeiten ($n = 10$) läge die Auszahlung bei Faulenzerei bei 3000 € und durch arbeiten bei 2850 €. Rational wäre eine Entscheidung gegen Arbeit. Würden stattdessen ganze 30 der 40 Leute arbeiten, dann läge die Auszahlung durchs Arbeiten bei 9150 € und durchs Faulenzen bei lediglich 9000 €.

Betrachten wir das allgemeine Ergebnis einmal anhand der Abb. 6.5.

Im N-Personen-Vertrauensspiel würde eine Person faulenzen, wenn der Anteil derer, die arbeiten gering ist.[10] Jedoch hängt die Größe des notwendigen Anteils derer die Arbeiten, um selbst einer Arbeit zuzustimmen, maßgeblich von gleich drei Determinanten ab: In unserer Modellierung variiert der Anteil derer, die arbeiten müssen, damit es für eine weitere Person rational ist, ebenfalls zu arbeiten, sowohl in Abhängigkeit von 1.) der Höhe des Grenzertrags, 2.) dem Grenzschaden als auch 3.) der Gruppengröße. Je kleiner die Gruppe (N) c. p. ist, desto geringer fällt der Anteil der Arbeitenden aus, der erreicht sein muss, um ebenfalls zu arbeiten. Dies ist insofern nicht verwunderlich, da der Grenzertrag des weiteren Arbeiters zu einem größeren Anteil eigenen Nutzen verursacht.[11] Ebenso reduziert sich

---

[10] Vgl. Dixit und Skeath 1999, S. 366.

[11] Dixit und Skeath verweisen auf die Problematik, öffentliche Projekte kollektiv zu organisieren und zu finanzieren, wenn der Nutzen gleichermaßen kooperierenden als auch nichtkooperierenden Personen zufällt. Bei Großprojekten und einer somit großen Anzahl an involvierten Personen ist es für den Einzelnen dann rational, sich nicht an den Kosten zu beteiligen. In kleineren Gruppen (und anderen Modellierungen von Grenzschäden und Grenzerlösen) ist dies jedoch nicht zwangsweise gleichermaßen der Fall (vgl. Dixit und Skeath 1999, S. 366–367. Möglichkeiten die Bereitstellung im Kollektiv zu organisieren und durchzusetzen zeigt z. B Ostrom 1990).

der Anteil, wenn c. p. der Grenzertrag (E') eines Arbeiters steigt. Eine Erhöhung des Grenzschadens (S') wiederum führt c. p. dazu, dass ein höherer Anteil der Gesellschaft arbeiten muss, sodass sich auch eine weitere Person für Arbeit entscheidet. In dem Sinne ist es mit Blick auf den Textauszug sicherlich eher schadhaft, dass mit dem „Baby-Geld" ein Anreiz geschaffen wurde, die Gruppe der Bezieher zu vergrößern, ohne damit gleichzeitig in der Gegenwart den Beschäftigtenanteil zu vergrößern. Der Anteil der arbeitenden Personen nimmt durch die zunehmende Geburtenrate in dem Beispiel automatisch ab, die Leistungsbezieher nehmen zu, die Gruppe an sich vergrößert sich und die Problematik eines Zusammenbruchs wird wahrscheinlicher.

6.3 Gesellschaftsbewusstsein

Sen spricht diesbezüglich aber noch einen weiteren Fall an, in dem die Rangfolge der Szenarien wiederum ein wenig anders aussieht. In dem Fall wäre uns das Erbringen einer gesellschaftlich nützlichen Leistung wichtig und wir würden den Fall am meisten präferieren, in dem alle arbeiten (I_1S_1), gefolgt von der Situation, in der zwar die anderen faulenzen, wir aber das für die Gesellschaft Richtige tun (I_1S_0) (Abb. 6.6).

In dem Fall wäre die dominante Strategie für uns beide zu arbeiten, egal, wie sich der jeweils andere entscheidet. Sen (2009) weist darauf hin, dass es im Grunde auch egal ist, ob die Präferenzen die erste, zweite oder dritte vorgestellte Form annehmen, wenn nur das Verhalten so ausfallen würde, als wenn die Präferenzen dem zweiten oder dritten Fall entsprächen. Hiermit offenbart sich die Bedeutung der kulturellen Wertorientierung, welche Einfluss auf das Handeln ausüben kann, trotz möglicher andersartiger Präferenzordnung. Und mit dieser Wertvorstellung in den Köpfen der Belegschaft, hätte der Betrieb aus dem eingangs zitierten Beispiel dann wiederum auch nicht schließen müssen.[12]

		Sie	
		Arbeiten	Faulenzen
Ich	Arbeiten	5 | 5	3 | 4
	Faulenzen	4 | 3	0 | 0

Abb. 6.6 Auszahlungsmatrix bei Gesellschaftsbewusstsein

---

[12]Vgl. Sen 2009, S. 126 f.

Literatur

Dixit, A., & Nalebuff, B. (1991). *Thinking strategically – The competitive edge in business, politics, and everyday life, Paperback Reissue 1993*. New York: W. W. Norton & Company, Inc.

Dixit, A., & Skeath, S. (1999). *Games of strategy*. New York: W. W. Norton & Company, Inc.

Ferguson, W. D. (2013). *Collective action & exchange – A game-theoretic approach to contemporary political economy*. Stanford: Stanford University Press.

Holler, M. J., & Illing, G. (2009). *Einführung in die Spieltheorie* (7. Aufl.). Berlin/Heidelberg: Springer.

Ostrom, E. (1990). *Governing the commons – The evolution of institutions for collective action, reprint 2017*. Cambridge: Cambridge University Press.

Rand, A. (1961). For the New Intellectual, in deutscher Übersetzung: Für den neuen Intellektuellen, mises.at, scholarium, 2016.

Schelling, T. C. (1978). *Micromotives and Macrobehavior, Taschenbuchausgabe 2006*. New York: W. W. Norton & Company Inc.

Sen, A. (2009). *Ökonomische Ungleichheit*. Marburg: Metropolis.

Strawe, C. (1994). Bedürfnislohn oder Leistungslohn? Zur Auflösung einer falschen Fragestellung. *Rundbrief Dreigliederung des sozialen Organismus, 1*. 1–11. https://www.sozialimpulse.de/fileadmin/pdf/Beduerfnislohn_oder_Leistungslohn.pdf. Zugegriffen am 15.11.2019.

Taylor, M. (1987). *The possibility of cooperation*. Cambridge: Cambridge University Press.

Marktmacht im Drogenhandel 7

7.1 Das Kartell als Monopolist

Hinsichtlich der Betrachtung des Drogenmarktes verwenden wir gleich mehrere unterschiedliche Marktformen: 1.) Wir gehen davon aus, dass ein Drogenkartell als Anbieter wie ein Monopolist auftritt. 2.) Hinsichtlich des Einkaufs in der Produktion gehen wir wiederum davon aus, dass das Drogenkartell wie ein Monopsonist auftritt. Demnach hätte das Kartell sowohl als Anbieter als auch als Nachfrager Marktmacht.[1]

Setzen wir zu Beginn kurz die Begriffe des Monopols und des Kartells in Beziehung zueinander. Im Falle angebotsbeschränkender Kartelle schließen sich Unternehmen zusammen, um über eine zuvor abgesprochene und gemeinsam am Markt angebotene Gütermenge ihren Gewinn zu maximieren. Ein Problem hierbei ist aus ökonomischer Sichtweise, dass sich konkurrierende Unternehmen damit schwer tun, sich dauerhaft im Rahmen eines Kartells zu organisieren, wenn ihnen ein einseitiges Abweichen vom gemeinsamen Plan (opportunistisches Verhalten) Gewinne auf Kosten der Konkurrenz ermöglicht.[2] Nun mag man sich vorstellen, dass es für illegale Firmenzusammenschlüsse besonders schwer sein dürfte, z. B. über ein Aufsetzen von Verträgen, rechtlich bindende Kooperationen zu fixieren und bei einem Abweichen, auf Vertragsbruch zu klagen. Nichtsdestoweniger kommt es zu solchen Absprachen, sei es, um Märkte aufzuteilen,[3] um als lokale

---

[1] Vgl. hinsichtlich der Einordnung eines Drogenkartells als Monopsonist auf dem Beschaffungsmarkt Wainwright, Tom (2016), S. 15–18.

[2] Vgl. Endres und Martiensen 2007, S. 465 sowie Jaspers 2017.

[3] Dies beschreibt beispielsweise Tom Wainwright hinsichtlich einer Regionsaufteilung in El Salvador zwischen den Gruppierungen der *„Mara Salvatrucha"* und den *„Barrio 18"* (vgl. Wainwright 2016, S. 41–49). Eine solche Regionsaufteilung wiederum ist nicht immer möglich, bspw. wenn es beim Drogengeschäft zentral um den Schmuggel außer Landes geht und lediglich wenige Passagen

---

© Springer Fachmedien Wiesbaden GmbH, ein Teil von Springer Nature 2019
F. Strotebeck, *Einführung in die Mikroökonomik*,
https://doi.org/10.1007/978-3-658-27307-1_7

Monopolisten zu agieren, oder um zu Zusammenschlüssen der Organisationen zu kommen. Letztgenannten Fall wollen wir betrachten.

Gehen wir zu Beginn also nicht gleich von einem Monopol aus, sondern von einem Zusammenschluss der mächtigen Drogenbosse und ihrer Organisationen, die gemeinsam ein Kartell bilden. Im Grunde hat ein funktionierendes Kartell jedoch genau die Funktion, monopolistische Marktmacht herzustellen und den Markt zu beherrschen. Analytisch ist dies wie der Fall eines Monopolisten mit mehreren Produktionsstätten zu behandeln.

In der Abb. 7.1 ist bespielhaft ein Kartell herangezogen worden, welches aus zwei Mitgliedern (A und B) besteht. Beide Mitglieder produzieren und verkaufen Kokain. Die Grenzkostenkurve des Kartells ergibt sich durch die Horizontaladdition der Grenzkostenkurven der Mitglieder. Die Grenzkostenfunktion des Kartells ist ausschlaggebend für die Maximierung des Gewinns. Dieser wiederum wird, wie aus dem Monopolfall bekannt, ermittelt. Die Gewinnmaximierungsregel lautet wie gehabt „Grenzerlös = Grenzkosten".[4]

Die ermittelte Menge wird dann zum Monopolpreis (bzw. Kartellpreis in Höhe von 52.500 € je Kilogramm) abgesetzt. Da die beiden Mitglieder des Kartells im direkten Vergleich jedoch unterschiedliche Grenzkostenkurvenverläufe besitzen, werden beide

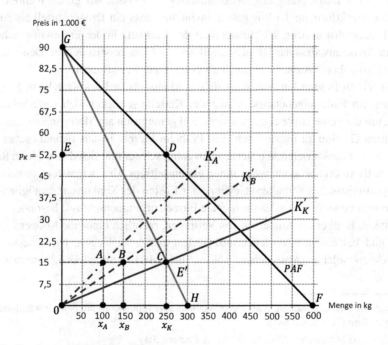

Abb. 7.1 Gewinnmaximierung im Kartell

---

für Schmuggler vorhanden sind. Diese können dann – sollten die Organisationen nicht kolludieren – hart umkämpft sein (vgl. Wainwright 2016, S. 50 f.).

[4] Vgl. zur Erläuterung der Gewinnmaximierung eines Kartells auch Besanko und Braeutigam (2011) S. 456 f.

Mitglieder zu gleichen Grenzkosten unterschiedliche Mengen zur Gesamtmenge x_K beisteuern. Kartellmitglied A wird 100 kg Kokain herstellen, Mitglied B weitere 150 kg, sodass insgesamt 250 kg produziert werden und diese zu 52.500 € je Kilogramm bzw. 52,50 € je Gramm abgesetzt werden. Rechnen wir es beispielhaft und zur Übung einfach einmal durch, wobei direkt die Gesamtkostenfunktion ($K = 30x^2$) bzw. die Gesamtgrenzkostenfunktion ($K' = 60x$) Verwendung findet. Die Preis-Absatz-Funktion im Beispiel lautet $p(x) = 90.000 - 150x$. Die Erlösfunktion ergibt sich folglich durch $E = p(x) \times x$. Demnach lautet die Funktion $E = 90.000x - 150x^2$ und die Grenzerlösfunktion $E' = 90.000 - 300x$. Die gewinnmaximale Menge ermitteln wir durch Gleichsetzen von Grenzerlös- und Grenzkostenfunktion:

$$K' = E'$$
$$60x = 90.000 - 300x$$
$$360x = 90.000$$
$$x = 250$$

Den Monopolpreis ermitteln wird durch Einsetzen der Menge in die Preis-Absatz-Funktion: $p_{(x=250)} = 90.000 - 150 \times 250 = 52.500$. Damit ergibt sich ein Erlös in Höhe von 13.125.000,00 € und dem gegenüber stehen Kosten in Höhe von 1.875.000,00 €. Der Gewinn entspricht damit 11.250.000,00 €.

7.2 Das Kartell als Monopsonist

Betrachten wir nun den Einkauf. Benötigt werden Coca-Blätter bzw. die hieraus hergestellte Kokain-Rohpaste. Bauern gibt es etliche, sodass unser einzelner Nachfrager aus einer Fülle an Anbietern auswählen kann. Aus Sicht der Bauern wiederum sieht es für den Verkauf ein klein wenig anders aus. Sie verkaufen entweder an das Drogenkartell oder gar nicht. Die Anbieter (Bauern) sehen sich also genau einem Nachfrager (Kartell) gegenüber. Damit besitzt unser alleiniger Nachfrager Marktmacht und nimmt die Position eines Monopsonisten ein.[5]

Für die einfache Analyse des Monopsons nehmen wir den Preis auf dem Kokainmarkt erst einmal als gegeben hin (auch wenn wir nun bereits wissen, dass unser Drogenkartell auch auf dem Absatzmarkt Marktmacht besitzt). Bis auf die Kokain-Rohpaste vernachlässigen wir zur Vereinfachung auch alle weiteren Inputfaktoren und schauen uns unter diesen Bedingungen die Gewinnmaximierung des Monopsonisten an (Abb. 7.2).

Die gültige Preis-Beschaffungs-Funktion soll lauten: $w = 3250 + 22,75z$. Diese Funktion gibt uns also Auskunft darüber, wie sich der Preis für die Rohpaste (als unser einziger Produktionsfaktor) ändert, wenn größere Mengen nachgefragt werden. Im Fall des Monopsons kann also das Inputgut nicht in beliebiger Menge zum gleichbleibenden Preis erworben

---

[5]Vgl. Wainwright 2016, S. 15–18.

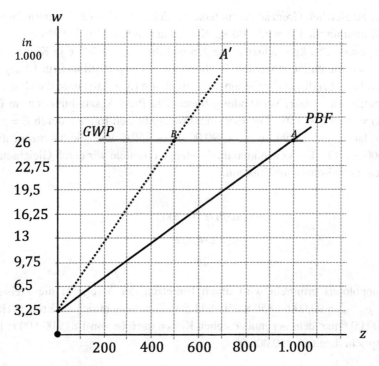

Abb. 7.2 Monopson auf dem Faktormarkt

werden. Wenn aber der Preis für das Inputgut bei größerer Menge steigt, dann ist die Gesamtausgabe für eine gegebene Menge an Rohpaste eben durch $A(z) = w(z) \times z$ gegeben, also den Preis für die Paste in Abhängigkeit von der nachgefragten Menge, multipliziert mit der Menge. Die Ausgabenfunktion lautet dann $A(z) = (3250 + 22{,}75z) \times z$ also $A(z) = 3250z + 22{,}75z^2$. Abgeleitet erhalten wir die Grenzausgabenfunktion: $A'(z) = 3250 + 45{,}5z$. Diese gibt uns an, wie sich die Gesamtausgaben für die Rohpaste entwickeln, wenn die Menge des Inputfaktors erhöht wird.

Betrachten wir nun kurz die Produktionsfunktion und das Grenzwertprodukt etwas genauer, bevor es weitergeht. Die Produktionsfunktion soll für das Beispiel linear verlaufen und lautet $x(z) = 2z$ und bei einem Preis (als Datum, daher $\bar{p}$) in Höhe von $\bar{p} = 13.000\,€$, ist der Wert der Produktion $W(z) = \bar{p} * x(z)$ gegeben durch $W = 26.000z$ und das Wertgrenzprodukt ist konstant und lautet $GWP = 26.000$. Aber langsam: Die Produktionsfunktion besagt, dass wir mit einer Einheit an Rohpaste in der Lage sind, zwei Einheiten Kokain herzustellen. Der Preis des Kokains ist exogen vorgegeben und beträgt 13.000 € pro Kilogramm. Der Wert der Produktion beträgt damit in Abhängigkeit vom Faktoreinsatz 26.000z. Das bedeutet unter dem Blickwinkel der Grenzwertbetrachtung, dass eine weitere Erhöhung des Inputeinsatzes (Rohpaste) den Gesamtwert der Produktion konstant um 26.000 € erhöht. Da wir aber wissen, dass mit zunehmendem Einsatz der Inputfaktor immer teurer wird, müssen wir noch ermitteln, bis zu welcher Menge sich eine Ausdehnung der Faktornachfrage lohnt.

7.3 Kaufe günstig, verkaufe teuer   73

Damit ergibt sich als gewinnmaximierende Faktornachfrage, ermittelt durch Gleichsetzen von Grenzwertprodukt und Grenzausgabenfunktion:

$$A' = GWP$$

$$3250 + 45,5z = 26.000$$

$$45,5z = 22.750$$

$$z = 500$$

Der Gewinn liegt bei $G(z) = W(z) - A(z)$ also $G_{(z = 500)} = 13.000.000 - 7.312.500 = 5.687.500$. Der Faktorpreis läge bei 14.625 €.[6]

7.3   Kaufe günstig, verkaufe teuer

Wir haben nun betrachtet, wie das Kartell einerseits als Monopolist auf dem Absatzmarkt agiert und getrennt davon, wie es als Monopsonist auf dem Faktormarkt handelt – unter der Annahme, dass es sich auf dem Absatzmarkt auf einem Polypol befindet und dort ein gegebener Preis von 13.000 € pro Kilogramm Kokain herrscht. Nun verbinden wir die Monopolstellung unseres Kartells auf dem Absatzmarkt und die Position als Monopsonist auf dem Faktormarkt. Dies bedeutet, dass sowohl der Preis für Kokain-Rohpaste auf dem Inputgütermarkt als auch der Preis des Kokains auf dem Absatzmarkt variabel ist. Der Preis der Rohpaste als auch der des Kokains hängt also von der gewählten Abnahme- respektive Absatzmenge des Kartells ab. Verbunden werden dabei nun Beschaffung und Absatz durch die gewählte lineare Produktionsfunktion, bei der wiederum gilt, dass mit einer Einheit z genau zwei Einheiten x hergestellt werden können (sprich zwei Kilogramm Kokain werden aus einem Kilogramm Rohpaste gewonnen).[7]

Nutzen wir auf dem Beschaffungsmarkt die gleichen Funktionen wie bisher im Monopson, beachten nun aber die Preisvariabilität auf dem Absatzmarkt. Nutzen wir auf dem Absatzmarkt eine lineare Preis-Absatz-Funktion (z. B. die aus dem ersten Beispiel), dann haben wir auf dem Produktmarkt als Erlösfunktion: $E(x) = 90.000x - 150x^2$. Setzen wir nun für x unsere Produktionsfunktion $x(z) = 2z$ ein, ergibt sich der Erlös in Abhängigkeit zum Faktoreinsatz wie folgt:

$$E(z) = 90.000 \times 2z - 150 \times 4z^2$$

$$E(z) = 180.000z - 600z^2$$

---

[6] Dies wurde ermittelt, indem wir die nachgefragte Faktormenge von 500 Einheiten in die Preis-Beschaffungs-Funktion ($w = 3250 + 22, 75z$) eingesetzt haben.

[7] Vgl. zum Thema der doppelten Faktorausbeutung Anhang 3.2 in Wied-Nebbeling 2004, S. 83–85.

74 7 Marktmacht im Drogenhandel

Agiert unser betrachtetes Kartell nun sowohl auf dem Absatzmarkt als Monopolist als auch als Monopsonist auf dem Beschaffungsmarkt, wird die Gewinngleichung ein klein wenig umständlicher: Der Grenzerlös ändert sich in Abhängigkeit von der Menge und dem Preis, wobei die Menge nun einen Einfluss auf den Preis hat und gleichzeitig hängt die Menge wiederum vom Einsatz des Inputfaktors ab. Somit ergibt sich als Gewinnfunktion Folgendes:

$$G(z) = p(x) * x(z) - A(z)$$

Und auf Basis dessen, was wir zuvor vorbereitet haben bedeutet dies:

$$G(z) = 180.000z - 600z^2 - \left(3250z + 22{,}75z^2\right)$$

$$G(z) = 180.000z - 600z^2 - 3250z - 22{,}75z^2$$

$$G(z) = 176.750z - 622{,}75z^2$$

$$G'(z) = 176.750 - 1245{,}5z = 0$$

$$z \approx 142$$

Der Faktorpreis läge demnach bei 6478,4725 €. Der Gewinn würde in dem Fall bei Einsatz in Höhe von z bei $G_{(z \approx 142)} = 25.098.500 \, € - 12.557.131 \, € = 12.541.369 \, €$ liegen.

Die beiden Seiten des Marktes aus Sicht des Kartells sind nicht nur was die Marktmacht angeht interessant, sondern auch was die Geldbeträge angeht, über die wir reden können. Zwischen dem Wert der Coca-Blätter, die vom Kartell von den Bauern bezogen werden und dem Wert des Kokains auf fremdländischen Märkten liegt eine Wertschöpfung von ungefähr 30.000 Prozent. Tom Wainwright rechnet in seinem Buch Narconomics vor, dass mit knapp 350 kg Coca-Blättern ca. ein Kilogramm reines Kokain hergestellt werden kann. Die 350 kg an Blättern kosten in Kolumbien etwa 385 Dollar und innerhalb Kolumbiens würde das hieraus hergestellte Kilogramm Kokain ca. 800 Dollar wert sein. In den USA angekommen würde das Kilo bereits einen Wert von 14.500 Dollar besitzen und bis zum Verkauf über einen Straßendealer einen Preis von 78.000 Dollar erreichen. Wainwright rechnet des Weiteren vor, dass durch das Strecken der Ware im Grunde gar ein Preis von insgesamt 122.000 Dollar pro Kilogramm realistischer wäre.[8]

Vergleichbare Werte berichten auch Wilson und Stevens (2008) mit Blick auf nach Großbritannien importiertes Kokain und Heroin. Mit einem Anfangspreis von 325 Pfund pro Kilogramm Kokain, steigt der Wert über südamerikanische Zwischenhändler (2050 Pfund), karibische Händler (7800 Pfund) auf 30.600 Pfund pro Kilogramm, wenn das Kokain die Grenzen des Vereinigten Königreiches passiert hat und schließlich auf einen Straßenpreis in Höhe von 51.659 Pfund pro Kilogramm. Im Fall des Heroins steigt der Preis von 450 Pfund pro Kilo über türkische Zwischenhändler (8150 Pfund) beim Gren-

---

[8] Vgl. Wainwright 2016, S. 25 f.

zübertritt Großbritanniens auf 20.500 Pfund und im Ergebnis auf einen Straßenpreis von 75.750 Pfund pro Kilogramm.[9]

Wofür sind diese Zahlen nun (abseits einer Vorstellung der Idee von *Wertschöpfung*) gut? Auf Basis dieser Informationen ist es schlicht wenig verwunderlich, dass Maßnahmen zur Bekämpfung des Drogenhandels am Beginn der Wertschöpfungskette – wie etwa das Zerstören der Coca-Plantagen – erfolglos blieben. Die Verteuerung des Inputgutes (Coca-Blätter) aufgrund des sinkenden Angebotes von den besagten 385 Dollar auf z. B. etwa 1155 Dollar hat keine spürbaren Auswirkungen für das Kartell. Würden die Zusatzkosten (770 Dollar) gänzlich auf den Konsumenten umgelegt, so kostet das Kilogramm Kokain eben statt 122.000 Dollar nun 122.770 Dollar und das Gramm für den Endkunden somit 77 Cent mehr. Bei einer auch noch unelastischen Nachfrage nach Drogen und einem dermaßen geringen Aufpreis hat dies schlicht und ergreifend keine Auswirkung.[10]

Literatur

Albertson, K., & Fox, C. (2012). *Crime and economics*. London/New York: Routledge.

Besanko, D., & Braeutigam, R. (2011). *Microeconomics* (4. Aufl.). Hoboken: International Student Version, Wiley.

Endres, A., & Martiensen, J. (2007). *Mikroökonomik*. Stuttgart: Kohlhammer.

Jaspers, J. D. (2017). Managing cartels: How cartel participants create stability in the absence of law. *European Journal on Criminal Policy and Research, 23*(3), 319–335.

Wainwright, T. (2016). *Narconomics – How to run a drug cartel*. London: Ebury Press.

Wied-Nebbeling, S. (2004). *Preistheorie und Industrieökonomik* (4. Aufl.). Berlin/Heidelberg: Springer.

Wilson, L., & Stevens, A. (2008). *Understanding drug markets and how to influence them* (The Beckley Foundation Drug Policy programme, report 14). Oxford.

---

[9] Vgl. Wilson und Stevens 2008, S. 2 und Albertson und Fox 2012, S. 255.

[10] Vgl. Wainwright 2016, S. 25 f.

Wenn nur noch der Kranich fliegt, ... wird es teuer?

8

8.1 Das einfache Monopolmodell

Derzeit (September 2017) gehen die letzten Offerten für die Übernahme der insolventen Fluggesellschaft Air Berlin ein. Wer in Internetsuchmaschinen nun die Schlagworte *Lufthansa* und *Monopol* eingibt, wird förmlich erschlagen von Berichten über Befürchtungen, dass eine Übernahme Air Berlins seitens der Lufthansa zu Preissteigerungen bei Inlandsflügen führen würde, da diese Alleinanbieter auf vielen Strecken werden würde. Mithilfe der Theorie zum Monopol können wir die Hintergründe dieser Befürchtungen[1] untersuchen.

Hinsichtlich des laufenden Bieterverfahrens gilt, dass insbesondere die Slots an den Flughäfen für die bietenden Fluggesellschaften von Interesse sind. Zugewiesene Slots beinhalten für Fluggesellschaften das Lande- und Startrecht an entsprechenden Flughäfen. Gerade bei zentralen Flughäfen sind diese Slots im Verhältnis zur Nachfrage knapp. Für die Betrachtung im Sinne des Monopols kann die Zuweisung von Slots als Beispiel für den Besitz einer knappen Ressource interpretiert werden.[2] Damit gibt es eine Marktzutrittsbarriere, die verhindert, dass Wettbewerber in den Markt eintreten können. Relevant ist dabei, dass historische Slots bei der Wiedervergabe in bestimmten Abständen dennoch erhalten bleiben. Nutzt eine Airline die Slots demnach im vorgegebenen Ausmaß (man kann diese nicht brachliegen lassen), dann erhält man diese Zuteilung beim nächsten Vergabeverfahren auch wieder. Neubewerber können dann nur an Slots gelangen, wenn Slots

---

[1] Oder vielleicht scheint es gar angebracht von „Beobachtungen" zu sprechen? *„Wir beobachten schon länger die Tendenz zu Preissteigerungen auf Strecken, auf denen die Lufthansa-Gruppe eine monopolähnliche Stellung hat."* wird Luftfahrtexperte Gerald Wissel von Spiegel-Online zitiert (vgl. Spiegel-Online 2017a). Auch von Verbraucherzentralen wird auf geringen Wettbewerb und vermehrte Kritik hinsichtlich Preissteigerungen bei Flugtickets hingewiesen (vgl. n-tv.de 2017b).

[2] Vgl. auch Monopolkommission 2016, S. 68.

© Springer Fachmedien Wiesbaden GmbH, ein Teil von Springer Nature 2019
F. Strotebeck, *Einführung in die Mikroökonomik*,
https://doi.org/10.1007/978-3-658-27307-1_8

nicht genutzt wurden und damit wieder frei sind, wenn Slots zurückgegeben wurden oder wenn neue Slots geschaffen wurden. (Dann müssen diese sogar zur Hälfte an Neubewerber vergeben werden.)[3]

Relevant wird dies, wenn man sich die Bieter für Air Berlin anschaut. Air Berlin war auf vielen Strecken der einzige (oder einzig nennenswerte) Konkurrent der Lufthansa. Für die bietenden Fluggesellschaften bedeutet dies daher, dass diese den Platz des Konkurrenten einnehmen würden. Für die Lufthansa wiederum würde der Zuschlag bedeuten, dass diese im Anschluss ohne Wettbewerber auf den Strecken als Monopolist agieren kann. Das wiederum hat sicherlich Auswirkungen auf die Höhe des Gebotes. Die Lufthansa hat die Möglichkeit ein höheres Gebot abzugeben, da sie im Falle des Erfolgs im Anschluss (als nunmehr Monopolist) höhere Preise nehmen kann. Die Konkurrenten hingegen würden bei erfolgreichem Gebot in die Wettbewerbssituation eines Duopols rücken und können daher nicht mit entsprechenden zukünftigen Preisen kalkulieren.

Wie könnte nun die Monopolisierung am Markt aussehen, wenn wir z. B. einmal von einem Monopol für die Strecke zwischen Düsseldorf und Frankfurt ausgehen würden (und Fixkosten einmal außen vor lassen).[4]

Schauen wir uns einmal die diesem Beispiel zugrunde liegenden Funktionen an und ermitteln zur Übung anhand eben dieser Preis, Menge und Gewinn des Monopolisten (Abb. 8.1).

Die Preis-Absatz-Funktion (PAF) des dargestellten fiktiven Beispiels lautet: $p(x) = 180 - 0,6x$, die Grenzerlösfunktion $E' = 180 - 1,2x$ und die Grenzkosten liegen bei konstant 60 €. Monopolmenge und Monopolpreis werden durch Anwendung der Gewinnmaximierungsregel und Einsetzen der ermittelten Menge in die PAF berechnet.

$$E' = K'$$
$$180 - 1,2x = 60$$
$$120 = 1,2x$$
$$x = 100$$
$$p(x) = 180 - 0,6x \; für \, x = 100$$
$$p = 180 - 60$$
$$p = 120$$

Würden wir von einem Wettbewerbsmarkt ausgehen (oder besser einem Sozialplaner, der eine Maximierung der Wohlfahrt im Sinn hätte), dann würden 200 Tickets zum Grenzkostenpreis von 60 € angeboten werden. Stattdessen kann der Monopolist einen

---

[3] Siehe hierzu Airliners.de 2014) wie auch Badische-Zeitung.de 2017.
[4] Wobei die Zahlen wieder einmal nur zwecks einer groben Nachvollziehbarkeit gewählt wurden. Es geht lediglich darum, dass Monopolmodell im praktischen Zusammenhang einmal zu durchdenken.

8.2 Konkurrenz oder Segmentierung

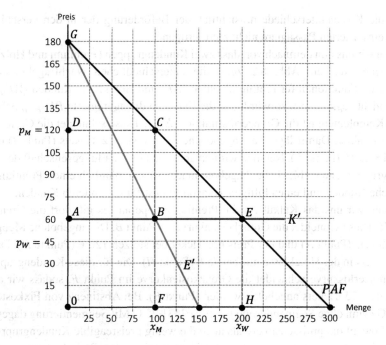

Abb. 8.1 Monopol im Flugverkehr

gewinnmaximierenden Preis von 120 € pro Ticket durchsetzen, bei einem Angebot von lediglich 100 Tickets.

8.2 Konkurrenz oder Segmentierung

Nun könnte angeführt werden, dass sich die Lufthansa auf manchen Strecken durch ihre Tochtergesellschaft Eurowings selbst Konkurrenz macht. Es könnte jedoch auch argumentiert werden, dass eine Angebotsunterteilung, nämlich die Dienstleistung über einen Premiumanbieter und eine Billigfluggesellschaft anzubieten, eine Preisdifferenzierungsstrategie darstellt.[5] Dies scheint nicht unrealistisch, wenn eigene Terminals für Prämienkunden eröffnet werden und vermehrt damit gerechnet wird, dass Klassenunterschiede weniger innerhalb eines Fluges als zwischen Flügen entstehen sollen, da die Unterschiede im

---

[5] Belegt werden kann dies durch das folgende Zitat: „*Hinsichtlich der Kriterien der Preisreagibilität und der qualitativen Ansprüche an das Produkt kann der Gesamtmarkt in mehrere **Nachfragesegmente** unterteilt werden. Die dadurch mögliche Produkt- und Preisdifferenzierung ist für die Fluggesellschaften ein wichtiges Marketinginstrument zur Ertragssteigerung und zur zeitlichen Entzerrung der Nachfrage.*" Pompl 2007, S. 46; Hervorhebung im Original. Vgl. auch weiterführend Pompl 2007, S. 195–204.

Service die Kostenunterschiede hinsichtlich der Beförderung der in den verschiedenen Klassen einsortierten Passagiere nicht rechtfertigen.[6]

Stellen wir uns nun demnach vor, dass zwei Kundengruppen (Premium und Holzklasse) unterschieden werden. Abb. 8.2 zeigt die unterschiedlichen Nachfragekurven bzw. Preis-Absatz-Funktionen für Premiumkunden PAF_P und Holzklasse-Kunden PAF_H.

Wird nicht segmentiert, so würde für die Fluglinie die aggregierte PAF_{P+H} gelten. Ihr helleres Komplement ist die Grenzerlösfunktion E'_{P+H}. Diese schneidet die Grenzkostenkurve im Punkt J. Damit läge die Angebotsmenge bei ca. 112 Tickets (Punkt I) und der Preis bei 82,50 € (Punkt L). Nehmen wir nun aber an, dass die Fluggesellschaft den beiden Kundengruppen unterschiedliche Angebote machen kann, nämlich einen Premiumdienst für manche Kunden und einen billigen Transportdienst für die anderen Kunden.

Schauen wir uns das Kalkül für die Premiumgruppe an. Es gilt dort die Grenzerlöskurve E'_P. Diese schneidet die Grenzkostenkurve im Punkt B. Die angebotene Menge liegt bei 50 Tickets (Punkt A) und der Preis pro Ticket bei stolzen 120 € (Punkte D). Dagegen liegt der Preis in der Holzklasse nur bei 75 € (Punkt H). Die für diese Kundengruppe geltende Grenzerlöskurve schneidet die Grenzkostenkurve im Punkt F, sodass wir ablesen können, dass 75 Tickets angeboten werden (Punkt E). Bei Abstinenz von Fixkosten läge nun der Gewinn ohne Segmentierung bei etwa 2531,25 €. Mit Segmentierung dagegen bei 4125 €. Sowohl die preissensiblere als auch die wenig preisreagible Kundengruppe kann nun zum jeweils gruppenspezifischen gewinnmaximierenden Preis bedient werden. In dem Sinne kann eine Aussage à la *„Wir machen uns durch unsere eigene Billigfluglinie Konkurrenz."* durchaus kritisch betrachtet werden. Anzumerken sei aber an dieser Stelle noch einmal, dass wir (ähnlich der Unterscheidung von Büchern im Hardcover und Taschenbüchern) Produkte unterschiedlicher Qualität betrachten und daher auch über eine Produktdifferenzierungsstrategie sprechen könnten.

Nun haben wir die Marktabgrenzung bisher allerdings in der Form vorausgesetzt, dass die Fluggesellschaften lediglich untereinander konkurrieren und den Markt daher auf den innerdeutschen Personenluftverkehr beschränkt. Doch gibt es neben der Nutzung des Luftverkehrs durchaus auch andere Möglichkeiten, um ein innerdeutsches (diese Abgrenzung behalten wir einmal bei) Ziel zu erreichen. Denkbar wäre z. B. die Nutzung des Schienenverkehrs. Während auf innerdeutschen Strecken der Lufthansa bei Übernahme von Air Berlin teilweise Marktanteilsanstiege von zuvor 70 Prozent auf bis zu 95 Prozent prophezeit werden, was die Marktbetrachtung im Rahmen des Monopolmodells begründet, ist dies im Sinne der Betrachtung eines *intermodalen* Wettbewerbs möglicherweise neu zu bewerten. Insbesondere stehen Hochgeschwindigkeitszüge und Flüge auf Strecken mit einer Flugzeit von ca. einer Stunde im Wettbewerb zueinander und Schienenverkehr und Flugverkehr stehen in diesem Fall als Beförderungsangebote in Substitutionsbeziehung zueinander.[7] Direkte Konkurrenz wird gerade auf nationalen Strecken mit einem

---

[6]Vgl. Cichorowski und Führ 2005, S. 10. Wir arbeiten im Beispiel mit der Segmentierung, könnten an dieser Stelle jedoch auch gut die Versionierung als Strategie heranziehen.

[7]Vgl. Heuermann und Delfmann 2009, S. 215.

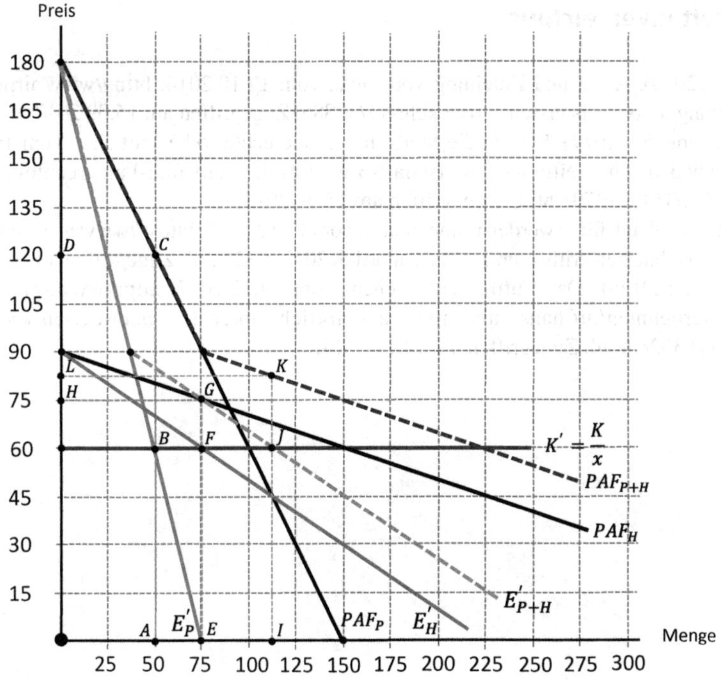

Abb. 8.2 Segmentierung im Flugverkehr

Entfernungsbereich zwischen 200 km und 800 km erwartet.[8] Da den Nachfragern im Bereich des Schienenverkehrs eine hohe Preisempfindlichkeit attestiert wird und dies gleichzeitig im Flugverkehr eher auf den Bereich der Low-Cost-Carrier zutrifft,[9] kann wiederum vermutet werden, dass der intermodale Wettbewerb schließlich zwischen dem Schienenverkehr und den Billigfliegern ausgetragen wird.

Literatur

Cichorowski, G., & Führ, M. (2005). Strukturwandel im Luftverkehr, Sofia Diskussionsbeiträge zur Institutionenanalyse, Nr. 05-6.

Heuermann, C., & Delfmann, W. (2009). Luft und Schiene im Wettbewerb – Aktion und Reaktion im europäischen Personennahverkehr. *Zeitschrift für Verkehrswissenschaft, 80*(3), 213–255.

Monopolkommission. (2016). Wettbewerb 2016, Einundzwanzigstes Hauptgutachten der Monopolkommission gemäß § 44 Abs. 1 Satz 1 GWB, Bonn.

Pompl, W. (2007). *Luftverkehr – Eine ökonomische und politische Einführung* (5. Aufl.). Berlin/Heidelberg/New York: Springer.

---

[8] Vgl. Heuermann und Delfmann 2009, S. 216 und Pompl 2007, S. 219.

[9] Vgl. Heuermann und Delfmann 2009, S. 219.

Internetseitenverzeichnis

Airliners.de. (2014). Arten und Zuteilung von Slots, vom 17.10.2014. http://www.airliners.de/arten-zuteilung-slots-basiswissen-luftverkehr-11/33885. Zugegriffen am 15.09.2017.

Badische-Zeitung.de. (2017). Warum die Start- und Landerechte so begehrt sind, vom 19.08.2017. http://www.badische-zeitung.de/wirtschaft-3/warum-die-start-und-landerechte-so-begehrt-sind%2D%2D140779796.html. Zugegriffen am 15.09.2017.

n-tv.de. (2017b). Inlandsflüge werden immer teurer, vom 17.12.2017. https://www.n-tv.de/wirtschaft/Verbraucherschuetzer-kritisieren-Lufthansa-article20188932.html. Zugegriffen am 18.12.2017.

Spiegel-Online. (2017a). Das Lufthansa-Märchen, vom 14.12.2017. http://www.spiegel.de/wirtschaft/unternehmen/lufthansa-und-niki-was-wirklich-hinter-dem-nein-der-eu-kommission-steckt-a-1183328.html. Zugegriffen am 14.12.2017.

Mikroökonomische Weihnachten

9

9.1 Effizientes Schenken

Mit kaum einem anderen Beispiel kann man sich dermaßen fein als Ökonom outen, als mit einem Plädoyer für Geldgeschenke aus Effizienzgesichtspunkten. Die Argumentation mag die folgende sein: Kenne ich mein Gegenüber nicht gut genug, doch habe ich vor, ihm ein Geschenk zu machen, dann ist die Wahrscheinlichkeit groß, dass ich ein Geschenk erwerbe, bei dem die Zahlungsbereitschaft des Gegenübers für das Geschenk nicht der Höhe des Betrags entspricht, den ich jedoch ausgegeben habe.[1]

Im Grunde genommen müsste ich wissen, für welches Gut der oder die zu Beschenkende einen weiteren Euro ausgeben würde (dann hätte ich das optimale Geschenk). Allerdings könnte ich, statt blindlings zu raten, auch in die Akquise von Informationen investieren. Dies wiederum verursacht mir Suchkosten (die ich – aber das ist gar nicht zentral – z. B. auch zum Teil oder zur Gänze von meiner Ausgabebereitschaft für ein Geschenk abziehen könnte). Würde ich meinem Gegenüber schlicht Geld schenken, könnte der- oder diejenige das Geld einfach in für sich optimaler Weise ausgeben (und ich hätte keine Suchkosten). Unter Effizienzgesichtspunkten scheint dies optimal zu sein. Und dennoch können Sie das nächste Weihnachtsfest (oder andere Festivitäten, bei denen Geschenke üblicherweise übergeben werden) prima sprengen, indem sie allen Anwesenden lediglich Geld schenken (oder es gleich überweisen).[2]

---

[1] Kurz und knapp als Beispiel: Oma Trude kauft Hans von ihrer knappen Rente einen teuren Pullover und Hans mag ihn dann nicht.

[2] In einer Studie aus dem Jahr 2008 ermittelten Thomas Bauer und Christoph Schmidt durch eine Befragung von über 500 Studierenden, dass diese eine – im Hinblick auf den tatsächlichen Marktpreis – um 11 Prozent geringere Zahlungsbereitschaft (WTP) aufwiesen, was den Effizienzverlust gut erfasst. Gleichermaßen fanden Sie eine Bestätigung für den Besitztumseffekt (Endowment), denn die Willingness to Accept lag wiederum acht Prozent oberhalb des Marktpreises. Des Weiteren

---

© Springer Fachmedien Wiesbaden GmbH, ein Teil von Springer Nature 2019
F. Strotebeck, *Einführung in die Mikroökonomik*,
https://doi.org/10.1007/978-3-658-27307-1_9

84 9 Mikroökonomische Weihnachten

Eine Erklärungsmöglichkeit findet sich in der ökonomischen Theorie im Bereich der Informationsasymmetrien.[3] Stellen wir uns ein frischgebackenes Paar (etwa Petra und Paul) vor. Beide Partner besitzen – trotz zahlreicher Liebesschwüre – versteckte Informationen und zwar darüber, wie sehr Sie den anderen jeweils wirklich lieben. Nehmen wir nun an, dass einer der Partner (etwa Petra) Geburtstag hat. Wie gestaltet sich für Paul die Geschenksuche? Liebt er Petra in der Tat sehr, dann wäre es entweder sehr einfach für ihn ein passendes Geschenk zu finden, was ein Signal dessen wäre, wie hoch seine Zuneigung ausfällt, oder er würde zumindest so viel Zeit investieren, bis er ein tolles Geschenk findet, weil er zeigen möchte, wie sehr er daran interessiert ist, für seine Angebetete das perfekte Geschenk zu finden. Paul – der in dem Fall besser informierte Partner – kann demnach durch ein passendes Geschenk als Signal die Informationsasymmetrie abbauen. Würde er sich stattdessen für ein Geldgeschenk entscheiden, ist dies ein deutliches Zeichen dafür, dass es ihm die Mühe nicht wert ist bzw. er seiner Partnerin nicht viel Aufmerksamkeit schenkt. Eine Beobachtung ist dabei vielleicht aber zusätzlich von Interesse: Je größer die Gewissheit der Zuneigung ist (z. B. zwischen Eltern und Kindern), desto unproblematischer ist im Hinblick auf die Beziehung ein Geldgeschenk.[4]

9.2 Satisficing beim Weihnachtsbaumkauf

Haben Sie einmal einen Weihnachtsbaum gekauft? Haben Sie sich zig Bäume aus den Netzen schneiden lassen, diese von allen Seiten betrachtet, in Größe und Form miteinander verglichen und sind Sie anschließend mit dem Gefühl heimwärts gefahren, den bestmöglichen Baum erstanden zu haben? Wissen Sie noch, wie viel Zeit Sie in der Kälte

---

konnten die Autoren zeigen, dass der Effizienzverlust besonders hoch bei Geschenken der Großeltern und anderen Verwandten ausfiel. Vgl. Bauer und Schmidt 2008. Eine weitere Studie aus dem Jahr 1993 zeigt ähnliche Ergebnisse und zwar einen 10- bis 30-prozentigen Wohlfahrtsverlust aufgrund der Zahlungsbereitschaft des Empfängers im Vergleich zum Marktpreis. Auf Basis einer Ausgabenschätzung für Weihnachtsgeschenke in den Vereinigten Staaten von Amerika aus dem Jahr 1992 in Höhe von 38 Milliarden Dollar würden wir demnach aufgrund der Ineffizienz von einem Wohlfahrtsverlust von zwischen vier und knapp dreizehn Milliarden Dollar sprechen (Waldfogel 1993, S. 1328). In einer weiteren Studie wurde ein Wohlfahrtsverlust von sieben Prozent bei Sachgeschenken ermittelt. Außerdem wurden in der Studie noch Gutscheinkarten als Geschenkmöglichkeit einzeln betrachtet, da diese als mögliches Substitut für Geldgeschenke angesehen wurden. Jedoch zeigte sich (wohl aufgrund der Einschränkungen, wo und/oder bis wann ein Gutschein eingelöst werden muss), dass diese sogar mit einem Wohlfahrtsverlust von über 14 Prozent einhergingen (und etwa für einen geringeren Preis weiterverkauft oder gar nicht eingelöst wurden; Principe und Eisenhauer 2009, S. 219).

[3] Eine weitere Betrachtungsmöglichkeit wäre der Nachfrageffekt des erhöhten Konsums während der Weihnachtszeit, was jedoch in die makroökonomischen Gefilde der Volkswirtschaftslehre führt, die ich hier nicht weiter vertiefen möchte.

[4] Vgl. Gans et al. 2015, S. 542.

9.2 Satisficing beim Weihnachtsbaumkauf 85

verbracht haben, um sich die einzelnen Bäume anzusehen? Haben Sie womöglich letzten Endes die Tanne gewählt, die Sie bereits als erstes ins Auge gefasst hatten?

Herbert A. Simon stellte 1955 in seinem Artikel *„A Behavioral Model of Choice"* dem Konzept des Optimierers, dem rationalen ökonomischen Agenten,[5] der den perfekten Wissenstand über alle Alternativen besitzt, eine organisierte, stabile und bewusste Präferenzstruktur besitzt und ausreichend Hirnschmalz für mannigfaltige notwendige Optimierungskalkulationen aufweist, eine Person gegenüber, die durch begrenztes Wissen und begrenzte Fähigkeiten geprägt ist.[6]

Im Sinne rationalen Verhaltens besitzt der Entscheider Wissen über die Alternativen (die zum Verkauf stehenden Bäume mit unterschiedlichen Charakteristika wie Art, Größe, Preis, Symmetrie, Duft etc.), den durch einen jeweiligen Baum gestifteten Nutzen und die zugehörige Präferenzordnung (ein 1,50 Meter großer Baum mit dicken grünen Nadeln, leicht schief gewachsen für 18,99 € aber dicht, ist besser als ein 1,45 Meter großer und 17,99 € teurer Baum, mit blauen Nadeln, gerade gewachsen und ebenso dicht).[7]

Zu Beginn sind stets nur einzelne Bäume von ihren umhüllenden Netzen befreit und der Rest des Verkaufsbestands lehnt eng verpackt an den Gitterzäunen. Die Unsicherheit, wie der Baum aussehen mag, wenn er nicht in der engen Hülle steckt, ist für unseren ökonomischen Agenten nicht gegeben. Er besitzt die Informationen mit einem Mal. Aus dem kompletten Set an Alternativen wählt der ökonomische Agent den besten Baum.

Wir hingegen besitzen die Informationen über baumspezifische Charakteristika nicht und müssen sequenziell vorgehen. Wir bitten den Verkäufer darum, uns einen Baum nach dem anderen vorzuführen. Lassen wir uns nun alle Alternativen zeigen, die verfügbar sind?[8] Es scheint realistischer, dass wir uns so lange Bäume zeigen lassen, bis wir eine Tanne vor uns haben, die gut genug ist und unseren Anforderungen an einen Weihnachtsbaum genügt. Es bleibt unklar, ob dies im Bestand die beste Alternative darstellt. Die Möglichkeit besteht. Genauso besteht die Möglichkeit, dass es einen besseren Baum gegeben hätte, diesen jedoch zu finden, hätte weitere Informationsbeschaffung bedeutet und die Einordnung in unsere Präferenzordnung (bei den gegebenen Charakteristika) immer weiter verkompliziert.

Noch nicht erklärt wird bei diesem Vorgehen die Entscheidung, letzten Endes den Baum gewählt zu haben, den man zuerst bereits gesehen hatte. Dies kann dadurch implementiert werden, dass wir davon ausgehen, dass das Anspruchsniveau (*„aspiration level"*)

---

[5] Er nennt diesen den *„economic man"* (Simon 1955, S. 99).

[6] Vgl. Simon 1955, S. 99 und 114. Wir sprechen daher von be- oder eingeschränkter Rationalität (*„bounded rationality"*; Haucap 2010, S. 1).

[7] Wir vereinfachen uns die ganze Angelegenheit übrigens bereits dadurch, dass wir alleine auf Baumsuche gehen und nicht mit möglicherweise Partner/-in und vier Kindern, die allesamt eine unterschiedliche Vorstellung hinsichtlich des perfekten Weihnachtsbaums besitzen.

[8] Versetzen wir uns in die Situation und denken an die Kälte beim Außenverkauf von Weihnachtsbäumen, die Zeit, die für weitere Betrachtung von Bäumen verloren geht etc., dann wird deutlich, dass die Informationsbeschaffung auch Kosten (Opportunitätskosten) verursacht.

sich bei sequenziellem Vorgehen (wir schauen uns einen Baum nach dem anderen an) ändert. Ist ein Baum nach dem anderen schöner als der Vorgänger, dann heben wir unser Anspruchsniveau an und wir lassen uns einen weiteren Baum vorführen, da wir nun aufgrund des gestiegenen Anspruchsniveaus einen noch schöneren (alle Charakteristika fließen bei mir nun im Wort *„schöner"* zusammen) Baum erwarten. Sind dagegen die nach und nach geöffneten Netze mit hässlichen Bäumen gefüllt, so senken wir unser Anspruchsniveau. Dies kann dazu führen, dass der erste betrachtete Baum in unser ausreichendes Alternativen-Set rutscht und wir diesen Baum erwerben.[9]

9.3 Wir brauchen mehr Lichter

Ein letztes weihnachtliches Beispiel widmet sich der festlichen Außenbeleuchtung manch geschmückter Häuser. Laut einer Umfrage[10] des Unternehmens LichtBlick (2017) gehören für 80 Prozent der Bevölkerung in Deutschland *„leuchtender Straßenschmuck und strahlende Weihnachtsbäume auf dem Markt dazu."* (LichtBlick 2017, S. 1) Für eine große Mehrheit der Gesellschaft strahlt eine weihnachtliche Beleuchtung demnach etwas Positives aus. Damit ist anzunehmen, dass es sich bei der Illumination von Wohnhäusern (gerade im Außenbereich) um positive Externalitäten im Konsum handelt. Beleuchten meine Nachbarn ihre Häuser, Gärten etc. mit Lichterketten, so erfreue ich mich daran, wenn ich aus dem Fenster sehe oder spazieren gehe. Bezahlen muss ich dafür jedoch nicht. Grafisch ist diese Situation einfach darstellbar, indem wir pro Lämpchen (Menge x auf der Abszisse) den privaten Nutzen und die Kosten (p auf der Ordinate) abtragen (Abb. 9.1).

Gehen wir einmal von konstanten Grenzkosten aus, dann verläuft die Grenzkostenkurve (K') horizontal in der Höhe des Marktpreises. Ohne Beachtung externer Effekte wird am Markt eine Menge von Lichtern in Größenordnung der Menge x erworben (Punkt A). Da jedoch mit jedem Lämpchen ein (in unserem Beispiel konstanter) positiver Grenznutzen bei unbeteiligten Dritten generiert wird, ist der gesellschaftliche Nutzen höher als die Kosten des Erwerbs (vergleichen wir hierzu Punkt A mit Punkt C). Die gesellschaftliche Grenznutzenkurve liegt demnach weiter rechts ($U'_{ges.}$) und damit wäre eine Menge an Lämpchen in Höhe von $x_{opt.}$ optimal (Punkt B). Sofern dies der Fall sein sollte, wäre die derzeitige Menge von etwa 17 Milliarden Lichtern[11] im Jahr 2017 zu gering und würde mit einem Wohlfahrtsverlust (exemplarisch wäre dies die Fläche ABC) einhergehen.

---

[9] Vgl. hinsichtlich des theoretischen Rahmens Simon 1955.

[10] Befragt wurden durch das Marktforschungsinstitut YouGov 2082 Verbraucher und die Stichprobe soll repräsentativ für die Bevölkerung Deutschlands sein (LichtBlick 2017, S. 1).

[11] Vgl. LichtBlick 2017, S. 1.

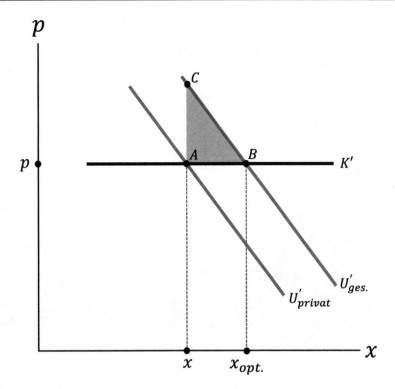

Abb. 9.1 Weihnachtsbeleuchtung als positive Externalität

Literatur

Bauer, T. K., & Schmidt, C. M. (November, 2008). *WTP vs. WTA: Christmas presents and the endowment effect* (Ruhr Economic Papers, Nr. 75). Bochum, Dortmund, Duisburg, Essen.
Gans, J., King, S., Stonecash, R., Byford, M., Libich, J., & Mankiw, N. G. (2015). *Principles of economics* (6. Aufl.). South Melbourne: Cengage Learning.
Haucap, J. (2010). Eingeschränkte Rationalität in der Wettbewerbsökonomie. In *Ordnungspolitische Perspektiven, Nr. 08*. Düsseldorf: DICE.
Principe, K. E., & Eisenhauer, J. G. (2009). Gift-Giving and deadweight loss. *The Journal of Socio-Economics, 38*, 215–220.
Simon, H. A. (1955). A behavioral model of rational choice. *The Quarterly Journal of Economics, 69*(1), 99–118.
Waldfogel, J. (1993). The deadweight loss of Christmas. *The American Economic Review, 83*(5), 1329–1336.

Internetseitenverzeichnis

LichtBlick. (2017). Weihnachtlicher Lichterglanz von 17 Milliarden Lämpchen, Weihnachtsumfrage 2017. https://www.lichtblick.de/presse/news/2017/11/29/weihnachtlicher-lichterglanz-von-17-milliarden-laempchen-led-inzwischen-bevorzugte-technik/. Medienmitteilung.

Mit Mikroökonomik zur Wunschfigur 10

10.1 Die Kalorienrestriktion

Im Zusammenhang mit der Haushaltstheorie wird als zentraler Bestandteil des Modells die Budgetrestriktion behandelt. Dabei ist anzumerken, dass das Konzept der Budgetgerade wesentlich flexibler ist, als es auf den ersten Blick vielleicht den Anschein hat. Die Budgetgerade kann – und dies wollen wir an dieser Stelle vertiefen – etwa als *Kalorienrestriktion* aufgezogen werden.[1] Ein Erwachsener verbrennt im Schnitt 2000 Kalorien an Energie am Tag. Typischerweise lautet die einfachste Formel zum Ab- bzw. Zunehmen, dass wir abnehmen, wenn wir weniger Kalorien zu uns nehmen, als wir verbrennen (denn der Körper geht dann an die Energiereserven) und zunehmen, wenn wir dem Körper mehr Kalorien zuführen als er verbraucht, denn dann bildet er Vorräte. Damit haben wir eine Restriktion, die über unsere erlaubte Kalorienzufuhr bestimmt. Wir haben am Tag maximal 2000 Kalorien (oder weniger, wenn wir abnehmen wollen) und diese können wir nun auf den Konsum unterschiedlicher Ernährungsprodukte aufteilen.

Die Schwierigkeit, bei all den unterschiedlichen konkurrierenden Ernährungskonzepten, die verschiedene Produkte erlauben oder verbieten, liegt für uns nun darin, eine für unsere Darstellung notwendige Untergliederung der Nahrungsmittel in lediglich zwei Gütergruppen vorzunehmen, damit wir die Argumentation anhand bekannter Grafiken nachvollziehen können. Auch wäre denkbar, die Kalorienzufuhr auf zwei Tageshälften zu verteilen und sich je nach Tageszeitpunkt jeweils optimal nach den Bedürfnissen des Körpers zu richten. So wird etwa in vielen Fällen empfohlen, abends keine Kohlenhydrate zu

---

[1] Ich bin mit Sicherheit kein (!) Ernährungsberater und auch wenn dies (Stand heute 04.06.2019) keine geschützte Berufungsbezeichnung ist, glaube ich, dass die Nische des "ökonomischen Ernährungskonzeptes" keine große Zukunft besitzt. Mein Ziel ist vielmehr, Ihnen an dieser Stelle lediglich eine weitere Möglichkeit zu zeigen, bei der eine optimale Güterkombination bei gegebener Restriktion mit ökonomischen Denken ermittelt werden kann.

© Springer Fachmedien Wiesbaden GmbH, ein Teil von Springer Nature 2019   89
F. Strotebeck, *Einführung in die Mikroökonomik*,
https://doi.org/10.1007/978-3-658-27307-1_10

verzehren, da diese sich auf den Insulinspiegel auswirken und ein erhöhter Insulinspiegel die Fettverbrennung über Nacht negativ beeinflusst. Unterschiedliche Diäten und Ernährungstipps prasseln gerade zur Sommersaison von allen Seiten auf einen ein. Aber wie dem auch sein mag: Die Kaloriengrenze ist unsere Budgetrestriktion. Besprechen wir daher jetzt die Steigung und die Lage der Kalorienrestriktion.

Die Steigung der Budgetrestriktion bestimmt sich im Folgenden aus der Kalorienanzahl pro Gramm eines konsumierbaren Gutes. Ein Achsenschnittpunkt gibt demnach die Antwort auf die Frage: *„Wie viel Gramm eines Gutes kann ich maximal zu mir nehmen, wenn ich nur dieses Gut konsumiere und die 2000 Kalorien nicht überschreiten möchte?"* Vergleichen wir etwa gebrannte Mandeln und Möhren miteinander, dann wären im Extrem bei 0,36 kcal je einem Gramm Möhre ein Verzehr von ca. 5 ½ Kilo Möhren möglich oder ein Verzehr von ungefähr 400 Gramm gebrannten Mandeln (bei ca. 5 kcal pro Gramm).[2] Einhundert Gramm gebrannte Mandeln zu verzehren, bedeutet demnach einen Verzicht auf den Verzehr von 1375 Gramm Möhren. In der Ernährungswissenschaft stellt die Kalorienzahl in Relation zum Gewicht des Lebensmittels nichts anderes dar, als die so genannte *Energiedichte*.[3] Die Energiedichte eines Lebensmittels wiederum bestimmt sich etwa auf Basis des Wassergehaltes und Fasergewebes, wobei Wasser keine Kalorien beinhaltet und demnach eine Energiedichte von null aufweist. Fasergewebe liegt bei zwischen 1,5 und 2,5 kcal/g. Im Mittelfeld liegen Proteine und Kohlenhydrate mit jeweils 4 kcal/g, gefolgt von Fett mit 9 kcal/g.[4] Kurzum: Je höher die Energiedichte eines Produkts ausfällt, desto weniger kann (darf) bei gegebener maximaler Kalorienzahl pro Tag davon verzehrt werden.

Die Lage der Budgetgerade bestimmt sich darauf aufbauend natürlich auch durch die Energiedichte der betrachteten Nahrungsmittel, kann aber – und das soll nun von Interesse sein – beeinflusst werden. Die Budgetgerade könnte z. B. etwas näher am Ursprung liegen, wenn wir nicht von 2000 Kalorien im Schnitt ausgehen und damit den Energiehaushalt genau ausgleichen, sondern abnehmen wollen und daher die Kalorienrestriktion enger fassen (z. B. 1900 Kalorien pro Tag). Auch kann die Grenze je nach Person (Alter, Größe, Geschlecht etc.) angepasst werden. Des Weiteren kann sportliche Betätigung, die zu zusätzlicher Kalorienverbrennung führt, die Möglichkeit der Verschiebung der Kalorienrestriktion nach außen (also vom Ursprung weg) ermöglichen. Das bedeutet als Resultat nichts Anderes als das Folgende: Jemand kann – ohne zuzunehmen – etwas mehr essen, wenn er sich hinreichend sportlich betätigt.

---

[2] Vgl. für Kalorienangaben z. B. das freie Informationsangebot unter http://www.kalorientabelle.net/, abgerufen am 05.07.2017.

[3] Vgl. Bechthold 2014, S. 3 sowie Stelmach-Mardas et al. 2016, S. 1.

[4] Vgl. CDC o. J., S. 3. Frei verfügbar unter folgender URL: https://www.cdc.gov/nccdphp/dnpa/nutrition/pdf/r2p_energy_density.pdf, abgerufen am 05.07.2017.

10.2 Ungesundes schmeckt so gut

Mit der Budgetrestriktion allein ist es nun noch nicht getan. Wir benötigen noch die Indifferenzkurve, um das optimale Güterbündel zu bestimmen. Die Steilheit der Indifferenzkurve ist ein Ausdruck hinsichtlich unserer Präferenzen, bezogen auf die betrachteten Güter. Die Steilheit der Kurve dürfte nun davon bestimmt werden, auf welcher Achse wir das Gut (oder das Güterbündel) abtragen, das wir am liebsten mögen. Bedauerlicherweise sind dies in den meisten Fällen (sein Sie froh, wenn Sie diesbezüglich eine Ausnahme darstellen) wohl genau die Lebensmittel, die durch Zucker- und Fettgehalt bei geringer Grammzahl bereits viele Kalorien besitzen.[5]

Ich unterscheide im Folgenden nun einfach in *Fit Food* einerseits und *Fun Food* andererseits. Für mich bedeutet das, dass unter *Fun Food* sowohl Snacks wie Salzstangen, Schokolade, Softdrinks, Pizza, Döner, Kekse, Kuchen etc. fallen (mit tendenziell höherer Energiedichte). Unter *Fit Food* fallen die allgemein als gesünder eingestuften Produkte mit tendenziell eher geringer Energiedichte wie etwa Gurke, Tomate, Apfel, Wasser, ungesüßte Tees, fettreduzierter Joghurt, Salate, Gemüseeintopf, Kohlsuppe, nicht panierte fettfrei gebratene Putensteaks etc. *Fit Food* wird in den folgenden Abbildungen auf der Ordinate und *Fun Food* auf der Abszisse abgetragen. Die Indifferenzkurve verläuft steil und zeigt, dass für den Verzicht auf eine Einheit *Fun Food* bereits eine Menge *Fit Food* zur Kompensation zur Verfügung stehen muss, um unser Nutzenniveau beizubehalten. Bildlich gesprochen: Für den Verzicht auf ein paar Stück Schokolade am Abend muss schon eine reichhaltig gefüllte Rohkostplatte zum Ausgleich der Nutzeneinbuße gereicht werden.

Wir gehen vereinfachend davon aus, dass zur Sättigung ein Gewicht von ungefähr 1,5 kg an Nahrung verzehrt werden muss, wir demnach nach Volumen satt werden, nicht nach Anzahl der Kalorien.[6] Je nachdem, was gegessen wird (mit Blick auf die Energiedichte) zeigt sich, dass eine Menge von 1,5 kg Nahrungsmitteln zu einer Aufnahme von mehr oder weniger als 2000 kcal führt. Mit Blick auf die Möhren und die gebrannten Mandeln würden Sie bei 1,5 kg Möhren bei einer Aufnahme von 540 kcal liegen, wohingegen dies bei dem Verzehr gebrannter Mandeln schon 7500 kcal wären. Im Schnitt dürften die 1,5 kg an Lebensmitteln eine Energiedichte von ca. 1,3 kcal/g haben, sodass die 2000 kcal pro Tag erreicht werden.

Treffen wir ein paar Annahmen:

---

[5] Ist es nun sinnvoll, eher Produkte mit geringer Energiedichte (und hohem Nährwert) zu sich zu nehmen, wird sich dies im Übrigen möglicherweise tatsächlich auf die „echte" (sprich monetäre) Budgetgerade auswirken. Maillot et al. (2007) haben (zumindest für Erwachsene in Frankreich) ermittelt, dass die nahrhafte und durch geringe Energiedichte geprägte Ernährung mit höheren Ernährungskosten einhergeht (Maillot et al. 2007, S. 690).

[6] Wobei jeder weiß, dass manche Dinge nicht lange satt machen, sodass es durchaus auch auf die Inhaltsstoffe ankommt und z. B. Eiweiße länger satt halten. Eine ausführliche Studie mit einer Ermittlung und Listung von 83 Produkten und ihres so genannten Sättigungsindex findet sich bei Interesse bei Holt et al. (1995).

1. Wir gehen davon aus, dass wir nur 1900 kcal pro Tag zu uns nehmen dürfen, um abzunehmen.
2. *Fun Food* weisen wir eine durchschnittliche Energiedichte von 3 kcal/g zu.
3. *Fit Food* weisen wir eine durchschnittliche Energiedichte von 1 kcal/g zu.

Somit wird klar, dass wir folgende Achsenschnittpunkte ermitteln können: Wird lediglich *Fun Food* verzehrt, dann dürfen hiervon nur ca. 633 Gramm aufgenommen werden, um die Grenze von 1900 kcal am Tag nicht zu überschreiten. Damit wird es schwer, wenn nicht gar unmöglich, gesättigt zu werden.[7] Allerdings wäre es möglich, 1900 Gramm an *Fit Food* zu verspeisen, was zu einer Kalorienaufnahme von 1900 kcal führen würde und allemal sättigend sein dürfte.

Betrachten wir die Abb. 10.1: Die Restriktion KR_1 stellt einen Verzehr von 1,5 Kilogramm an Speisen dar, ohne auf die Kalorienzahl zu achten, die wir zu uns nehmen. Da uns *Fun Food* besser schmeckt, nehmen wir hiervon (Punkt A) 900 Gramm zu uns und aus dem Bereich *Fit Food* weitere 600 Gramm, womit wir wohl gesättigt wären. Jedoch haben wir somit 3300 kcal zu uns genommen.

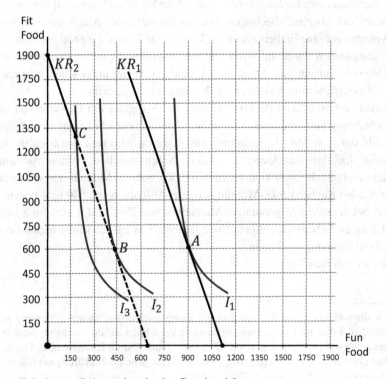

Abb. 10.1 Kalorienrestriktion und optimales Güterbündel

---

[7] Noch unterstützt durch den Effekt, dass gerade Snacks, wie Erdnüsse, Chips, Eis, Popcorn etc., miserable Sättigungswerte besitzen (Holt et al. 1995, S. 683).

10.3 Light-Produkte und Sport

Da wir nun abnehmen wollen, setzen wir uns eine Grenze hinsichtlich des Kalorienverbrauchs. 1900 kcal sollen in Folge pro Tag nicht überschritten werden. Die Parallelverschiebung der Kaloriengerade nach Innen zeigt, dass wir nun eine schärfere Restriktion haben. Das höchste Nutzenniveau (und dies ist bereits niedriger als vorher) erreichen wir nun in Punkt B, dargestellt durch den Tangentialpunkt von KR_2 und I_2. Schauen wir uns nun aber die zu uns genommene Menge an Nahrung an, so landen wir lediglich bei ungefähr 1050 Gramm. In der Regel führt dies nicht zu einem ausreichenden Sättigungsgefühl. Setzen wir uns demnach zusätzlich die Restriktion, dass wir auch satt werden wollen, bricht die Kaloriengerade in Punkt C ab. Eine Zunahme beim Verzehr von *Fun Food* führt zwangsläufig (unter der gültigen 1900 kcal Restriktion) dazu, dass wir unsere Menge von 1,5 kg an Nahrung nicht erreichen und hungrig ins Bett gehen. Folglich ist nun die Ecklösung in Punkt C wahrscheinlich, sodass nochmals ein Nutzenverzicht eintritt und wir lediglich die bereits ziemlich weit innen liegende Nutzenindifferenzkurve I_3 realisieren können.

10.3 Light-Produkte und Sport

Eine Alternative, so wird es zumindest oftmals versprochen, sind Light-Varianten beliebter Produkte mit geringerer Energiedichte. Nehmen wir an, dass im Bereich *Fun Food* eine große Anzahl an Produkten durch kalorienreduzierte Varianten ersetzt werden könnten, dann würde dies für unser Modell nichts Anderes bedeuten, als eine auf Kalorien bezogene Art der „Preissenkung" von *Fun–Food*-Produkten. Der Verzehr eines Produktes aus dem *Fun-Food*-Bereich kostet nicht mehr so viele unserer kostbaren 1900 Kalorien, die wir zur Verfügung haben. Die Kalorienrestriktion dreht sich infolgedessen auf der x-Achse nach außen (von KR_1 auf KR_2).

Somit wäre es möglich zu bestimmen, inwiefern es durch die Kaloriensenkung bei manchen beliebten Produkten zu einer Substitution von *Fit Food* zu kalorienreduziertem *Fun Food* käme und inwiefern die konsumierte Menge durch die somit freigewordene Kalorienzahl verändert wird. Schlicht und ergreifend lassen sich Substitutions- und Einkommenseffekt (bzw. Kalorieneffekt) bestimmen. Abb. 10.2 stellt dies beispielhaft dar, wobei die Alternativprodukte im *Fun-Food*-Bereich nun zum Zwecke der Darstellung eine sehr starke Kalorienreduzierung aufweisen (damit die Effekte deutlich werden).

Der erste Effekt ist die Drehung der Kaloriengerade auf der x-Achse nach außen. Anstelle von Punkt A (mit etwa 600 Gramm *Fit Food* und 450 Gramm *Fun Food*) stellt nun der Punkt B unsere optimale Güterkombination (ca. 525 Gramm *Fit Food* und 950 Gramm *Fun Food*) dar. Die jeweilige Änderung von 600 auf nur 525 Gramm bei *Fit Food* respektive von 450 auf 950 Gramm *Fun Food* stellen den Gesamteffekt dar. Die hypothetische Kaloriengerade (KR_{hyp}) tangiert unsere Nutzenindifferenzkurve I_1 nun in Punkt A'. An dieser Stelle ist nur die relative Energiedichte der beiden Gütergruppen zueinander relevant, nicht aber der Effekt, dass durch Light-Produkte insgesamt mehr verzehrt werden kann. In dem Fall würden aufgrund der starken Präferenz hinsichtlich der als *Fun Food* deklarierten Produkte in großem Ausmaß *Fit-Food*-Güter

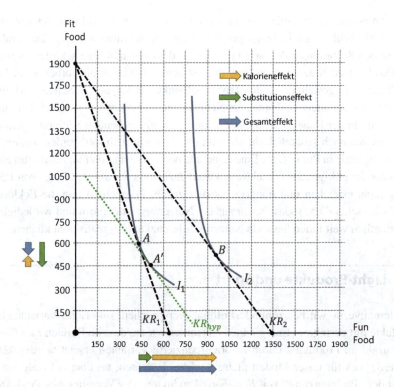

Abb. 10.2 Kalorienreduzierung durch Light-Produkte

durch *Fun-Food*-Güter substituiert (von *A* nach *A′*). Da die Light-Produkte außerdem einen Einfluss auf die mögliche Gesamtkonsummenge haben, fällt das Ausmaß des Genusses von *Fun-Food*-Produkten im Endeffekt sogar noch deutlich größer aus und der Verzehr *von Fit- Food-* Gütern erhöht sich wieder leicht (vergleiche hierzu die Bewegung von *A′* nach *B*).

Nehmen wir nun die zur Sättigung erforderliche Nahrungsmittelmenge von ca. 1,5 kg mit in unser Kalkül auf, dann ändert sich die Abbildung etwas. Des Weiteren wurde nun der Effekt der Kalorienreduzierung bei Light-Produkten als weniger stark angenommen. Zudem ist durch die Kalorienrestriktion noch der Effekt einer „Einkommenssteigerung" bzw. hier Erhöhung der Kaloriengrenze pro Tag eingezeichnet (Abb. 10.3).

Aufgrund der zusätzlichen Bedingung, dass wir von ca. 1,5 kg an Nahrungsmitteln zum Zweck der Sättigung ausgehen, können wir den Zugewinn an Möglichkeiten nicht gänzlich auskosten. Dennoch erreichen wir in der Tat ein höheres Nutzenniveau (I_2 statt I_1).

Was auch deutlich wird ist Folgendes: Gehen wir davon aus, dass wir durch sportliche Aktivität unsere Kalorienverbrennung ankurbeln und daher die Budgetrestriktion ein klein wenig nach außen verschieben können (KR_3). Mit der starken Präferenz für *Fun Food* und dem Abbrechen der Geraden aufgrund der zur Sättigung benötigten Menge ist davon auszugehen, dass wir die durch Sport gewonnenen Kalorien gänzlich für den verstärkten

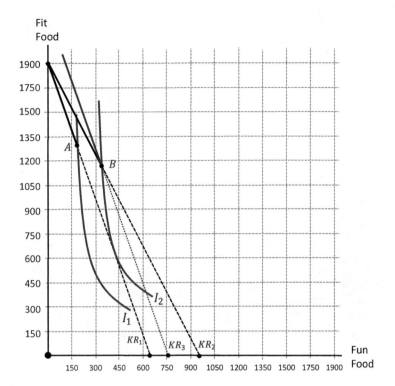

Abb. 10.3 Drehung und Verschiebung der Kaloriengerade

Verzehr von *Fun Food* verwenden werden. Ich denke nicht, dass ich der Einzige bin, der nach dem Joggen denkt: *„Die Schokolade habe ich mir ja heute verdient."*

Literatur

Bechthold, A. (2014). Food energy density and body weight – A scientific statement from the DGE. *Ernaehrung Umschau International, 61*(1), 2–11. https://doi.org/10.4455/eu.2014.002.

CDC. (o. J.). Low-energy-dense foods and weight management: Cutting calories while controlling hunger. In National Center for Chronic Disease Prevention and Health Promotion – Division of Nutrition, Physical Activity and Obesity (Hrsg.). Research to practice series, No. 5, frei verfügbar unter. https://www.cdc.gov/nccdphp/dnpa/nutrition/pdf/r2p_energy_density.pdf. Zugegriffen am 05.07.2017.

Holt, S. H., Brand Miller, J. C., Petocz, P., & Farmakalidis, E. (1995). A satiety index of common foods. *European Journal of Clinical Nutrition, 49*, 675–690.

Maillot, M., Darmon, N., Vieux, F., & Drewnowski, A. (2007). Low energy density and high nutritional quality are each associated with higher diet costs in French adults. *The American Journal of Clinical Nutrition, 86*, 690–696.

Stelmach-Mardas, M., Rodacki, T., Dobrowolska-Iwanek, J., Brzozowska, A., Walkowiak, J., Wojtanowska-Krosniak, A., Zagrodzi, P., Bechthold, A., Mardas, M., & Boeing, H. (2016). Link between food energy density and body weight changes in obese adults. *Nutrients, 8*(226), 1–13. https://doi.org/10.3390/nu8040229.

Warum es einfach ist, ein Impfgegner zu sein

11

Sicherlich kennen Sie Zeitungsartikel zum Thema *„Impfen"* oder haben darüber Talkshows im Fernsehen verfolgt oder Call-In-Sendungen im Radio zum Thema gehört. Impfungen gegen ansteckende Krankheiten können wir als ein typisches Anwendungsbeispiel für Externalitäten (im Konsum) verwenden.

Nehmen Sie an, dass Sie ein Kind im Kindergartenalter haben und Sie entscheiden, ob Sie Ihr Kind impfen lassen oder nicht. Der erste Gedanke wird sein *„Mein Kind wird sich bei anderen Kindern dann nicht mehr anstecken, es ist gegen die Krankheit immunisiert worden."* Diesen Nutzen wägen Sie gegen die Kosten ab. Kosten könnten etwa sein: *„Ich habe irgendwo gehört, dass Impfen möglicherweise die Krankheit auslösen kann und ich somit meinem Kind schade."* Denkt jeder so und wägt Kosten und Nutzen ab, kommt es zu einer bestimmten Anzahl an geimpften Kindern. Ein großes Problem hierbei ist die unterschiedliche Gewichtung des aktiven *„Ich impfe mein Kind und tue ihm damit möglicherweise was Schlimmes an."* und des passiven *„Mein Kind hat sich angesteckt, ... ach hätte ich es mal impfen lassen."* Den ersten Fall verbuchen wir mental als Verlust, den zweiten Fall als entgangenen Gewinn. Da wir entgangene Gewinne aber nicht im gleichen Ausmaß verspüren wie Verluste, ist dies bereits ein Anreiz, sich gegen eine Impfung zu entscheiden.[1]

Abseits dieses Effekts ist Impfen ein typisches Beispiel für eine Aktivität, die Auswirkungen auf Dritte hat, also Externalitäten erzeugt. Das wollen wir uns nun ansehen, indem wir zuerst das Impfgleichgewicht betrachten, welches sich ohne Einbeziehen des externen Effekts ergibt (Abb. 11.1).

Was nun folglich nicht in die Kalkulation mit eingeht, ist der positive externe Effekt. Sollte Ihr Kind geimpft sein, dann fällt es als potenzieller Krankheitsträger für alle anderen

---

[1] Man denke diesbezüglich an die Prospect-Theory und lese vergnügt das Buch *Schnelles Denken, langsames Denken* von Daniel Kahnemann, der diese Theorie zusammen mit Amos Tversky aufgestellt hat.

© Springer Fachmedien Wiesbaden GmbH, ein Teil von Springer Nature 2019
F. Strotebeck, *Einführung in die Mikroökonomik*,
https://doi.org/10.1007/978-3-658-27307-1_11

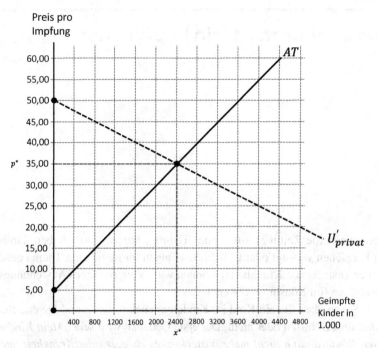

Abb. 11.1 Impfung | Marktgleichgewicht

Kinder in der Gruppe weg. Die Impfung Ihres Kindes verhindert also nicht nur die eigene Ansteckung, sondern verringert auch insgesamt die Ansteckungsgefahr für andere Kinder.

Die Angebotsfunktion soll lauten $p^{AT} = 5 + \frac{x}{80}$ und die Nachfragefunktion $p^{NE} = 50 - \frac{x}{160}$. Dies bedeutet, bei Nichtbeachtung externer Effekte, dass folgende Gleichgewichtsmenge und folgender Gleichgewichtspreis erreicht werden:

$$5 + \frac{x}{80} = 50 - \frac{x}{160}$$

$$\frac{x}{80} + \frac{x}{160} = 45$$

$$\frac{3x}{160} = 45$$

$$3x = 7200$$

$$x^* = 2400$$

$$p = 5 + \frac{2400}{80}$$

$$p^* = 35$$

11 Warum es einfach ist, ein Impfgegner zu sein

Der Gleichgewichtspreis für eine Impfung liegt bei 35 € und eine Menge von 2,4 Mio. Kindern würde geimpft werden.

Beachten wir nun die positiven Externalitäten einer Impfung, nämlich die geringere Ansteckungswahrscheinlichkeit aller übrigen Kinder. Die Nachfragefunktion muss demnach um den externen Grenznutzen je Impfung erweitert werden. Wir gehen in dem Beispiel einfach von einem konstanten externen Grenznutzen von $U'_{ext.} = 15$ aus. Die neue Nachfragefunktion für die gesellschaftliche Nachfrage lautet demnach: $p^{NE'} = 50 + 15 - \dfrac{x}{160}$. Ermitteln wir nun die gesellschaftlich optimale Menge geimpfter Kinder und den damit einhergehenden optimalen Preis für die Schutzimpfung.

$$5 + \frac{x}{80} = 50 + 15 + \frac{x}{160}$$

$$\frac{2x}{160} + \frac{x}{160} = 60$$

$$9600 = 3x$$

$$x_{opt} = 3200$$

Im Ergebnis würden 3,2 Millionen Kinder geimpft werden. Der Preis pro Impfung wiederum läge bei 45,00 €, was sich durch Einsetzen der Menge in eine der beiden Funktionen ergibt.

$$p = 5 + \frac{3200}{80}$$

$$p_{opt} = 45,00$$

Die Abb. 11.2 verdeutlicht unser Ergebnis. Wie wir sehen, wird die Nachfragefunktion, die auf dem privaten Grenznutzen basiert, um die Höhe des externen Grenznutzens ergänzt und ergibt in Summe den Verlauf der Nachfragekurve auf Basis des gesellschaftlichen Grenznutzens.

Impfgegner profitieren von so genannter *„Herdenimmunität"*. Sie sind in der Minderheit und können von den positiven Effekten profitieren, die andere Eltern durch Impfung ihrer Kinder erzeugen. Diese verringern durch die Impfung ihrer Kinder die Ansteckungsgefahr. Während Impfgegner demnach *aufgrund der anderen Eltern* lediglich einer sehr, sehr geringen Wahrscheinlichkeit des Eintritts eines „entgangenen Gewinns" ausgesetzt sind, müssen die impfenden Eltern das Risiko eines möglichen „Verlusts" alleine tragen. Würden alle Eltern sich wie die Impfgegner verhalten, wäre die Ansteckungsgefahr so groß, dass diese im Vergleich zu den Risiken einer möglichen Komplikation durch eine Impfung zu riskant wirken würde und die Impfungsrate (wieder) ansteigen sollte. Ohne Internalisierung des positiven externen Nutzens ist jedoch ein Erreichen des optimalen Ausmaßes nicht garantiert.

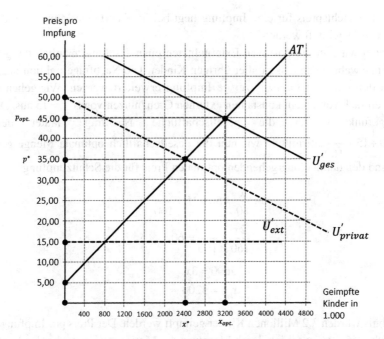

Abb. 11.2 Impfung | Positive Externalität

Ökonomisches Denken in der Kindererziehung

12

12.1 Nutzenmaximierung: Lernen und Spielen?

Sicherlich bieten sich so einige Aspekte der Kindererziehung an, um diese aus ökonomischer Perspektive zu betrachten.[1] Im Folgenden legen wir aber den Fokus für eine Weile lediglich auf den Bereich der Vorbereitung auf Schulklausuren.

Zuerst nutzen wir das Präferenzmodell der Haushaltstheorie, um für unser Kind zu sehen, welches optimale Bündel aus Freizeit und Prüfungsvorbereitung es wählen würde. Wir gehen davon aus, dass von 168 Stunden einer Woche eine gute grobe Menge an Stunden für Schlafen, Musik- oder Sportverein und den Schulbesuch geblockt ist und demnach 80 Stunden in der Woche zur freien Verfügung stehen. Die Gerade (unsere „Budgetbeschränkung" nennen wir nun mal „Zeitgerade" und bezeichnen diese mit ZG_1) spiegelt demnach die maximal verfügbare Stundenanzahl einer Woche dar, die nun für die zwei Aktivitäten *Spielen* oder *Lernen* genutzt werden können. Des Weiteren benötigen wir eine Nutzenindifferenzkurve für unser betrachtetes Kind, dargestellt durch I_K. Der relativ steile Verlauf der Indifferenzkurve zeigt bereits, dass das Spielen für unser betrachtetes Kind die allgemein präferierte Aktivität ist, es die Aktivität des Lernens jedoch zu einem gewissen Grad ebenfalls als nützlich anerkennt (Lernen stiftet unserem Kind folglich Nutzen, ist also ein *„good"* und kein *„bad"*). Das Nutzenmaximum ist erreicht, wenn unser Kind seine Zeit auf 70 Stunden Spielzeit und 10 Stunden Lernzeit aufteilt (Abb. 12.1).

Denkbar wäre nun, dass die Eltern unserer fiktionalen Familie der Ansicht sind, dass zu wenig Zeit für Lernaktivität verwendet wird und als Maßnahme, um dies zu ändern, werden die Aktivitäten im Musik- und Sportverein gestrichen, sodass wöchentlich weitere zehn Stunden Zeit zur Verfügung stehen. Dies bedeutet, dass unsere Zeitgerade sich paral-

---

[1] Weit weniger modellhaft betrachtet als bei mir, finden Sie bei Interesse viele andere Beispiele in dem Buch *Parentonomics* von Gans, Joshua (2009).

© Springer Fachmedien Wiesbaden GmbH, ein Teil von Springer Nature 2019
F. Strotebeck, *Einführung in die Mikroökonomik*,
https://doi.org/10.1007/978-3-658-27307-1_12

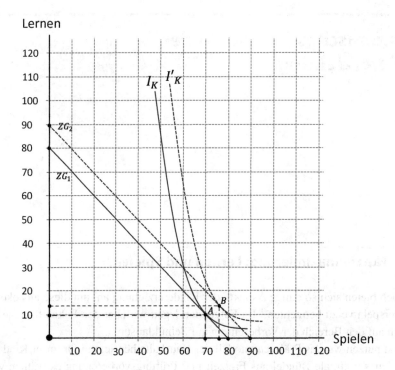

Abb. 12.1 Spielen und Lernen

lel nach außen verschiebt. Nun können anstelle von 80 Stunden ganze 90 Stunden auf die beiden Aktivitäten verteilt werden, es gilt nunmehr die Restriktion ZG_2. Da unser Kind jedoch eine starke Präferenz für die Aktivität des Spielens besitzt, werden die zusätzlich verfügbaren Stunden nur zu einem kleinen Teil fürs Lernen verwendet (ca. 3 ½ Stunden) und zu einem großen Teil als zusätzliche Freizeit verbucht (6 ½ Stunden).

Opa schlägt daher eine andere Variante vor: *„So lange euer Kind bei Euch wohnt, liegt die Entscheidungsgewalt, was mit der freien Zeit angestellt wird, bei Euch! Also bestimmt Ihr, wie viel Zeit zum Lernen genutzt wird!"* Die diktatorische Lösung wird durch die durchgezogene Zeitrestriktion ZG_D in der Abb. 12.2 angezeigt. Unser betrachtetes Elternpaar könnte auf Basis des großväterlichen Rats beschließen, die Spielzeit zu beschränken (also eine „Mengenbeschränkung" einzuführen).

Die Zeitgerade knickt folglich in Punkt *B* ab. Das heißt, dass von den verfügbaren 80 Stunden nun maximal 50 Stunden zum Spielen genutzt werden *dürfen*. Aufgrund der Restriktion kann unser Kind nun jedoch nur noch eine weiter Innen liegende Nutzenindifferenzkurve erreichen; das Nutzenniveau sinkt. Das Kind wählt die Ecklösung, lernt die verlangten 30 Stunden in der Woche und nutzt die restlichen Stunden zum Spielen (und hat aufgrund des geringeren Nutzenniveaus wahrscheinlich schlechtere Laune).

12.2 Zeit ist Geld, oder so ähnlich ...

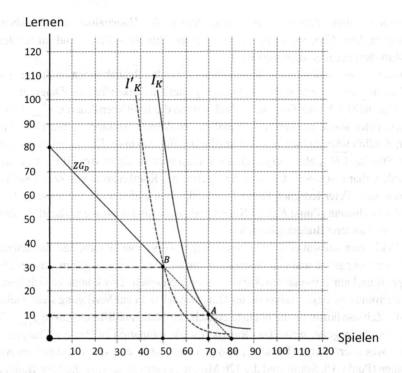

Abb. 12.2 So lange Du Deine Füße unter meinen Tisch stellst

12.2 Zeit ist Geld, oder so ähnlich ...

Im folgenden Abschnitt betrachten wir die Verhaltensmöglichkeiten der Kinder Peter und Paul, wenn diese nicht nur durch eine Zeitrestriktion *oder* eine Budgetrestriktion in deren Aktivitäten beschränkt werden, stattdessen schauen wir uns an, was es bedeutet, wenn wir zwei Nebenbedingungen gleichzeitig einhalten müssen.[2]

Gehen wir hierfür von folgenden Sachverhalten aus: Peter und Paul stehen im Urlaub jeweils zwei Stunden Zeit und 30 € erspartes Taschengeld zur Verfügung, um sich im Vergnügungsbereich des Hotels zu amüsieren. Möglichkeiten der Verwendung bestehen einmal in der Nutzung der Arcade-Automaten, bei denen ein Spiel im Schnitt vier Minuten dauert und zwei Euro kostet. Oder die Kinder setzen einen Euro ein und spielen am Flipper, wofür allerdings pro Spiel sechs Minuten eingeplant werden sollten. Somit ergeben sich folgende Restriktionen (die für beide Kinder gelten):

$$Zeit: 4\,Min \times x_A + 6\,Min \times x_F = 120\,Min$$
$$Budget: 1\,€ \times x_A + 2\,€ \times x_F = 30\,€$$

---

[2] Vgl. bezüglich der Kombination von Zeit- und Budgetrestriktion auch Allen et al. 2005, S. 137 f.

Betrachten wir diese Ausgangssituation in dem in der Haushaltstheorie üblichen Diagrammstil in Abb. 12.3, wobei im linken Teil der Abbildung Peters und im rechten Teil Pauls Verhalten genauer analysiert wird.

Führen wir uns zu Beginn vor Augen, dass die beiden Restriktionen *im Zusammenspiel* die Möglichkeiten begrenzen (beispielhaft dargestellt im linken Teil des Diagramms durch die Strecke $\overline{BFH}$). Weder Peter noch Paul können die Indifferenzkurven I^1_{Peter} bzw. I^1_{Paul} erreichen. Peter würde am liebsten 15-mal an den Arcade-Automaten und 10-mal an den Flipper. Zeitlich wäre das sogar machbar (die Indifferenzkurve I^1_{Peter} tangiert die Zeitrestriktion; Strecke $\overline{CH}$), aber aufgrund des verfügbaren Budgets von 30 € ist es dennoch nicht realisierbar (30 € + 10 € = 40 €). Gegeben der Kombination aus Zeit- *und* Budgetrestriktion kann Peter lediglich Punkt *F* verwirklichen und erreicht unter diesen Umständen in der Ecklösung (Punkt *F*) sein Nutzenmaximum (und nutzt die vorhandene Zeit, wie auch das vorhandene Budget gänzlich aus).

Die Ecklösung muss aber nicht zwangsläufig das optimale Güterbündel darstellen. Paul z. B. flippert sehr gerne und würde sein Geld am liebsten so verausgaben, dass er 25 Runden flippert und nur 2 ½-mal am Arcade-Automaten spielt. Das könnte er sich leisten, es dauert allerdings zu lange, sodass dieses Güterbündel nicht zur Verfügung steht. Gebunden durch die Zeitrestriktion ist die höchste erreichbare Nutzenindifferenzkurve I^2_{Paul}, die die gültige (*durchgezogene, geknickte*) Restriktionenkombination in Punkt *D'* tangiert. Paul flippert etwas über 16-mal (Punkt *E'*, also genauer 16,66) und spielt fünfmal am Arcade-Automaten (Punkt *A'*). Somit sind die 120 Minuten komplett verbraucht. Vom Budget bleiben dagegen 3,33 € übrig, die Paul aufgrund der Zeitrestriktion nicht weiter nutzenstiftend ausgeben konnte.

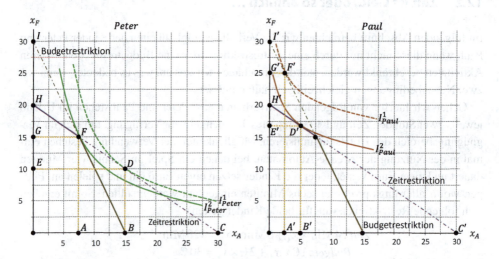

Abb. 12.3 Möglichkeiten bei zwei Restriktionen

12.3 Optimiertes Lernen

Nutzen wir für eine weitere Betrachtung den Ausgangspunkt, bei dem wir festgestellt haben, dass unser Kind intrinsisch motiviert zehn Stunden aus freien Stücken – einfach aus Lust am Lernen – für die Schule paukt.[3] Gehen wir davon aus, dass Klausuren in den Fächern Deutsch, Mathematik und Englisch anstehen. Ausgehend von der Annahme, dass eine erste Lernstunde (sich demnach überhaupt einmal mit dem anstehenden Stoff zu beschäftigen) einen höheren Nutzen bringt, als die letzte verfügbare Stunde für die Feinheiten irgendwelcher Modelle zu verwenden (es gilt also das Gesetz des abnehmenden Grenznutzens),[4] kann das *Gesetz des Ausgleiches des gewogenen Grenznutzens* verwendet werden, um eine optimale Zeitaufteilung zur Klausurvorbereitung zu ermitteln.[5] Nehmen wir einfachheitshalber an, dass sich die Notenänderungen unmittelbar als Nutzen ablesen ließen, sprich eine Verbesserung der Englischnote von 4,0 auf 3,5 einen Nutzanstieg von 0,5 Util bedeuten würde (Tab. 12.1).

Teilen wir nun die vorhandenen zehn Stunden an Lernzeit auf die Klausuren auf, verwenden wir die Regel des Ausgleichs des gewogenen Grenznutzens, sprich das Equimarginalprinzip. Statt eines marginalen Euros *„geben wir nun jedoch eine weitere Stunde aus"*, sodass wir die Nutzenänderung (Grenznutzen entspricht der Notenänderung) je Lernstunde verwenden. Bereits eine Stunde der Englischvorbereitung geht mit einer Nutzenerhöhung von 1 Util einher. Der Grenznutzen je Stunde ist im Vergleich mit den übrigen Fächern am höchsten. Die zweite Stunde ist für die Vorbereitung auf die Matheklausur am sinnvollsten verwendet (0,9 Util je Stunde). Die dritte, vierte und fünfte Stunde kann nun wieder für Englisch verwendet werden. Teilen wir die verfügbaren zehn Stunden nach diesem Schema nach und nach auf, dann werden letzten Endes zwei Stunden für das Fach Deutsch, fünf Stunden für Englisch und drei Stunden für Mathematik gelernt und der bestmögliche Schnitt von 2,53 als Durchschnittsnote der drei Klausuren erreicht.[6]

---

[3] Ein ähnliches Beispiel finden Sie bei Ehret und Betz (2010, S. 26–29).

[4] Gemäß des ersten Gossen-Gesetzes.

[5] Zur Vereinfachung gehen wir davon aus, dass sich die Freude des Kindes beim Lernen für alle drei Fächer nicht unterscheidet. Des Weiteren fällt in der gewählten Art der Modellierung nicht auf (da das Kind die Hürde eh nehmen würde), dass der Sprung von einer 5,0 (durchgefallen) zu einer 4,0 (bestanden) sicherlich einen höheren Nutzen stiftet als der Sprung von einer 4,0 auf eine 3,0. In Erinnerung ist mir ein Spruch geblieben, den mir ein Kommilitone zu Studienzeiten einmal sagte: *„4 ist bestanden und bestanden ist gut und gut ist 2."*

[6] Eine 3,0 in Deutsch, eine 1,3 in Englisch und eine 3,7 in Mathe. Verteilen Sie die zehn Stunden ruhig einmal auf eine andere Art und Weise, einen besseren Notenschnitt werden Sie mit zehn Stunden Lernzeit nicht erreichen können.

Tab. 12.1 Optimale Zeiteinteilung

Lernstunden	Deutsch		Englisch		Mathematik	
	Erreichbare Note	Grenznutzen*	Erreichbare Note	Grenznutzen*	Erreichbare Note	Grenznutzen*
0	4,0		5,0		5,0	
1	3,5	**0,5**	4,0	**1,0**	4,1	**0,9**
2	3,0	**0,5**	3,2	**0,8**	3,7	**0,4**
3	2,7	0,3	2,5	**0,7**	3,3	**0,4**
4	2,6	0,1	1,8	**0,7**	3,1	0,2
5	2,5	0,1	1,3	**0,5**	3,0	0,1
6	2,4	0,1	1,2	0,1	2,9	0,1
7	2,3	0,1		0,1	2,8	0,1
8	2,2	0,1		0,1	2,7	0,1
9	2,1	0,1			2,6	0,1
10	2,0	0,1			2,5	0,1

*Die Verbesserung der Note soll in diesem Beispiel einfach den Anstieg des Nutzens darstellen, womit die Notenverbesserung je Lernstunde den Grenznutzen je Stunde darstellt

12.4 Und bis du nicht willig ... Von Prinzipalen und Agenten

Nächstes Gedankenspiel: Stellen wir uns vor, dass es unserem Kind an intrinsischer Motivation gänzlich mangelt und es von sich aus maximal die Anstrengung zur Prüfungsvorbereitung unternehmen würde, die uns als Eltern einigermaßen ruhigstellt. (Im Wortlaut: *„Ihr habt doch gesehen, dass ich was für die Klausuren getan habe! [... also lasst mich doch in Ruh'.]"*) Als Erziehungsberechtigter oder -berechtigte gilt es nun, Sohn oder Tochter den Auftrag zu erteilen, sich doch bitte konzentriert an die Vorbereitung des Prüfungsstoffes (z. B. für Mathematik) zu setzen. Die Erziehungsberechtigten nehmen somit die Rolle eines Prinzipals (Auftraggeber) und das Kind die Rolle eines Agenten (Auftragnehmers) ein.[7]

Die vorherrschende Problematik ist die der asymmetrischen Informationsverteilung. Das Verhalten des Kindes ist kaum beobachtbar (*„hidden action"*). Selbst das Lernen am Küchentisch, um zumindest zu beobachten (*„monitoring"*), ob irgendwie gelernt wird, ist von zweifelhafter Wirksamkeit. Sicherlich hat jeder von uns schon Absätze in Texten wieder und wieder und wieder gelesen und erst nach langer Zeit festgestellt, dass man mit den Gedanken völlig woanders war und sich nicht ein bisschen auf den Text konzentriert hat. Auch ist es ohne erheblichen vorherigen Aufwand und/oder kontinuierlicher Lernbegleitung schwer nachzuvollziehen, ob z. B. gerechnete Aufgaben widerspiegeln, inwiefern der Steppke den für die kommende Prüfung relevanten Stoff paukt (und versteht?) oder mit wenig Aufwand alte Aufgaben erneut rechnet, um den Prinzipal durch vorgetäuschten Lernfleiß zu besänftigen. Das *Verständnis* ist dabei des Weiteren ein Aspekt, der im Regelfall erst in der Klausursituation abgeprüft wird. Doch selbst die Note gibt keinen eindeutigen Hinweis auf die Leistungsbereitschaft des Kindes. War die Klausur sehr einfach oder sehr schwer (*„hidden information"*), so muss zumindest der Schnitt oder die mittlere Note (Median) abgefragt werden, um die Leistung des Kindes in Relation zum Klassenniveau einschätzen zu können. Doch auch dann ist nicht klar, ob eine 2,0 z. B. mit wenig Aufwand erreicht wurde und der vom Prinzipal eigentlich erwartete Aufwand gar zu einer 1,0 geführt hätte oder die 2,0 in der Tat das tolle Ergebnis des konzentrierten Lernens war.

Sei es drum. Eine Möglichkeit, die unser Elternpaar sieht, ist die Kopplung des Taschengelds an die erbrachte Leistung (Schulnote). Anstelle eines bedingungslosen Taschengelds, wird die absolute Auszahlungshöhe an die erreichte Note geknüpft. Im Falle eines bedingungslosen Taschengelds kann das Kind das Geld einstreichen, ohne sich um eine gute Note bemühen zu müssen. Demzufolge genießt es Einkommen und Freizeit. Wird dagegen das Taschengeld an die Leistung geknüpft, wird das Kind abwägen, ob sich der Lernaufwand (der mit dem Verzicht auf Freizeit aber auch mit dem Erhalt von Taschengeld verbun-

---

[7] *„One [...] situation is where a person – termed, in economics, the principal – is trying to get another – the agent – to do something they ordinarily would not want to do; like an employer trying to get an employee to work hard. Suffice it to say, this situation alone describes the life of a parent."* (Joshua 2009, S. X). Dass also Erziehung an sich bereits grundlegend als Beispiel für Prinzipal-Agenten-Beziehungen taugt, stellt Joshua Gans bereits im Vorwort seines Buches klar.

den ist) lohnt. Durch die Verknüpfung des Taschengelds an die Note, wird der womöglich vom Kind nicht gesehene Nutzen des Lernens (*„Kind, Du musst was Lernen, damit Du später einen guten Job bekommst. "*) durch einen monetären Anreiz untermauert. Praktischerweise gehe ich hier von einem Kind in einem Alter aus, das kausale Zusammenhänge erkennt und daher die Beziehung zwischen einer guten Note und dem Erhalt eines höheren Taschengelds anerkennt. Nicht gänzlich deutlich mag allerdings bedauerlicherweise die komplette (intendierte) Wirkungskette sein. *„Lernen → gute Note → höheres Taschengeld"*. Da das Taschengeld nicht an den Lernaufwand sondern an die Note geknüpft ist, ist die Verinnerlichung folgender Wirkungskette ebenfalls denkbar: *„Schummeln → gute Note → höheres Taschengeld. "* Aber so pessimistisch wollen wir nun nicht sein.

Was bis hier einfach klingt, ist alles andere als das. Monetäre Anreize beinhalten eine Vielzahl von Fallstricken, die auch im Bereich des Lernens auftreten können. Geben die Eltern dem Kind Geld fürs Lernen, ist dies ein deutliches Zeichen dafür, dass Lernen etwas ist, wofür man kompensiert werden muss. Dies kann demnach zu einer verstärkten Abneigung gegenüber der Lernaktivität führen. Wir unterscheiden zwei Effekte, die durch den monetären Anreiz eintreten. Der *Preiseffekt* auf der einen Seite wirkt sich positiv auf das gewünschte Verhalten aus. Der so genannte *Crowding-Out-Effekt* (Verdrängungseffekt oder in der Psychologie auch Korrumpierungseffekt) auf der anderen Seite wirkt dagegen negativ.[8] Des Weiteren schließt sich einer Frage, *ob* eine Belohnung ausbezahlt werden soll, zwangsläufig die Frage an, *in welcher Höhe* die Belohnung ausfallen sollte, um wirksam zu sein. Eine zu geringe Zahlung kann sogar zu einer Reduzierung der Anstrengung führen. Erst ab einer gewissen Höhe scheint der Zusammenhang *„höhere Belohnung, höhere Anstrengung "* zu gelten.[9] Doch auch eine *zu hohe* Zahlung kann gegenteilig wirken, da der Druck – in unserem Falle den Lernerfolg – hemmen kann.[10] Zu einem Rückgang des gewünschten Verhaltens kann es folglich insbesondere kommen, wenn der monetäre Anreiz wieder entfernt wird. Während der Auszahlung kann der Preiseffekt den Crowding-Out-Effekt noch überlagern und zu einer positiven Nettowirkung führen. Wird der Anreiz jedoch entfernt, fällt der Preiseffekt völlig weg, die intrinsische Motivation wiederum kann aber dauerhaft verdrängt worden sein. Das Ausmaß gewünschten Verhaltens ist nunmehr ohne Belohnung noch geringer als zu dem Zeitpunkt als es noch keinerlei Belohnung

---

[8] Frey und Oberholzer-Gee haben dieses Ergebnis im Zusammenhang mit einer Kompensationszahlung für den Bau einer Anlage in der Nachbarschaft dargestellt (Frey und Oberholzer-Gee 1997). Richard Titmuss zeigte die Art des *„Crowding-Outs"* z. B. bei Belohnungszahlungen bei Blutspenden (Titmuss 1970). Hinsichtlich des Korrumpierungseffektes siehe auch die Metaanalyse von 128 Studien von Deci et al. (1999).

[9] Vgl. Gneezy und Rustichini 2000.

[10] Vgl. Gneezy et al. 2011.

12.4 Und bis du nicht willig … Von Prinzipalen und Agenten 109

gab.[11] Gibt es dagegen von Beginn an keine intrinsische Motivation, dann gibt es auch nichts, was verdrängt werden kann, und mit dem Preiseffekt kann gearbeitet werden.[12]

Gehen wir von einer anderen Vorgehensweise aus, um die Problematik von Anreizen zu verdeutlichen. Nehmen wir an, dass unser Elternpaar sich überlegt hat, dass es – ausgehend vom derzeitigen Notendurchschnitt – für das Erreichen eines besseren Durchschnitts eine fünfprozentige Erhöhung des Taschengelds geben soll. Liegt der derzeitige Schnitt bei z. B. 3,2 und bemerken die Eltern, dass das Kind im folgenden Halbjahr einen Schnitt von 3,1 erreicht hat, dann wird eine fünfprozentige Erhöhung fällig. Die Eltern mögen nun anmerken, dass dies aber knapp war und sie eine stärkere Verbesserung erwartet hatten. Das Kind wiederum peilt für das kommende Halbjahr eine Verbesserung auf einen Schnitt von 3,0 an, was es ohne große zusätzliche Anstrengungen schafft, und abermals winkt eine fünfprozentige Erhöhung des Taschengelds. Im nächsten Halbjahr wird ein Schnitt von 2,9 erreicht. Nach und nach wird den Eltern klar, dass ihr Kind strategisch handelt. Hätte das Kind beim ersten Mal jedwede Verbesserungsmöglichkeit ausgeschöpft, so – nehmen wir mal an – wäre ein Schnitt von 2,2 erreicht worden und als Belohnung für die Verbesserung des Durchschnitts hätte es 5 Prozent mehr Taschengeld gegeben.[13] Nunmehr wäre es sehr, sehr schwer gewesen, im folgenden Halbjahr den Schnitt weiter zu verbessern. Zutage tritt an dieser Stelle der so genannte *Sperrklinkeneffekt* („*ratchet effect*"). Unser Kind vermeidet ein *Einrasten* des Leistungsniveaus auf einer Höhe, die ihm für folgende Ziele seitens des Prinzipals eine Erreichung ungemein erschwert. Durch die stattdessen geringere erbrachte Performance kann das Kind nun sicher sein, die gesteckten Ziele (eine Erhöhung des Notendurchschnitts) und die damit verbundene Entlohnung noch öfter zu erreichen.[14]

---

[11] Vgl. Gneezy et al. 2011, S. 194 f.

[12] Vgl. Gneezy und List 2015, S. 73.

[13] So schlecht scheint unser Kind nun auch nicht in Mathematik zu sein, denn der direkte Anstieg von 3,2 auf 2,2 hätte zu einem Anstieg des Taschengelds um 5 Prozent geführt. Schafft es unser Kind tatsächlich Halbjahr für Halbjahr den Schnitt von 3,2 um 0,1 Schritte bis auf 2,2 zu hieven und der Taschengeldanstieg bleibt bei fünf Prozent pro Verbesserung, dann sind dies 10 Perioden, was zu einer Gesamtwachstumsrate von $(1 + 0,05)^{10} - 1 = 0,628$ führt.

[14] Vgl. Gans 2009, S. 190 sowie Richter und Furubotn 1999, S. 276. Der Sperrklinkeneffekt kann auch an anderer Stelle relevant sein. Fangen Sie an und geben Ihrem Kleinkind nach jedem Bissen Brokkoli einen Löffel Pudding, dann kann dieser Entlohnungszusammenhang einrasten. Der Versuch, beim nächsten Mal nur auf jeden fünften Bissen Gemüse einen Löffel Pudding folgen zu lassen, dürfte ein Geduldsspiel zwischen Eltern und Kind in Gang setzen. Zwei weitere Aspekte mag man kurz anführen, die ebenfalls mit monetären Anreizen im Hinblick auf schulische Leistung von Interesse sind. Gneezy und List (2015) beschreiben, wie 1.) Zeitpräferenz und 2.) das Gewinn- oder Verlust-Framing den Erfolg eines Anreizes beeinflussen. Unter dem Aspekt der Zeitpräferenz versteckt sich die Beobachtung, dass Menschen stark gegenwartsorientiert denken und handeln. In einer Studie wurden Schülern im Zuge eines Tests entweder a) 20 $ ausgehändigt und sollten die Ergebnisse gut genug sein, dürften die Schüler diese 20 $ behalten, sonst müssten sie diese wieder

12.5 Die Produktion guter Noten

Wenden wir uns anstelle des monetären Anreizes der Unterstützung gewünschten Verhaltens durch Lob im positiven Sinne (statt des Tadels im negativen Sinn) zu. Durch Lob soll in unserem Beispiel das Lernverhalten geformt werden.[15] Dabei gibt es, wie Studien zeigen, allerdings nützliches Lob, welches das gewünschte Verhalten unterstützt, als auch kontraproduktives Lob, welches das gewünschte Verhalten sogar reduziert. Loben die Eltern das Kind (1) zu häufig, dann nimmt der Effekt des Lobs ab und loben die Eltern (2) die Leistung nicht in Verbindung mit der erbrachten *Anstrengung, Übung und Mühe,* sondern stattdessen in Verbindung mit *Intelligenz oder Talent,* kann das Lob im letzteren Fall zu geringerer zukünftiger Anstrengung und Leistung führen.[16] Anstrengung und Mühe sind Dinge, die das Kind beeinflussen kann. Es lernt den kausalen Zusammenhang zwischen Anstrengung und Belohnung kennen, wohingegen Talent oder Intelligenz unbeeinflussbar erscheinen.[17]

Wir können den Zusammenhang wie im Rahmen der Produktionstheorie betrachten, wobei wir Talent ($\bar{T}$) als fixen Produktionsfaktor und Anstrengung (A) als variablen Produktionsfaktor einsetzen, um ein gutes Ergebnis (Y) zu erzielen, es gilt also $Y = f(A,\bar{T})$. Wir gehen davon aus, dass (wie bei kapitalunterstützter Produktion) Talent uns produktiver werden lässt. Ein talentiertes Kind, kann mit weniger Anstrengung das gleiche Ergebnis erreichen,[18] für das ein Kind mit weniger Talent mehr Anstrengung benötigen würde.[19] Aber in gewisser Weise sind die Faktoren substituierbar. Jemand, der kein großes Talent für eine Sache hat, kann durch übermäßigen Fleiß dennoch sehr gute Leistungen erzielen. Vier unterschiedliche Funktionen sind in der folgenden Abb. 12.4 abgetragen.

---

abgeben (Verlust-Framing). Einer anderen Gruppe wurde b) mitgeteilt, dass sie nach dem Test bei entsprechender Leistung 20 \$ erhalten werden (Gewinn-Framing) und einer Gruppe wurden c) statt 20 \$ eine Trophäe (im Wert von 3 \$) bei entsprechender Leistung versprochen. Einer vierten Gruppe wurden d) wieder 20 \$ versprochen, nur sollte die Auszahlung erst einen Monat nach dem Test erfolgen. Während Gruppe (d) keine verbesserten Ergebnisse zeigte, war eine Leistungssteigerung bei den anderen Gruppen zu beobachten. Für jüngere Schüler funktionierte die Trophäe sehr gut, während bei älteren Schülern der monetäre Anreiz stärker wirkte. Am stärksten wirkte der Anreiz, bei dem die 20 \$ als möglicher Verlust bei unzureichendem Testergebnis implementiert wurde (Gneezy und List 2015, S. 82–84).

[15] Siehe hinsichtlich genauerer Informationen zum Thema Verhaltensanpassungen Robbins et al. (2010, S. 44).

[16] Von der Idee her ist dies der Unterschied zwischen *„Die tolle Note hast Du Dir aber auch verdient, wo Du doch so viel und fleißig geübt hast.“* im Gegensatz zum kontraproduktiven *„Tolle Note, da siehst Du mal, wie intelligent Du bist.“*

[17] Vgl. auch Gans 2009, S. 190–191 sowie Dweck 2007, S. 34–39.

[18] Wie nehmen nun Punktzahlen, bei denen mehr Punkte auch ein besseres Abschneiden bedeuten. Die Notenkonvention mit einer 1,0 als sehr gute Note und einer 5,0 als mangelhafte Note verkompliziert die Betrachtung jetzt nur unnötig.

[19] Ebenso wie ein Erntehelfer ohne Maschinenunterstützung ebenso viele Kartoffeln ernten könnte wie ein anderer Helfer mit Maschine, nur würde er deutlich mehr Zeit benötigen.

12.5 Die Produktion guter Noten

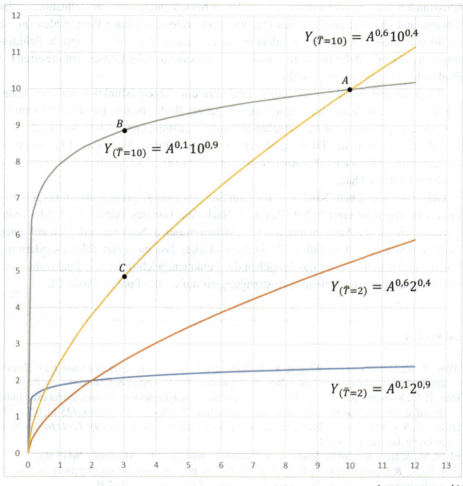

Abb. 12.4 Talent und Anstrengung

Die graue und blaue Funktion unterscheidet sich hinsichtlich des Ausmaßes an Talent. Dies wird einmal mit einem Wert von 2 (*blaue Funktionskurve*, geringes Talent) und einmal mit einem Wert von 10 (*graue Funktionskurve*, großes Talent) bemessen. In beiden Fällen ist der Exponent des Einsatzfaktors Talent sehr hoch (0,9) und der für Anstrengung klein (0,1). Dies wäre der Fall, wenn unser Lob zu Recht dem Talent und nicht der Einsatzbereitschaft gelten würde. Der Arbeitseinsatz hat (bis auf etwa die Teilnahme an der Klausur, die überhaupt das Erreichen eines Ergebnisses ermöglicht) kaum Einfluss auf die Entwicklung der Note. Ist das Talent ausschlaggebend für das erreichte Ergebnis, aber das Talent eher gering (*blaue Linie*) ist eine Punktzahl von 2–2,5 zu erreichen. Dabei ist es kaum von Belang, ob nun Anstrengung in Höhe von zwei Arbeitsstunden oder zehn Arbeitsstunden aufgewendet wurden. Ist das Talent hoch, dann reichen die Teilnahme an der Klausur und das Vertrauen auf das innewohnende Talent, um hohe Punktzahlen (*graue Linie*) zu erreichen. Wird nun das Talent des Kindes gelobt, dann ist eine logische Schlussfolgerung, dass der Arbeitseinsatz reduziert werden kann und der Einfluss auf die erreichte Punktzahl marginal ausfallen sollte.

Die *gelbe* und *rötliche Linie* zeigen, inwiefern eine Ergebnisfunktion aussehen kann, bei der Talent und Anstrengung eine ausgewogenere Rolle spielen. Der Faktor Talent ist mit einem Exponenten von 0,4 versehen und Arbeitsanstrengung mit 0,6. Nun wird einerseits deutlich, dass in der Tat ein größeres Talent (noch immer fix) bessere Ergebnisse erreichen kann, andererseits aber Anstrengung in beiden Fällen maßgeblichen Erfolg auf die erreichte Punktzahl hat.

Gehen wir von einem Kind aus, das zehn Stunden Einsatz gezeigt und in Folge einen Punktwert von zehn erreicht hat (Punkt *A*). Nach dem Lob des Talents des Kindes reduziert das Kind seine Anstrengung um z. B. sieben Stunden. Statt nun lediglich auf einen Punktwert von ca. 8,8 zu fallen (Punkt *B*) wird klar, dass nicht das Talent, sondern die Mühe und Anstrengung für das Erreichen der Punktzahl wichtig ist. Die Punktzahl reduziert sich aufgrund der fehlenden Anstrengung bis auf ca. 4,8 Punkte (Punkt *C*).

Literatur

Allen, B. W., Doherty, N. A., Weigelt, K., & Mansfield, E. (2005). *Managerial economics – Theory, applications, and cases* (6. Aufl.). New York/London: W. W. Norton & Company.

Deci, E. L., Koestner, R., & Ryan, R. M. (1999). A meta-analytic review of experiments examining the effects of extrinsic rewards on intrinsic motivation. *Psychological Bulletin, 125*(6), 627–668.

Dweck, C. S. (2007). The perils and promises of praise. *Educational Leadership, Early Intervention at Every Age, 65*(2), 34–39.

Ehret, M., & Betz, K. (2010). *Studienbuch Mikroökonomik* (2. Aufl.). Meschede: WGS eG.

Frey, B. S., & Oberholzer-Gee, F. (1997). The cost of price incentives: An empirical analysis of motivation crowding-out. *The American Economic Review, 87*(4), 746–755.

Gans, J. (2009). *Parentonomics – An economist dad looks at parenting*. Cambridge, MA: MIT Press.

Gneezy, U., & List, J. (2015). *The why axis – Hidden motives and the undiscovered economics of everyday life*. London: Random House Books.

Gneezy, U., & Rustichini, A. (2000). Pay enough or don't pay at all. *Quarterly Journal of Economics, 115*(3), 791–810.

Gneezy, U., Meier, S., & Rey-Biel, P. (2011). When and why incentives (don't) work to modify behavior. *Journal of Economic Perspectives, 25*(4), 191–210.

Richter, R., & Furubotn, E. G. (1999). *Neue Institutionenökonomik* (2. Aufl.). Tübingen: Mohr Siebeck.

Robbins, S. P., Judge, T. A., & Campbell, T. T. (2010). *Organizational behaviour*. Harlow: Pearson Education Limited.

Titmuss, R. M. (1970). *The gift relationship: From human blood to social policy*. London: Allen and Unwin.

Wasser und Diamanten

13

Ein in der Literatur weit verbreitetes Anwendungsbeispiel mikroökonomischen Denkens ist das des Preisvergleichs von Wasser und Diamanten zur Darstellung des vermeintlichen *Wertparadoxons*.[1] Wasser ist als Quell allen Lebens so bedeutsam und doch liegt der Preis für Wasser weit unter dem für Diamanten, ohne die die meisten von uns bisher wahrscheinlich recht gut ausgekommen sind.

Um den Preisunterschied erklären zu können, überlegen wir uns Folgendes: Diamanten sind knapp,[2] wohingegen Wasser in diesem Land kostengünstig zu gewinnen und aufzubereiten ist und somit in großen Mengen verfügbar ist. Von diesem Ausgangspunkt beginnend, betrachten wir einmal den *Grenznutzen* der Güter und nicht – wie vielleicht im ersten Moment intuitiv geschehen – den Gesamtnutzen. Ein Gut, welches zur Genüge vorhanden ist, wird für die dringendsten Bedürfnisse (Trinken) zuerst und weitere Bedürfnisse nachfolgend verwendet (Waschen, Spülen, Rasen sprengen, Auto waschen). Wasser, verwendet für die letztgenannte Tätigkeit, ist uns relativ wenig wert, was somit durch unsere Zahlungsbereitschaft am Markt widergespiegelt wird.

In Abb. 13.1 wird daher deutlich, dass der höhere Preis für Diamanten gegenüber dem niedrigeren Preis für Wasser gar kein Paradox ist, sondern durch die Brille des Marginalkalküls durchaus logisch ist. Wäre Wasser wesentlich knapper, so würde der Preis auch deutlich höher liegen. Wir wären in dem Fall sicherlich bereit, sehr viel Geld zu bezahlen, um nicht zu verdursten. Gäbe es andersherum Diamanten in Hülle und Fülle, dann stellen Sie sich einmal vor, was ich Ihnen bereit wäre, für einen davon anzubieten? Richtig, sehr, sehr wenig Geld.

---

[1] Vgl. bspw. Samuelson, Paul A. und Nordhaus, William D. (2010), 153–154 oder Van Suntum, Ulrich (2013), S. 46–48 oder Smith, Adam (1776), S. 34 sowie Franke, Jürgen (1996), S. 48.

[2] Worunter auch „künstlich begrenzt" fallen kann.

© Springer Fachmedien Wiesbaden GmbH, ein Teil von Springer Nature 2019
F. Strotebeck, *Einführung in die Mikroökonomik*,
https://doi.org/10.1007/978-3-658-27307-1_13

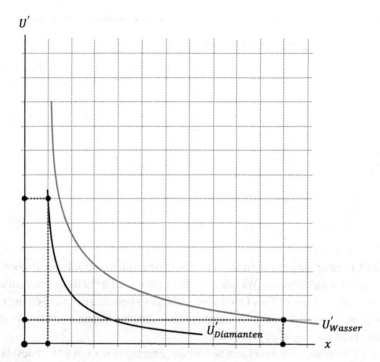

Abb. 13.1 Wasser und Diamanten

Allerdings kann angemerkt werden, dass eine Besonderheit des Diamantenmarktes wohl die ist, dass dieser (zumindest über 70 Jahre) von einem Monopolisten (bzw. einem als Monopolist agierenden Kartell) bedient wurde. Es ist daher nicht unbedingt der Fall, dass Diamanten wirklich naturgegeben knapp sind. Stattdessen ist es der Monopolist, der das Gut verknappt und dadurch den Preis hochhält. So schreibt die Zeit (2012): *„Halten sich bei schwacher Konjunktur [...] die Käufer zurück, dann senkt das Kartell nicht die Preise, um den Absatz zu beleben, sondern verknappt das Angebot so gezielt, daß niemals eine Preissenkung [...] eintritt."* (Zeit Online 2012b). Beurteilen wir die Sinnhaftigkeit dieser Aussage einmal anhand einer geeigneten Abbildung (Abb. 13.2).

Zu Beginn produziert der Monopolist zum gewinnmaximierenden Preis p_1^M die Menge x_1^M. Sinkt nun die Nachfrage, ist zu erkennen, dass sich die PAF und die Grenzerlöskurve nach Innen verschieben. Bei neuer Kalkulation würde der Monopolist mit dem Ziel der Gewinnmaximierung die Cournot-Lösung wählen und die Menge beschränken und die Menge x_2^M zum gewinnmaximierenden, aber (wenn auch nur wenig) niedrigeren Preis p_2^M anbieten können. Dies ist jedoch nur eine Möglichkeit. In diesem Fall – mit Rückgriff auf den Ausschnitt des Zeitungsartikels – könnte es auch alternativ z. B. sinnvoll sein, den Konsumenten nicht zu zeigen, dass man Diamanten auch günstiger anbieten kann. Deutlich wird dies von Debora L. Spar auf den Punkt gebracht: *„Since the earliest days, the diamond trade has been haunted by the fear of oversupply. To be considered valuable, diamonds must be perceived as rare; and if this scarcity is to be credible, all excess*

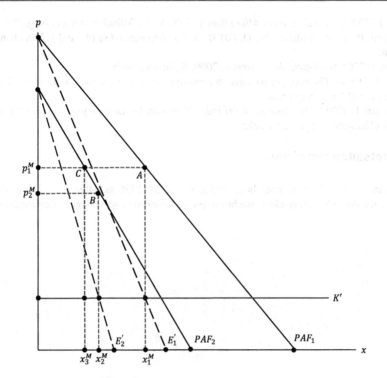

Abb. 13.2 Preisfixierung durch Mengenkontrolle

diamonds must be kept off the market." (Spar 1994, S. 43) Stattdessen wird also über eine strategisch herbeigeführte Knappheit der Preis hochgehalten, selbst wenn dies kurzfristig einen geringen Gewinnverzicht mit sich bringen würde. Die Menge läge dann bei lediglich x_3^M und der Preis in Höhe von p_1^M könnte gestützt werden.[3]

Literatur

Epstein, E. J. (2013). *Have you ever tried to sell a siamond?* New York: FastTrack Press/EJE Publications Ltd.

---

[3] Am Beispiel von De Beers wird deutlich, wie ein Monopolist über die Menge den Preis hoch hält. So beschreibt Edward J. Epstein in seinem Buch „*Have You Ever Tried To Sell A Diamond*" einen kurzen Dialog wie folgt: „*The De Beers stockpile in its London vault contains all the diamonds it has kept from depressing the market over the past half-century. It is the richest mine in the world, tens of millions of carats, stockpiled in every size, shape, and quality. What would happen if De Beers released them on the market? Diamond prices would crash. [...] It would be the end of one of the most brilliant illusion ever devised.*" (Epstein 2013, S. 41). Dies entspricht genau der bereits weiter oben, im Rahmen der Betrachtung des Wertparadoxons, geäußerten Vermutung, dass der Diamantenpreis maßgeblich von der Bereitstellungsmenge abhängt und der Preis ins Bodenlose fallen würde, wenn die komplette Produktionsmenge den Markt erreichen würde.

Franke, J. (1996). *Grundlagen der Mikroökonomik* (8. Aufl.). München: Oldenbourg.

Samuelson, P. A., & Nordhaus, W. D. (2010). *Volkswirtschaftslehre* (4. Aufl.). München: Finanz-Buch.

Smith, A. (1776). *Wohlstand der Nationen, 2009*. Köln: Anaconda.

Spar, D. L. (1994). *The cooperative edge, the internal politics of international cartels*. Ithaca/London: Cornell University Press.

Van Suntum, U. (2013). *Die unsichtbare Hand – Ökonomisches Denken gestern und heute* (5. Aufl.). Berlin/Heidelberg: Springer Gabler.

Internetseitenverzeichnis

Zeit Online. (2012b). Nur einer macht die Preise, vom 24.09.1976, aktualisiert am 21.11.2012. http://www.zeit.de/1976/40/nur-einer-macht-die-preise/komplettansicht. Zugegriffen am 26.10.2017.

Umweltverschmutzung 14

14.1 Gibt es ein optimales Ausmaß an Verschmutzung?

Im Zusammenhang mit dem Thema der negativen externen Effekte in der Produktion wird in der Regel der Aspekt der Umweltschädigung hervorgehoben. Im folgenden Textteil nehmen wir dies einmal genauer unter die Lupe. Wenn Umweltschäden durch Produktion verursacht werden, dann wäre eine extreme Reaktion aus dem Bauch heraus wohl die zu sagen, dass man daher mit der Produktion komplett aufhören sollte, denn: Gibt es keine Produktion, dann gibt es auch keine Verschmutzung. Wir setzen uns aber aus gutem Grund ein anderes Ziel und zwar die Ermittlung des gesellschaftlich optimalen Ausmaßes an verursachter Verschmutzung.[1]

Das mag ad hoc etwas komisch klingen, wird aber schnell klar, wenn wir bedenken, wie die Verschmutzung entsteht. Es wird schließlich nicht zielgerichtet *„Verschmutzung produziert"*. Verschmutzung ist ein Nebenprodukt der Produktion. Und produziert werden Güter, die die Gesellschaft nachfragt. Nehmen wir z. B. Strom. Bei der Stromerzeugung (etwa durch Kohlekraftwerke) wird als bedauerlicher Nebeneffekt die Umwelt verschmutzt. Die Verschmutzung durch Stromproduktion auf null zu reduzieren, hieße jedoch gleichzeitig, die Stromproduktion gänzlich einzustellen. Damit bliebe die Umwelt sauber, aber wir hätten auch keinen Strom. Aus ökonomischer Sicht vergleichen wir daher nachfolgend den Nutzen der Ausweitung der Produktion (die Güter, die wir konsumieren wollen) und die Kosten der Ausweitung (die verursachten Schäden). Und so lange eine Produktionserhöhung mit höherem Nutzen als Kosten verbunden ist, ist eine Ausweitung effizient. Erst wenn die verursachten Kosten durch eine Produktionsausweitung gerade durch den Nutzen ausgeglichen werden, erreichen wir den Punkt, bei dem eine Erhöhung

---

[1]Vgl. hierzu z. B. Krugman und Wells 2017, S. 496 oder Pearce und Turner 1991, S. 62–64.

© Springer Fachmedien Wiesbaden GmbH, ein Teil von Springer Nature 2019   117
F. Strotebeck, *Einführung in die Mikroökonomik*,
https://doi.org/10.1007/978-3-658-27307-1_14

der Produktion verneint wird. Und mit diesem Punkt haben wir das optimale Verschmutzungsniveau erreicht. Die Abb. 14.1 stellt diesen Zusammenhang dar.

Auf der Abszisse ist die mit der Produktion einhergehende Verschmutzungsmenge abgetragen und auf der Ordinate die in Euro ausgedrückten Kosten sowie der Nutzen der Verschmutzung. Die Grenzkostenkurve (K') verläuft mit zunehmender Verschmutzungsmenge steigend. Durch den Anstieg der Verschmutzung werden Umweltschäden angerichtet, Krankheiten verursacht etc. Die Grenznutzenkurve hingegen verläuft fallend. Die Verschmutzung geht mit der Produktion nutzenstiftender Güter einher und die Deckung des Grundbedarfs geht mit einem hohen Nutzen einher. Mit zunehmender Produktion/Verschmutzung werden Dinge produziert, die zwar noch immer Nutzen stiften, aber nicht mehr in dem Ausmaß wie die Güter zuvor. Der Grenznutzen sinkt.

Betrachten wir das *niedrige* Verschmutzungsausmaß x^N in Punkt A. Der zugehörige Punkt B zeigt die Höhe der Grenzkosten der Verschmutzung bei diesem Ausmaß und der Punkt C den zugehörigen Grenznutzen. Es ist deutlich zu erkennen, dass der Grenznutzen wesentlich höher ausfällt, als die Kosten. Demnach ist eine Ausweitung der Verschmutzung ökonomisch sinnvoll, denn eine Ausweitung, trotz gewisser Schädigung, stiftet mehr Nutzen als diese Kosten verursacht.

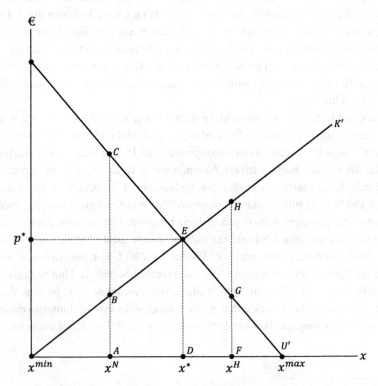

Abb. 14.1 Wie viel Verschmutzung darf es denn sein?

Gegenteilig verläuft die Argumentation ausgehend vom Punkt F, bei *hohem* Verschmutzungsausmaß x^H. An dieser Stelle liegen die Grenzkosten (Punkt H) oberhalb des Grenznutzens, der mit diesem Verschmutzungsausmaß einhergeht (Punkt F). Folglich sollte die Verschmutzung reduziert werden.

Das Optimum stellt die Verschmutzungsmenge x^* (Punkt D) dar. An dieser Stelle stimmen Grenzkosten der Verschmutzungseinheit und der durch diese Einheit verursachte Grenznutzen genau überein. Eine Abweichung nach links wäre suboptimal, da der Grenznutzen dort über den Grenzkosten liegen würde, ebenso wäre eine Abweichung nach rechts (also eine Ausweitung der Verschmutzung) suboptimal, da die Kosten der weiteren Verschmutzungseinheit den damit einhergehenden Nutzen übersteigen. Das Verschmutzungsausmaß in Punkt D ist gesellschaftlich optimal.[2]

Fraglich ist nun, wie die optimale Menge erreicht wird. Fallen etwa Kostenträger und Nutznießer als Gruppen auseinander, dann würden die Nutznießer – so sie dürften – zu Lasten (also auf Kosten) der anderen Gruppe die Verschmutzungsmenge bis auf x^{max} erhöhen, demnach bis zu einem Punkt, bei dem der Grenznutzen gleich null ist. Die mit dieser Verschmutzungsmenge einhergehenden, unverhältnismäßig hohen Kosten trägt ein anderer Teil der Gesellschaft.

Was wäre, wenn stattdessen diejenigen, die die Kosten zu tragen haben, bestimmen dürften, wie hoch die Verschmutzung ausfällt? Sie würden ihre Kosten auf ein Minimum drücken, was bedeutet, dass die Verschmutzungsmenge bei x^{min} liegen würde, obwohl der Grenznutzen einer zusätzlichen Verschmutzungseinheit so viel größer wäre, als die dadurch verursachten Kosten. Betrachten wir im Folgenden Möglichkeiten, das optimale Niveau zu erreichen.

14.2 Die Verhandlungslösung

Ronald Coase hat in einem viel zitierten Artikel aus dem Jahr 1960 gezeigt, dass unter bestimmten Voraussetzungen – bei denen die Zuteilung von Verfügungsrechten eine zentrale Rolle spielt – eine Verhandlungslösung zwischen Parteien zur optimalen Emissionsmenge führt.[3]

Im Folgenden schauen wir uns dies anhand zweier Personen A und B an, von denen eine es *ruhig* mag und die andere Person gerne *laut* Musik hört. Während der Musikgenuss für A mit einem Nutzenanstieg verbunden ist, verursacht dieser für die weitere Person B Kosten. Der Gesamtnutzen von Person A steigt mit Anstieg der Lautstärke und ebenso die Kosten der Person B. Hört A keine Musik, dann ist der Nutzen der Person null und die Person B hat Ruhe und es werden keine Kosten verursacht.

---

[2] Vgl. Krugman und Wells 2017, S 496 oder Pearce und Turner 1991, S. 62–64.

[3] Vgl. Coase 1960 sowie für weitere Beschreibungen Pearce und Turner 1991, S. 71–73, Weimann 1991, S. 26–31.

Wir gehen hinsichtlich des Musikgenusses von abnehmendem Grenznutzen aus, sodass überhaupt Musik hören zu können einen höheren Nutzen verursacht als z. B. ein weiterer Anstieg der Lautstärke, bei eh schon relativ lauter Musik. Dagegen steigen die Grenzkosten für die Person B an. Ein klein wenig Musik nervt, ist jedoch bei weitem nicht so schlimm, wie dauerhaftes lautes Dröhnen. Die Abb. 14.2 stellt das Szenario dar.

Kern der Verhandlungslösung ist nun, dass wir *entweder* Person A erlauben, Musik zu hören *oder* B das Recht auf Ruhe einräumen. Spielen wir zuerst den erstgenannten Fall durch: Besitzt A das uneingeschränkte Recht, so laut und viel Musik zu hören, wie A es mag, dann kann B noch immer an A herantreten und darum bitten, die Musik leiser zu stellen. B könnte hierfür einen Geldbetrag anbieten. So lange die Grenzkosten, die durch die Musik verursacht werden, höher sind als der Grenznutzen, den Konsument A durch den Musikgenuss erzielt, gibt es einen für beide Seiten vorteilhaften Geldbetrag, den B als Kompensationszahlung anbieten könnte. Auf der Abszisse nimmt – von links nach rechts – die Musiklautstärke weiter zu. Damit einher geht der Anstieg der Grenzkosten der Person B und Nutzengewinn (abnehmender Grenznutzen) der Person A. Da A das Recht hat, so

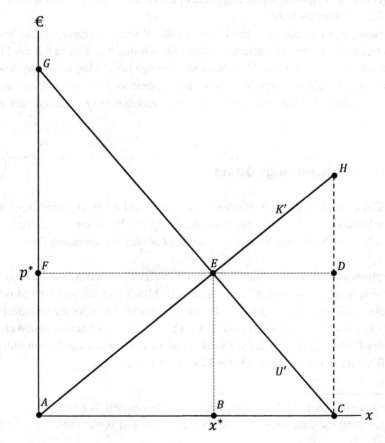

Abb. 14.2 Die Verhandlungslösung I

14.2 Die Verhandlungslösung

viel und laut Musik zu hören, wie A möchte, wird A die Musik aufdrehen, bis der Grenznutzen null ist (Punkt *C*). Der Gesamtnutzen für Person A beträgt dann die Fläche unterhalb der Grenznutzenkurve, *ACG*. Damit verursacht Person A bei B richtiges Ohrensausen und B trägt Kosten in Höhe der Fläche *ACH*.

Person B könnte sich aber nun an Person A wenden und diesem einen Geldbetrag in Höhe von p^* anbieten, mit der Bitte, die Lautstärke eine Stufe runterzustellen. Da der Grenznutzen deutlich unterhalb von p^* liegt, würde Person A darauf eingehen. Der Preis p^* liegt auch unterhalb der durch die letzte Lautstärkestufe verursachten Grenzkosten, sodass dies auch für Person B ein kostensparendes Verhandlungsergebnis darstellt. Vielmehr wäre Person B bereit noch einmal den Preis p^* zu bezahlen, um sich bei Person A eine weitere Lautstärkenreduzierung zu erkaufen. So lange der Preis über dem Grenznutzen liegt, würde A dies annehmen und so lange der Preis unterhalb der Grenzkosten von B liegt, würde dieser ein solches Angebot machen. Durch die Verhandlung kann die Lautstärke bis auf das optimale Maß x^* reduziert werden. Eine weitere Reduzierung wird nicht stattfinden. Weder wäre Person A bereit zu einem Preis von p^* die Lautstärke zu reduzieren, denn der Grenznutzen durch die Musik übersteigt den mit p^* einhergehenden Geldbetrag, noch würde Person B das Angebot unterbreiten, denn die weitere Reduzierung der Lautstärke bringt eine Kostensenkung mit sich, die unterhalb von p^* liegt.[4]

Im Endeffekt hat die Person A nun einen Geldbetrag in Höhe der Fläche *BCDE erhalten* und eine Nutzeneinbuße in Höhe von *BCE* erlitten. Netto ist dies ein Wohlfahrtsgewinn für Person A in Höhe der Fläche *CDE*. Person B hat dem Schädiger den Betrag *BCDE gezahlt*. Allerdings hat B sich damit von Kosten in Höhe der Fläche *BCHE* befreit. Damit bleibt auch für Person B ein Wohlfahrtsgewinn übrig, der durch die Fläche *EDH* ausgedrückt wird. Insgesamt konnte durch das Verhandlungsergebnis die Wohlfahrt demnach um die Fläche *CHE* erhöht werden.

Statt des Schädigers könnte nun aber auch dem Geschädigten das Recht der Schadensfreiheit zugesprochen werden. Sprich: Person B hat das Recht auf Ruhe! Schauen wir uns diesen Fall ebenfalls im Diagramm an und dieses ist zur Erweiterung nun noch durch ein paar Zahlen ergänzt worden (Abb. 14.3).

Wenn Person B das Recht auf Ruhe hat, beginnen wir im Punkt *A*, bei einer Lautstärke von null. Es läuft keine Musik, Person B muss keine Schädigung erleiden (trägt daher keine Kosten) und Person A muss auf jedweden Nutzen verzichten, da A keine Musik hören darf. Person A möchte jedoch gerne Musik hören und geht auf Person B zu und unterbreitet diesem das Angebot, diesem einen Preis von 5 Geldeinheiten zu bezahlen, um die Musik auf Lautstärkestufe 1 zu drehen. Fünf Geldeinheiten zahlt Person A hierfür gerne, denn sein Nutzen liegt deutlich darüber. Auch B nimmt das Angebot an, denn so ein bisschen Musik im Hintergrund ist zwar nicht schön, aber die Kosten werden durch fünf Geldeinheiten locker überkompensiert. Person A bietet für weitere Lautstärkestufen nun pro Stufe weitere fünf Geldeinheiten an und zwar so lange, bis der Grenznutzen (und zwar bei Lautstärkestufe 6) genau fünf Geldeinheiten beträgt. Person B nimmt das Angebot an.

---

[4]Vgl. Pearce und Turner 1991, S. 70–72 und Sturm und Vogt 2011, S. 37–40.

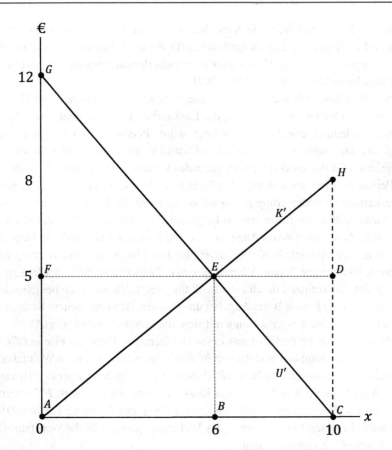

Abb. 14.3 Die Verhandlungslösung II

Sowohl für die Lautstärkestufe 1, 2, 3, 4, 5 und 6. Denn bei der Lautstärkestufe 6 kompensieren die fünf Geldeinheiten genau die durch die weitere Erhöhung der Lautstärke verursachten Kosten. In den übrigen Fällen (1, 2, 3, 4 und 5) lag die Kompensationszahlung gar über den jeweils verursachten Kosten. Eine Ausweitung über Punkt E, bzw. die Lautstärkestufe 6 hinweg, wird jedoch nicht stattfinden. Weder ist A bereit dazu, weitere fünf Geldeinheiten zu bezahlen (denn der Grenznutzen der erkauften Stufenerhöhung liegt unter fünf Geldeinheiten), noch wäre B bereit, dies anzunehmen, denn die Kosten noch lauterer Musik lägen oberhalb der Kompensationszahlung. Die optimale Lautstärke liegt demnach bei Lautstärkestufe 6. Beide Akteure profitieren von der Verhandlungslösung. Person A musste für die Möglichkeit, Musik zu hören, bezahlen und zwar einen Betrag in Höhe der Fläche *ABEF*, also 30 Geldeinheiten. Damit hat sich A einen Nutzen in Höhe der Fläche *ABEG* (51 Geldeinheiten) erkauft. Dies ist ein Nettonutzen in Höhe der Fläche *FEG*; in Geldeinheiten ausgedrückt demnach 21 Geldeinheiten. Person B hat den Betrag von 30 Geldeinheiten (Fläche *ABEF*) erhalten. Dafür musste B aber auch Kosten durch Musik erleiden und zwar in Höhe von 15 Geldeinheiten (Fläche *ABE*). Das bedeutet für

14.3 Umweltpolitische Eingriffe 123

Person B netto ein Plus von 15 Geldeinheiten (Fläche AFE). Der Wohlfahrtsgewinn durch Verhandlung beträgt 36 Geldeinheiten (Fläche AEG).

Das klingt insgesamt nach einer einfachen Lösung und innerhalb einer Wohngemeinschaft (sofern die Rechtslage geklärt ist), mag eine Verhandlungslösung recht unkompliziert erscheinen. Doch sogar hier könnte man anführen, dass z. B. Drohkulissen seitens des Schädigers aufgebaut werden könnten. Nehmen wir an, dass der Schädiger das Recht hat zu schädigen, sprich Lärm zu machen. Sie wollen Ruhe, um Lernen zu können, und leisten eine Kompensationszahlung an Ihren Mitbewohner, damit er die Musik leiser dreht. Im nächsten Moment schaut er durch die Tür, die Fernbedienung des Fernsehers in der Hand und fragt: *„Wenn ich einen Film gucke, stört es nicht, oder? ... Ansonsten können wir gern wieder verhandeln."* Nach der Verhandlung röhrt der Staubsauger, dann der Mixer etc. Das heißt, es muss weitere Regelungen geben, die vor dieser Ausnutzung schützen. Nun könnte man annehmen, dass im Rahmen der Verhandlung geregelt werden könnte, dass es um mehr als nur die eine Lärmquelle geht. Das ginge natürlich und bringt uns zum Hauptkritikpunkt des *Coase-Theorems*. Es wird angenommen, dass die Transaktionskosten, die Kosten, die mit Aufnahme und Abschluss der Verhandlung und Durchsetzung des Verhandlungsergebnisses einhergehen, im einfachsten Fall nicht existent sind oder zumindest so gering ausfallen, dass der Nutzengewinn aus der Verhandlungslösung die Kosten überwiegt.[5]

14.3 Umweltpolitische Eingriffe

14.3.1 Auflagen

Nehmen wir an, dass eine regulierende Behörde aus gutem Grund beschließt, dass die Verschmutzungsmenge durch Industrieunternehmen zu hoch sei. Kurzerhand wird bestimmt, dass die Unternehmen nur noch eine fest bestimmte Menge an Schadstoffen pro Woche in die Luft blasen dürfen. Was würde diese Auflage für Unternehmen bedeuten? Betrachten wir zwei Produktionsanlagenbetreiber, bei denen eine Reduzierung des Schadstoffausstoßes mit unterschiedlichen Grenzvermeidungskosten (also Kosten der Vermeidung einer weiteren Einheit an Schadstoffen) einhergeht (Abb. 14.4).

Ohne Regulierung emittieren beide Anlagen jeweils zehn Einheiten an Schadstoffen. Die Emissionsmenge wird durch die Auflagen auf vier Einheiten pro Anlage reduziert. Die Gesamtemissionsmenge wird somit von zuvor 20 Einheiten auf acht Einheiten gedeckelt. Um die jeweilig erzwungene Reduktion zu gewährleisten, müssen beide Anlagenbetreiber unabhängig voneinander in Technologien der Emissionsvermeidung investieren. Bereits die Vermeidung der ersten Schadstoffeinheit (von 10 Einheiten auf nur noch 9 Einheiten) kostet das Unternehmen A 10,00 € und das Unternehmen B lediglich 5,00 €. Auch die neunte Einheit zu vermeiden, geht mit Grenzvermeidungskosten in Höhe von 20,00 € für

---

[5]Vgl. Pearce und Turner 1991, S. 77. Hinsichtlich der Problematik von Transaktionskosten, die zur Aufnahme von Verhandlungen anfallen bei Interesse Anderlini und Felli (2006).

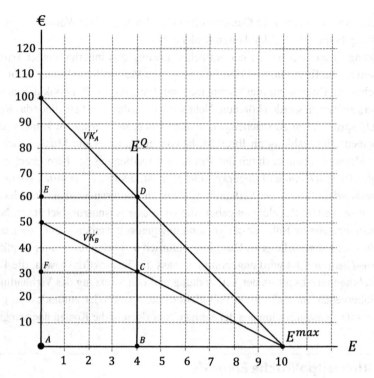

Abb. 14.4 Emissionsreduktion durch Auflagen

Unternehmer A und mit 10,00 € für Unternehmer B einher. Um die Auflagen zu erfüllen, müssen so A und B die Schadstoffemission bis auf vier Einheiten zurückfahren. Insgesamt geht diese Reduktion für das Unternehmen A mit Kosten in Höhe von 180 € einher (die Fläche unterhalb der Grenzvermeidungskostenkurve: $BE^{max}D$). Für das Unternehmen B belaufen sich die Kosten dagegen lediglich auf 90 € (Fläche: $BE^{max}C$). Die Gesamtkosten, um die Auflagen zu erfüllen, betragen 270 €.

14.3.2 Handel mit Verschmutzungsrechten

Gerne wird argumentiert, dass der Markt unter bestimmten Annahmen eine sehr effiziente Allokationsmethode ist, um knappe Güter so zu verteilen, dass diejenigen sie erhalten, die den höchsten Nutzen daraus ziehen. Daher entstand die Idee, auch Verschmutzung handelbar zu machen und dem Markt die Allokation von Verschmutzungsrechten zu überlassen. Das führt nun dazu, dass die Unternehmen sich Verschmutzungsrechte kaufen, denen diese viel wert sind und diejenigen Unternehmen Rechte verkaufen, denen diese weniger wert sind.[6]

---

[6] Vgl. Goolsbee et al. 2014, S. 856–860 sowie Sturm und Vogt 2011, S. 67–70 und S. 83–90 und Perman et al. 2003, S. 204 f. sowie S. 224–228.

14.3 Umweltpolitische Eingriffe

Nun muss geklärt werden, wie sich das *„mehr oder weniger wert"* bestimmen ließe. Dies sind wieder einmal die Opportunitätskosten. Werden die Emissionsmengen verknappt, indem nur ein Teil der Verschmutzung zugelassen, verbrieft und handelbar gemacht wird, wird das Recht auf Verschmutzung zum knappen Gut. Ein Unternehmen kann zwei Wege einschlagen:

1. Das Unternehmen kann in Anlagen investieren, die weniger Schadstoffe ausstoßen. Es kann die Emissionsreduktion durch Vermeidung erreichen. Jede weitere Einheit, die vermieden wird, ist demnach mit Kosten verbunden, was wir wie zuvor als Grenzvermeidungskosten bezeichnen: Die Kosten der Vermeidung einer weiteren Einheit Schadstoffe.
2. Das Unternehmen kauft Verschmutzungsrechte und reduziert die Emissionen nicht.

Wer aber sollte das Recht auf Verschmutzung überhaupt anbieten, wo es doch knapp ist. Es würden die Unternehmen Verschmutzungsrechte *ver*kaufen, die am Markt einen Preis für das verbriefte Recht erhalten würden, der oberhalb der eigenen Grenzvermeidungskosten liegt. Die Alternativen des Unternehmens sind die Vermeidung oder das Halten von Verschmutzungsrechten. Die nicht gewählte Alternative bestimmt unsere Opportunitätskosten. Sind die Vermeidungskosten sehr hoch bzw. die Preise für Verschmutzungsrechte schlicht und ergreifend niedriger, dann wird ein Unternehmen nicht vermeiden, sondern stattdessen Verschmutzungsrechte erwerben.

Im Ausgangspunkt in Abb. 14.5 müssen (werden) wir den Lizenzpreis (l) für ein Zertifikat gar nicht kennen. Dieser wird sich über den Handel am Markt ergeben. Stattdessen legen wir wieder das maximale Verschmutzungsniveau (E^Q) fest, und verbriefen das den Unternehmen zugeteilte Recht, je vier Einheiten Schadstoffe zu emittieren. Des Weiteren erlauben wir jetzt den Handel mit diesen Rechten.

Da das Unternehmen B viel günstiger vermeiden kann als das Unternehmen A, kann das Unternehmen A an B herantreten und ihm Geld für Verschmutzungsrechte anbieten. Gleichermaßen ist das Unternehmen B gewillt, einem Verkauf von Rechten zuzustimmen, sofern der erzielte Preis mindestens die Kosten der Vermeidung deckt, die B bei Abgabe eines Verschmutzungsrechts tragen muss. Gibt B das Recht auf eine Einheit Verschmutzung ab, muss B diese Einheit schließlich vermeiden (das erlaubte Verschmutzungsausmaß von B sinkt von vier auf drei). Unternehmen A profitiert vom Kauf des Verschmutzungsrechts, da A nun nicht mehr sechs Einheiten, sondern nur noch fünf Einheiten vermeiden muss. Es spart demnach Vermeidungskosten ein (muss aber das Recht auf Verschmutzung käuflich erwerben).

Noch immer differieren die Grenzvermeidungskosten der beiden Produzenten, was bedeutet, dass noch immer die Vermeidung einer weiteren Einheit für B günstiger ist als für A. Somit ist noch ein weiterer Handel nutzenstiftend. Wieder bittet A das Unternehmen B um den Verkauf eines Verschmutzungsrechtes. Wieder profitiert B davon, wenn es zumindest den Preis für das abzutretende Recht erhält, der den Betrag der nun für die Vermeidung anfallenden Kosten deckt. Unternehmen A bietet hingegen maximal einen Preis, der

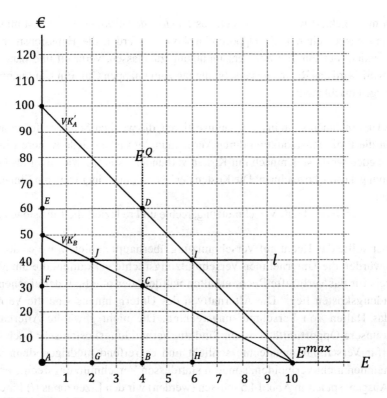

Abb. 14.5 Handelbare Verschmutzungsrechte

den Einsparungen aufgrund der nicht mehr zwingenden Vermeidung entspricht. Jeder beidseitig vorteilhafte Tausch ist vollzogen, wenn die Grenzvermeidungskosten beider Unternehmen sich gleichen und die Höhe der im Gleichgewicht herrschenden Grenzvermeidungskosten auch den sich am Markt herausbildenden Lizenzpreis für Verschmutzungsrechte darstellt.

Sinn und Zweck der Angelegenheit, handelbare Verschmutzungsrechte einzuführen, war, dass dies eine effiziente Allokationsmethode für die verknappten Verschmutzungsrechte sein sollte. Betrachten wir daher einmal die Kosten der Vermeidung, die insgesamt anfallen, wenn die Emissionsmenge wie gehabt von zuvor 20 Einheiten auf acht Einheiten begrenzt wurde.

Prüfen wir zuerst, ob unser Vorgehen überhaupt effektiv war und wir das Ziel erreicht haben. Unternehmen A emittiert sechs Einheiten an Schadstoffen. Unternehmen B allerdings nur zwei Einheiten, sodass in der Tat die Zielvorgabe von acht Einheiten eingehalten wird. Prüfen wir nun, ob dies auch effizient erreicht wird. Vergleichen wir daher einmal die Kosten bei einer strikten Auflage (dies waren 270 €) mit den nun anfallenden Kosten. Das Unternehmen A vermeidet vier Einheiten und dies kostet es 80,00 € (Fläche $HE^{max}I$). Außerdem zahlt A für zwei Verschmutzungsrechte jeweils den Lizenzpreis, also insgesamt noch einmal 80,00 €. Unternehmen B vermeidet jetzt acht Einheiten, was Kosten in Höhe

14.3 Umweltpolitische Eingriffe

von 160 € verursacht (Fläche $GE^{max}J$). Es erhält allerdings 80,00 € für die abgetretenen Verschmutzungsrechte. Da somit gilt, dass die Einnahmen des Einen, die Ausgaben des Anderen sind, kürzen sich die 80,00 € für die Verschmutzungsrechte raus. Betrachten wir die Vermeidungskosten, summieren diese sich zu einem Betrag in Höhe von 240 €. Das gleiche Verschmutzungsniveau wie unter Auflagen wurde demnach zu geringeren Kosten (240 € < 270 €) erreicht.

Aus ökonomischer Sicht ist das eine effiziente Lösung. Warum? Die Unternehmen, die günstig vermeiden können, werden einen Großteil der gesamten Emissionsreduktion auf sich vereinen (und Rechte verkaufen), wohingegen die Unternehmen, bei denen eine Reduzierung der Schadstoffmenge sehr kostspielig wäre, nicht vermeiden, sondern Rechte kaufen. Damit wird das Ziel der Vermeidung erstens erreicht (Effektivität wäre gegeben) und zweitens geschieht dies auch noch kosteneffizient.

Wir können uns dies auch kurz rechnerisch ansehen. Das Ausmaß der Vermeidung v für Unternehmen A ergibt sich durch die Differenz aus maximalem Schadstoffausstoß und der festgesetzten Menge (bzw. der erhaltenen Verschmutzungsrechte): $v_A = E_A^{max} - E_A^Q$. Analog gilt dies für B: $v_B = E_B^{max} - E_B^Q$. Des Weiteren ist die gesamte Menge an Vermeidung durch die Differenz aus der Summe des Maximalausstoßes und den gesamten Verfügungsrechten bestimmbar: $v_{A+B} = E_{A+B}^{max} - E_{A+B}^Q$. Die Gesamtvermeidungskosten und Grenzvermeidungskosten der beiden Akteure sind im vorliegenden Fall gegeben durch $VK_A = 5v_A^2$ respektive $VK_A' = 10v_A$ und $VK_B = 2,5v_B^2$ respektive $VK_B' = 5v_B$. Mit jeder zu vermeidenden Einheit steigen die Kosten für A um 10 Einheiten und für B um 5 Einheiten.

Im vorliegenden Beispiel gibt die regulierende Behörde nun acht Zertifikate kostenlos heraus, sodass insgesamt zwölf Einheiten an Schadstoffausstoß vermieden werden müssen. Die verfügbaren Zertifikate dürfen gehandelt werden. Es gilt $12 = v_A + v_B$ und umgestellt $v_B = 12 - v_A$ bzw. $v_A = 12 - v_B$.

Effizient wäre eine Aufteilung der Vermeidung nach Grenzvermeidungskosten. Erst wenn die Grenzvermeidungskosten der Unternehmen gleich hoch ausfallen, ist eine effiziente Aufteilung erreicht. Damit sollte gelten: $VK_A' = VK_B'$ bzw. $5v_B = 10v_A$. Wir ersetzen nun v_A (oder v_B) durch den Zusammenhang $v_A = 12 - v_B$ (bzw. $v_B = 12 - v_A$) und lösen auf:

$$5v_B = 10v_A$$

$$5v_B = 10(12 - v_B)$$

$$5v_B = 120 - 10v_B$$

$$15v_B = 120$$

$$v_B = 8$$

Unternehmen B wird demnach acht Einheiten vermeiden. Eingesetzt in $v_A = 12 - v_B$ ermitteln wir schnell, dass Unternehmen A demnach die übrigen 4 Einheiten vermeidet.

Nun interessiert uns noch, wie hoch der Lizenzpreis der Zertifikate (l) am Markt sein wird. Dies ist zu ermitteln, indem wir die vermiedenen Mengen in die Grenzvermeidungskostenfunktionen einsetzen. Wir sehen:

$$l = 5 \times (8) = 10 \times (4) = 40$$

Der Lizenzpreis für das Verschmutzungsrecht liegt bei 40 Geldeinheiten. Die Kosten der Vermeidung können wir des Weiteren abschließend noch ermitteln, indem wir die vermiedenen Mengen in die Vermeidungskostenfunktionen einsetzen.

$$VK_A = 5v_A^2$$

$$VK_A = 5 \times 4^2$$

$$VK_A = 80$$

$$VK_B = 2,5v_B^2$$

$$VK_B = 2,5 \times 8^2$$

$$VK_B = 160$$

Die Gesamtkosten der Vermeidung von 12 Schadstoffeinheiten liegen demnach bei 240 Geldeinheiten.

14.3.3 Kombination von Verschmutzungsrechten und Mindestpreisen

Ist die Menge an Zertifikaten und damit die Größe E^Q zu groß, so fällt der Preis für Verschmutzungsrechte gering aus und es ist günstiger, Zertifikate zu erwerben als Verschmutzung zu vermeiden. Eine Idee war, um den Preisverfall zu stoppen und die Reduzierung der Emissionen zu forcieren, zusätzlich zum Handel mit Verschmutzungsrechten einen Mindestpreis für Zertifikate einzuführen.[7] Dies sollte ein Instrument auf nationaler Ebene darstellen, um weitere Emissionssenkungen zu forcieren. In der Abb. 14.6 ist ein bindender Mindestpreis (über dem Gleichgewichtspreis von 40 €) in Höhe von $l^{min} = 50$ € eingezeichnet worden.

Welche Implikationen hat dieser Mindestpreis auf Zertifikate auf die Kosteneffizienz und den Zielerreichungsgrad? Nehmen wir an, dass wieder acht Lizenzen zum Erwerb vorhanden wären. Gemäß der Regulierung kostet jede Lizenz 50 €. Der höhere Lizenzpreis führt dazu, dass es sich für das Unternehmen B überhaupt nicht mehr rentiert, Verschmutzungsrechte zu erwerben. Das Unternehmen würde demnach keine Zertifikate erwerben und die Emission auf null zurückfahren. Das Unternehmen A tritt als Käufer auf

---

[7] Vgl. WWF Deutschland 2018.

14.3 Umweltpolitische Eingriffe

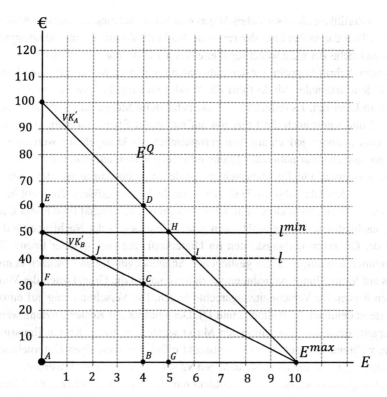

Abb. 14.6 Lizenzen und Mindestpreis

dem Markt für Zertifikate auf. Es wird insgesamt fünf Zertifikate und zwar jeweils zum Mindestpreis von 50 € erwerben. Das Ausmaß an Emissionen wird Unternehmen A statt wie bisher auf 6 Einheiten nun bis auf 5 Einheiten reduzieren, da die Grenzvermeidungskosten der sechsten Einheit geringer sind als der durch den Mindestpreis forcierte Lizenzpreis. Statt wie zuvor, erfolgt keine Reduzierung der Verschmutzung von 20 auf acht Einheiten, sondern von 20 auf lediglich fünf Einheiten. Es wird demnach insgesamt mehr Verschmutzung vermieden. Die Kosten der Reduzierung liegen bei insgesamt 375 €.

Kritisch betrachtet wurde jedoch die Möglichkeit des Eintretens des so genannten „*Wasserbetteffekts*".[8] Setzen Sie sich auf ein Wasserbett, so sinken Sie an Ort und Stelle etwas ein, dafür erhöht sich die Matratze an allen anderen Stellen. Was hat dieser Effekt mit dem Mindestpreis für Verschmutzungsrechte zu tun? Der Mindestpreis sollte eine nationale Regulierungsmöglichkeit darstellen, wohingegen der Zertifikathandel auf europäischer Ebene erfolgt. Wie wir gesehen haben, hat im vorliegenden Beispiel das Unternehmen B keines der acht Verschmutzungsrechte erworben, Unternehmen A dagegen fünf Stück. Somit sind von unseren acht Zertifikaten noch drei Zertifikate vorhanden, die auf nationaler Ebene aufgrund des Mindestpreises nicht gehandelt werden. Auf europäischer Ebene stellen diese auf nationaler Ebene nun über-

---

[8] Vgl. WWF Deutschland 2018.

schüssigen Zertifikate ein zusätzliches Angebot an Verschmutzungsrechten dar. Abb. 14.7 stellt dies modellhaft dar, wobei links der nationale Markt für Zertifikate inkl. Mindestpreis dargestellt ist und rechts der nicht weiter regulierte Restmarkt der übrigen Akteure.

Im ersten Schritt koppeln wir den nationalen regulierten Markt aus dem Gesamtmarkt aus. Auf dem nationalen Markt führt die Mindestpreisregulierung zu einem Überschussangebot an Lizenzen. Es reduziert sich die gehandelte Menge auf dem nationalen Markt (Punkt A) und somit auch die Emission auf nationaler Ebene, da mehr vermieden wird. Die Lizenzen können jedoch auf dem europäischen Markt angeboten werden, sodass das Überschussangebot auf nationaler Ebene nun das Angebot auf dem restlichen Markt vergrößert, was durch die Rechtsverschiebung der Angebotskurve auf dem europäischen Markt (*rechte Seite* der Abb. 14.7) skizziert wurde. Das vergrößerte Angebot bei gleicher Nachfrage führt zu einem Druck auf den Lizenzpreis. Dieser sinkt (von Punkt E auf Punkt F). Die nachgefragte Menge erhöht sich gemäß dem Gesetz der Nachfrage (und mit dem Kalkül der Grenzvermeidungskosten im Hinterkopf) auf europäischer Ebene. Wenn ein Unternehmen nun aufgrund des gestiegenen Angebots günstig an Lizenzen kommt, dann wird es auf Vermeidungsmaßnahmen verzichten, sofern die Grenzkosten der Vermeidung über den Kosten für Verschmutzungsrechte liegen. Die Verschmutzung auf europäischer Ebene steigt demnach (s. Punkte C und D). Der Einfluss auf Kosteneffizienz wäre in dem Fall negativ, denn auf dem nationalen Markt werden zu hohen Kosten Emissionen vermieden, während dies auf dem Gesamtmarkt effizienter diejenigen Unternehmen hätten durchführen können, die nun die günstigen Verschmutzungsrechte erwerben.

Entgegengewirkt wurde diesem Problem nun durch die Möglichkeit, die Lizenzen, die auf nationaler Ebene freigesetzt wurden, zu löschen, sprich zu vernichten. Ist dies der Fall, dann finden die überschüssigen Zertifikate nicht den Weg auf den unregulierten Markt und ein Preiseinbruch wird verhindert.

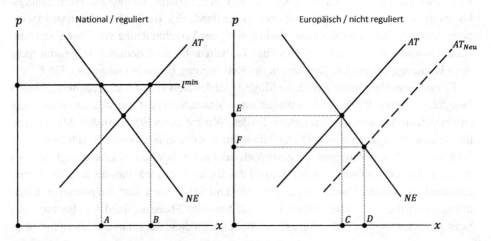

Abb. 14.7 Wasserbetteffekt durch den Mindestpreis auf Lizenzen

14.3.4 Steuerlösung

Eine weitere Möglichkeit des Eingriffes sind Steuern. Jede Schadstoffeinheit wird mit einer Mengensteuer belegt. Somit würden Unternehmen, die viel emittieren, auch entsprechend Steuern zahlen. Wer mehr vermeidet und in der Produktion weniger Schadstoffe verursacht, der spart dagegen an Steuerzahlung ein. Grundsätzlich bleibt das Marginalkalkül unser Instrument zur Ermittlung der optimalen Verschmutzungsmenge. In der Abb. 14.8 wurde das Unternehmen B einmal aus der Betrachtung getilgt und wir konzentrieren uns einzig auf das Kalkül des Unternehmens A.

Die Kurve VK'_A stellt weiterhin die Grenzvermeidungskosten des Unternehmens A dar. Wird ausgehend vom maximalen Verschmutzungsniveau (E^{max}) die Schadstoffemission vermieden, geht dies mit steigenden Kosten einher. Die regulierende Instanz will nun mithilfe einer Steuer auf emittierte Schadstoffe die Umweltbelastung senken. Sie entscheidet sich für die Steuerhöhe t^1 in Höhe von 40 € pro Schadstoffeinheit. Ausgehend von der maximalen Emissionsmenge wäre es für das Unternehmen günstiger, vier Schadstoffeinheiten zu vermeiden. Die Vermeidungskosten für insgesamt vier Einheiten an Schadstoffen betragen lediglich 80 € (Fläche $BE^{max}E$). Für jede der vier Einheiten wird, sofern nicht vermieden wird, eine Steuer von 40 € fällig, was insgesamt 160 € an Steuerzahlung

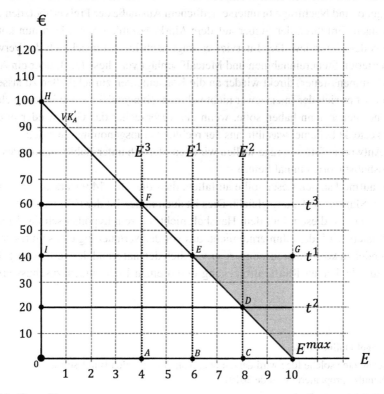

Abb. 14.8 Steuerlösung

bedeutet. Die Inkaufnahme der Vermeidungskosten und die gleichzeitige Ersparnis der Steuer in Höhe von 160 € führt zu einer Nettoersparnis von 80 € (Fläche $E^{max}EG$). Wir können bei der Steuerlösung davon ausgehen, dass das Marginalkalkül zu einer kosteneffizienten Reduktion von Emissionen führt. Problematisch ist nunmehr die Wahl der Steuerhöhe, um auch das gewünschte Emissionsniveau (z. B. E^1) zu erzielen. Wird die Steuer niedrig angesetzt (t^2), dann sinkt der Schadstoffausstoß auch nur auf die Menge E^2. Liegt die gewählte Steuer bei t^3, fällt die Vermeidung größer aus und wir landen bei einer Emissionsmenge von E^3.

14.4 Eine haushaltstheoretische Betrachtung einer CO_2-Steuer

Im Juli 2018 war auf Spiegel-Online ein Interview mit dem Ökonomen Gilbert E. Metcalf zu lesen. In diesem Interview wurde von Metcalf die aktuell (April 2019) in Deutschland wieder diskutierte Idee einer CO_2-Steuer beschrieben.[9]

Die Begründung für eine solche Steuer basiert auf der Idee der Externalitäten. Mit der energieintensiven Produktion unterschiedlicher Waren und Dienstleistungen gehen bisher nicht inkludierte externe Kosten im Sinne einer Schädigung der Umwelt einher. Eine Steuer soll diese externen Kosten einpreisen. Wie wir wissen, wird je nach Preiselastizität von Angebot und Nachfrage in unterschiedlichem Ausmaße der Preis erhöht, den der Konsument nach Einführen der Steuer auf dem Markt bezahlen muss. Und nun kommt der Kniff aus dem Interview. Der Interviewer fragt nach Ideen hinsichtlich der Verwendung der generierten Steuereinnahmen und Metcalf schlägt vor, diese (z. B. über ein Absenken der Einkommenssteuer) direkt wieder an die Konsumenten zurückfließen zu lassen.[10] Daraufhin lässt es sich der Interviewer nicht nehmen, sinngemäß nachzufragen, welche Wirkung eine Steuer denn haben solle, wenn der Verbraucher das Geld wieder in die linke Tasche gesteckt bekäme, was ihm aus der rechten herausgenommen wurde.[11]

Die Antwort auf diese Frage wollen wir exemplarisch unter Zuhilfenahme des Modells der Haushaltstheorie einmal liefern.

Dem aufmerksamen Leser sollte auffallen, dass die Abb. 14.9 stark der in Band I dargestellten Slutsky-Zerlegung gleicht. Dies ist auch in der Tat der Fall. Der Unterschied ist lediglich, dass in diesem Fall dem Haushalt nicht nur rein hypothetisch das Einkommen zugeschustert wird, dass ihm ermöglicht, das vor der Verteuerung eines Gutes erworbene Güterbündel zu konsumieren, sondern er wirklich den aufgrund der Verteuerung durch die Steuer zu erleidenden Kaufkraftrückgang durch einen Einkommenszuschuss ersetzt bekäme.

---

[9] Vgl. Spiegel-Online 2018c.

[10] Und genau eine solche Idee wird derzeit auch von der aktuellen Bundesumweltministerin (2019) Svenja Schulze propagiert (Welt.de 2019).

[11] Vgl. Spiegel-Online 2018c.

14.4 Eine haushaltstheoretische Betrachtung einer CO₂-Steuer

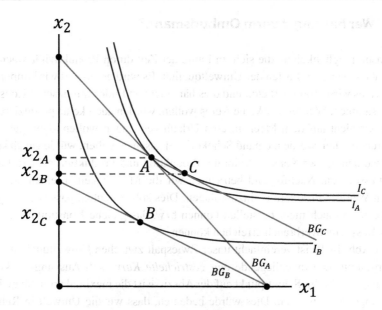

Abb. 14.9 Verhaltensänderung durch Besteuerung

Wir nutzen das Gut x_1 als Numeraire-Gut und das Gut x_2 als das für uns relevante, sprich CO_2-verursachende Gut. Die Budgetgerade BG_A gibt an, wie viel von beiden Gütern maximal oder in Kombination miteinander erworben werden könnte. Wird das Gut x_2 nun besteuert, steigt der Preis für den Haushalt, womit die Drehung der Budgetgerade nach Innen verbunden ist. Es gilt nunmehr die Budgetrestriktion BG_B. Damit wäre mit Blick auf den Wechsel von Punkt A zu Punkt B klar, dass sowohl der Substitutionseffekt als auch der Einkommenseffekt zu einer Senkung des Konsums des Gutes x_2 beitragen. Eine Verringerung der Kaufkraft (Einkommenseffekt) wird jedoch durch die CO_2-Steuer gar nicht beabsichtigt, sodass eine Rückzahlung des Kaufkraftverlustes durch eine Kompensationszahlung (oder Verringerung der Einkommenssteuer) veranlasst werden soll. Damit bleibt aber das geänderte relative Preisverhältnis der Güter x_1 und x_2 zueinander bestehen (die Steigung bleibt gleich), die neue, nun gültige Budgetgerade BG_C geht aber durch den Punkt A, denn der vorherige Konsum soll zumindest wieder ermöglicht werden. Wie wir sehen, wird aber aufgrund des geänderten Preisverhältnisses eine neue Zusammenstellung des Konsumgüterbündels präferiert. Dabei liegt die Menge, die vom Gut x_2 konsumiert wird, trotz der Kompensation unterhalb der zuvor konsumierten Menge (Punkt A).

Kern der Steuer ist in diesem Fall nicht die Einnahme von Geldern für die Staatskasse, sondern einzig und allein die Lenkungsfunktion. Durch das Einpreisen der externen Effekte über die Steuer wird trotz Ersatzleistung für den Einkommensverlust eine geringere Schädigung der Umwelt verwirklicht, da energieintensive Waren (trotz des Einkommensausgleichs) relativ (zu anderen Waren) teurer geworden sind und somit ein verändertes Konsumverhalten herbeigeführt wird.

14.5 Wer hat Angst vorm Ombudsmann?

Die Konsummöglichkeiten, die sich im Laufe der Zeit durch Produktivitätswachstum ergeben haben, gehen zu Lasten der Umweltqualität. Es wird gereist, es wird importiert und exportiert, es wird produziert etc., und dies hängt letzten Endes mit unseren Konsumwünschen zusammen. Würden wir keine Autos wollen, würden auch keine produziert werden, würden wir nicht auf dem Meer unseren Urlaub verbringen wollen, dann gäbe es auch keine Kreuzfahrten, würde niemand Schokoriegel naschen wollen, würden auch keine hergestellt werden. Unser Konsum treibt die Produktion und Produktion geht zu Lasten der Umweltressourcen. Nachfolgend betrachten wir die Möglichkeiten, einen umweltschonenderen Weg der Produktion einzuschlagen. Dies soll bedeuten, dass wir mit gleichem Ressourcenverbrauch mehr herstellen können bzw. das gleiche Konsumniveau auch mit weniger Ressourcenverbrauch erreichen können.

In der Abb. 14.10 ist vereinfacht unser Zwiespalt zwischen Umweltqualität und Konsum dargestellt. Die innenliegende *eng gestrichelte Kurve* soll Ausgangspunkt unserer Überlegungen sein. Im Schnittpunkt auf der Abszisse ist die maximal erreichbare Umweltqualität abgetragen worden. Dies würde bedeuten, dass wir die Umwelt in Ruhe lassen und auf Konsum gänzlich verzichten würden. (Harsch ausgedrückt wäre dies schlicht der Exitus der Menschheit, nehmen wir dies daher als unerwünschten Extremfall an. Machbar wäre vielleicht ein äußerst geringes Konsumniveau, welches nur in dem Maße Umwelt zerstören würde, wie diese sich auch wieder regenerieren kann. Es wäre das Leben „im Einklang mit der Natur".)

Im Gegenzug stünde im anderen Extrem der Menschheit sicherlich auch bei vollkommenem Verzicht auf Umweltqualität zwecks Konsum der Exitus bevor (Schnittpunkt mit der Ordinate). Es wäre sprichwörtlich der Ast auf dem man sitzt, den man absägt, weil man doch just so gerne einen Stock besitzen würde.

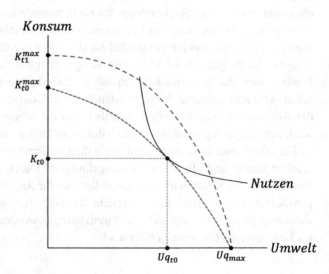

Abb. 14.10 Zwiespalt zwischen Umwelt und Konsum

14.5 Wer hat Angst vorm Ombudsmann? 135

Zwischen den beiden Extremen sind alle möglichen Ausprägungen denkbar. Ausgehend von Uq_{max} würde eine Erhöhung des Konsums mit einer Verschlechterung der Umweltqualität einhergehen. Oder anders ausgedrückt: es würde zumindest die Umwelt beeinflussen. Der gekrümmte Verlauf zeigt uns nun lediglich, dass wir bei Ausweitung des Konsums „von null auf ein bisschen" nur geringe Umweltbeeinflussung verursachen. Zunehmend steigen die Opportunitätskosten jedoch an, sodass letzten Endes die weitere Ausweitung des Konsums, in Umwelteinheiten ausgedrückt, recht teuer wird. Der insgesamt eher flache Verlauf der Kurve unserer „möglichen Lebensstile" zeigt, dass die Umweltkosten in jedem Bereich jedoch 1.) relativ ähnlich sind [was mich an dieser Stelle aber gar nicht interessiert] und 2.) Umweltqualität bereits bei geringem Konsum recht stark eingeschränkt wird.

Die Nutzenindifferenzkurve zeigt nun *eine mögliche* Ausprägung unserer gesellschaftlichen Präferenzen mit Blick auf Umwelt und Konsum. Der Tangentialpunkt mit der *eng gestrichelten Lebensstil-Kurve* zeigt, für welches Niveau an Konsum und Umweltqualität wir uns in diesem Fall entschieden hätten.

Nehmen wir nun an, dass es uns gelingen würde, die gleichen Gütermengen wie bisher bei „grünerer Produktion" herzustellen. Sprich: Wir produzieren ein Auto mit weniger Ressourcenaufwand und/oder können mit dem Auto später bei geringerem Reifenabrieb und/oder geringerem Spritverbrauch weiter und/oder schneller fahren.

Zu hinterfragen ist sicherlich, inwiefern die Lebensstil-Kurve auf der Ordinate immer weiter nach außen gedreht werden kann, da wir nicht in der Lage sind, Ressourcen aus dem Nichts zu schaffen. Das maximale Konsumniveau kann nur der komplette Verbrauch der Ressourcen sein und irgendwann dürften die Möglichkeiten ausgeschöpft sein, mehr und mehr Mehrwert aus den endlichen Ressourcen herauszuholen. Da dies aber für die Schlussfolgerung gar nicht der zentrale Aspekt ist, können wir diese Frage ausklammern.

Die Lebensstil-Kurve drückt sich also in unserem einfachen Modell schlicht auf der Ordinate nach außen hin weg. Begründet wird dies durch unsere „Möglichkeiten einer nachhaltigeren Produktion". Nun kommen wir aber zur entscheidenden Beobachtung: Mit der Drehung der Kurve auf der Ordinate nach außen ist über die Zukunft der Umweltqualität noch nichts gesagt, außer: *„Wir könnten nun den gleichen Konsum auch mit weniger Ressourcenverbrauch verwirklichen."* Ob wir diese Möglichkeit jedoch annehmen, hängt davon ab, wie wir als Gesellschaft auf die Optionen reagieren.

Nachfolgend sind lediglich zwei aus einer Vielzahl von Optionen dargestellt (Abb. 14.11).

Sind die gesellschaftlichen Präferenzen hinsichtlich Umwelt und Konsum nicht so ausgewogen, wie etwa durch die schwarze Nutzenindifferenzkurve (*Nutzen*) angedeutet, sondern gehen eher in Richtung Konsum (rote Nutzen-Kurve *Nutzen₁*) oder in Richtung Umwelt (grüne Nutzen-Kurve *Nutzen₂*), dann ergeben sich gänzlich unterschiedliche Resultate. Im linken Bild der Abb. 14.11 steigt aufgrund des geringeren Ressourcenverbrauchs bei gegebener Produktion das Konsumniveau deutlich an. Die vermeintlich nachhaltige Produktion führt dann dazu, dass Konsum (in Umwelt gemessen) über einen weiten Bereich nicht mehr so teuer ist. Folglich wird der Konsum deutlich ausgeweitet. Der Effekt der

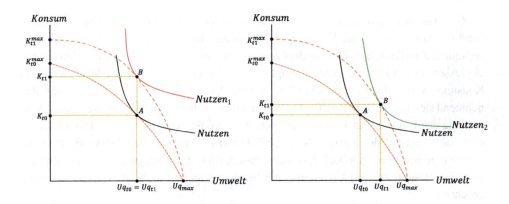

Abb. 14.11 Gesellschaftspräferenz

ressourcenschonenden Produktion führt mit Blick auf die Umwelt zu keinerlei Entlastung. Ein Beispiel: Spare ich bei der grüneren Produktion von Aluminium viel Strom ein, dann verbrauche ich den Strom nun für die Herstellung von mehr Aluminium oder alternativ anderen Dingen (anstelle die Stromproduktion zu reduzieren).

Im rechten Teil des Schaubilds dagegen wird die Möglichkeit einer nachhaltigeren Produktion durch z. B. technische Innovationen nur in geringem Umfang für zusätzlichen Konsum verwendet und stattdessen dessen Nutzen für eine Verbesserung der Umwelt präferiert. Uq_{t1} liegt hier weiter rechts als Uq_{t0}.

Letzten Endes hängt es demnach maßgeblich von unserer Präferenzstruktur als Gesellschaft ab, ob umweltschonendere Produktionstechnik zu erhöhtem Konsum führt (wir bewegen uns eher nach oben und nicht nach rechts) oder zu einer Umweltverbesserung bei gleichbleibender Konsumhöhe (wir bewegen uns eher nach rechts und nicht nach oben).[12]

Betrachten wir nun einmal in diesem Lichte die aktuell teils heiß diskutierten Freitagsdemonstrationen, an denen viele Schüler teilnehmen, dann mag man spekulieren, ob die heutige Jugend vielleicht eher umweltaffin ist und bereit wäre, auf Konsum zu verzichten ($Nutzen_2$) und den aktuellen Trend der in Politik und Wirtschaft handelnden Akteure ($Nutzen_1$) versucht zu beeinflussen. Der Trend der Produktions- und Wohlstandserhöhung wiederum mag im „Presentism" begründet sein, der Gegenwartspräferenz, die sich weniger um die Belange der Zukunft als um die jetzigen Bedarfe (und Wahlerfolge) kümmert.[13] Denn eines ist sicher: Umweltschutz gibt es nicht umsonst. Herrscht *Presentism* vor, bräuchte es daher wiederum einen stimmgewaltigen Ombudsmann der nachfolgenden Generationen, der sich einer solchen Gegenwartspräferenz (Gewinne jetzt, Verluste später)

---

[12] Alternativ gäbe es natürlich noch die Variante der De-Growth-Theorien zu diskutieren, die die Konsumhöhe eher absenken würden und dies zugunsten einer verbesserten Umweltqualität.

[13] Vgl. Göpel und Arhleger 2011, S. 4. *„Selbst wenn nur die zukünftigen Individuen, die in den nächsten 200 Jahren geboren werden, über die Energiepolitik mit abstimmen könnten, so gäbe es grundsätzlich andere Mehrheiten."* (Tremmel 2006, S. 4).

entgegenstemmt. Da sich die Jugend derzeit nicht in solch einer Form im Bereich der gesetzgebenden Politik vertreten sieht, sind die Freitagsdemonstrationen sicherlich ein Ausdruck dafür, einen Bedarf an zukunftsgewandter Politik anzumelden, bevor die Zukunft zur Gegenwart wird.

In diesem Lichte mag man vielleicht gar zu Recht anzweifeln, ob die heutige Jugend später (eben wenn die Zukunft die Gegenwart darstellt) noch Umweltqualität dem Konsum vorzieht. Nur muss die Schlussfolgerung in dem Fall nicht zwangsweise lauten, dass man dann das Demonstrieren doch auch sein lassen kann. Es könnte vielmehr bedeuten, dass jede herrschende bzw. entscheidende Generation der Gegenwart stets eine demonstrierende Zukunftsgeneration benötigt, um die Entscheider der Gegenwart dazu zu bewegen, einen umweltschützenden Kurs einzuschlagen bzw. beizubehalten.

Literatur

Anderlini, L., & Felli, L. (2006). Transaction costs and the robustness of the coase theorem. *The Economic Journal, 116*, 223–245.

Coase, R. H. (1960). The problem of social cost. *Journal of Law and Economics, 3*, 1–44.

Goolsbee, A., Levitt, S., & Syverson, C. (2014). *Mikroökonomik*. Stuttgart: Schäffer-Poeschel.

Göpel, M., & Arhleger, M. (2011). Wie die Rechte zukünftiger Generationen auf europäischer Ebene geschützt werden können. *Journal für Generationengerechtigkeit, 11*(1/2011), 4–11.

Krugman, P., & Wells, R. (2017). *Volkswirtschaftslehre* (2. Aufl.). Stuttgart: Schäffer-Poeschel.

Pearce, D. W., & Turner, R. K. (1991). *Economics of natural resources and the environment* (2. Aufl.). Baltimore: John Hopkins University Press.

Perman, R., Ma, Y., McGilvray, J., & Common, M. (2003). *Natural resource and environmental economics* (3. Aufl.). Harlow: Pearson Education Ltd.

Sturm, B., & Vogt, C. (2011). *Umweltökonomik – Eine anwendungsorientierte Einführung*. Berlin/Heidelberg: Springer.

Tremmel, J. (2006). Verankerung von Generationengerechtigkeit in der Verfassung, Stiftung für die Rechte zukünftiger Generationen (Hrsg.), SRzG-Studie, S. 1–32.

Weimann, J. (1991). *Umweltökonomik* (2. Aufl.). Berlin/Heidelberg: Springer-Lehrbuch, Springr.

WWF Deutschland. (2018). *Dem Ziel verpflichtet – CO_2-Mindestpreise im Instrumentenmix einer Kohle-Ausstiegsstrategie für Deutschland*. Berlin: WWF Deutschland.

Internetseitenverzeichnis

Spiegel-Online. (2018c). Diese Steuer kann das Klima retten – ohne Steuerzahler zu ärgern, Ein Interview von Benjamin Bidder mit Gilbert E. Metcalf, vom 29.07.2018. http://www.spiegel.de/wirtschaft/soziales/klimawandel-so-wuerde-eine-co2-steuer-funktionieren-a-1220510.html. Zugegriffen am 16.11.2018.

Welt.de. (2019). Umweltministerin legt Pläne für CO_2-Steuer vor, vom 20.04.2019. https://www.welt.de/politik/deutschland/article192182733/Klimaschaedliche-Treibhausgase-Umweltministerin-legt-Plaene-fuer-CO2-Steuer-vor.html. Zugegriffen am 26.04.2019.

Marktversagen in der Tourismusbranche?   **15**

15.1 Externalitäten des globalisierten Tourismus

Wenn jemand eine Reise tut, (so kann er was erzählen und – und darum geht es nun –) zieht er für die Reise seinen privaten Nutzen und seine privaten Kosten ins Kalkül, um über die Ausgestaltung (z. B. Dauer, Aufenthalt, Art etc.) seiner Reise zu entscheiden. Für die folgende Betrachtung soll es insbesondere um die Entfernung des Reiseziels gehen, wobei wir davon ausgehen, dass unsere exemplarisch herangezogenen Touristen gerne weit entfernte Orte besuchen, die zunehmende Entfernung aber mit abnehmendem Grenznutzen verbunden ist. Für die Anbieter von Reisen wiederum ist in unserem Beispiel nun das Ansteuern von weiter entfernten Zielen der Einfachheit halber mit konstanten Grenzkosten verbunden.

Nun lassen Sie uns des Weiteren mit externen Effekten arbeiten. Die Touristen kalkulieren wie gesagt auf Basis ihres privaten Nutzens und nutzen Flugzeug oder Kreuzfahrtschiff, um ihrem Urlaubswunsch nachzukommen. Was sie nicht in ihr Kalkül mit einbeziehen, ist die Umweltverschmutzung, die durch den Konsum des Beförderungsangebotes verursacht wird. Folglich kalkulieren sie lediglich auf Basis ihres privaten Nutzens und ignorieren Nutzeneinbußen anderer Menschen durch eine Verschlechterung der Umweltqualität.[1]

Die Abb. 15.1 stellt die Angebotskurve und die beiden Nachfragekurven – einmal auf Basis des privaten Grenznutzenkalküls und einmal auf Basis des gesellschaftlichen

---

[1] Andersherum aufgezogen könnten wir den Anbieter (z. B. eine Fluggesellschaft) betrachten und ihm attestieren, dass er das Angebot lediglich auf Basis der privaten Kosten kalkuliert, nicht aber die Schadstoffemission als externe Kosten mit einbezieht. Hinsichtlich des Flugs fallen als Dienstleistung im Sinne des Uno-Actu-Prinzips Konsum und Produktion zeitlich zusammen, daher wird die Verquickung aus Angebot und Nachfrage sehr deutlich.

© Springer Fachmedien Wiesbaden GmbH, ein Teil von Springer Nature 2019   139
F. Strotebeck, *Einführung in die Mikroökonomik*,
https://doi.org/10.1007/978-3-658-27307-1_15

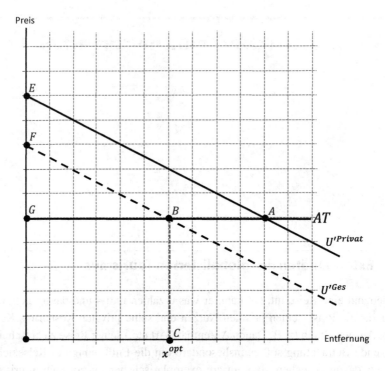

Abb. 15.1 Luftverschmutzung durch den Konsum von Flugreisen

Grenznutzenkalküls – dar. Es wird deutlich, dass ein geringeres Maß an Fliegerei, aufgrund der mit dem Konsum einhergehenden Nutzenbeeinträchtigung der Gesellschaft, optimal wäre (x^{opt}, also Punkt B statt Punkt A).

In Deutschland wurde nunmehr 2010 eine „ökologische Luftverkehrsabgabe" diskutiert, die auch auf Basis verursachten Lärms und Kerosinverbrauchs ausgestaltet sein sollte. Letzten Endes wurde jedoch die Bemessung an verursachten Externalitäten fallengelassen und eine Luftverkehrssteuer, basierend auf Passagierzahlen und Fluglänge, eingeführt, die vom Bundesverband der Deutschen Fluggesellschaften und dem Flughafenverband ADV (2010) auch gleich als Reisesteuer betitelt wurde.[2] Der Luftverkehr wurde nunmehr allerdings in den Emissionszertifikatehandel mit einbezogen, um den Umweltschädigungsaspekt einzupreisen. Entsprechend sanken die nach Entfernung gestaffelten Beträge der Luftverkehrssteuer pro Fluggast zum 01.01.2017 auf 7,47 €, 23,32 € und 41,99 €; grundsätzlich hat die Steuer damit aber weiterhin Bestand.[3] Allerdings sei auch

---

[2] Vgl. Bundesverband der Deutschen Fluggesellschaften und Flughafenverband ADV 2010. Dies ist teils dadurch zu begründen, dass Privatjets und Frachtverkehr von der Steuer ausgenommen sind. Daher bleiben eben gerade die „normalen" Passagierflüge übrig. Vgl. außerdem tagesspiegel.de 2010.

[3] Vgl. Bundesregierung 2016; Verordnung zur Absenkung der Steuersätze im Jahr 2017 nach § 11 Absatz 2 des Luftverkehrsteuergesetzes (Luftverkehrsteuer-Absenkungsverordnung 2017 – LuftVStAbsenkV 2017).

angemerkt, dass im Gegensatz zu Benzin der Flugzeugtreibstoff Kerosin für gewerblichen Luftverkehr nicht im Rahmen der Energiesteuer besteuert wird. Dies ist mit Blick auf intermodalen Wettbewerb zwischen Individualverkehr per Pkw oder der Nutzung von Schienenverkehr oder Bussen und Flugzeugen eine Preisverzerrung, die den Flugverkehr unterstützt, was wiederum nicht ganz in die Diskussionen zum Umweltschutz passt.[4] (Der – man könnte dies mit Steuern verwechseln – erhobene Kerosinzuschlag wird nicht staatlich geregelt [und auch nicht vom Staat eingenommen], sondern ist ein von der Airline individuell erhobener Zuschlag auf den Ticketpreis.) Somit schließt die Luftverkehrssteuer zumindest ein Stück der Energiebesteuerungslücke und ist aber sicherlich keine besondere Drangsalierung des Luftverkehrs. Mit Blick auf die Klimaauswirkungen des Flugverkehrs darf des Weiteren angemerkt werden, dass internationale kommerzielle Flüge außerdem noch von der Mehrwertsteuer befreit sind.[5] Diese zweifache Preisentlastung im Vergleich zu anderen Reisemitteln ist sicherlich wenig hilfreich, um die Nachfrage vom Reisemittel Flugzeug auf Alternativen umzulenken.

15.2 Kurtaxe und die Bereitstellung lokaler öffentlicher Güter

Kurtaxen sind sowohl in deutschen Urlaubsregionen als auch im Ausland gang und gäbe. Die Verteuerung des Urlaubsaufenthaltes durch die Abgabe eines Geldbetrags pro Übernachtung kann von der Wirkung her wie eine Mengensteuer auf dem Markt angesehen werden. Betrachten wir eine Region, in der eine Kurtaxe auf Basis der Anzahl der Übernachtungen kalkuliert wird, so verteuert sich der Aufenthalt pro Gast und pro Nacht. Ohne Zusatzbetrag verläuft die Kalkulation der Menge (*„Wie viele Tage verbringe ich an der gewünschten Destination?“*), wie wir es kennen, über den zu zahlenden Preis. Der Aufschlag pro Nacht verändert den Preis wie bei einer Mengensteuer. Pro Nacht muss nicht nur der Preis gezahlt werden, den der Hotelier verlangt (p^A), sondern zusätzlich eine Kurtaxe (t^K). Damit ergibt sich der Nachfragerpreis in altbekannter Form durch: $p^N = p^A + t^K$. Für den Hotelier bedeutet es, dass der Tourist zwar mit einem Preis inkl. der Kurtaxe seine nachgefragte Menge kalkuliert, weil er diese Höhe bezahlen muss, aber erhalten wird der Hotelier die Kurtaxe nicht, womit gilt $p^A = p^N - t^K$. Wir wissen hinsichtlich Mengensteuern, dass Steuern eine lenkende Funktion haben und zu einer Reduzierung der gehandelten Menge des betrachteten und besteuerten Gutes führen. Im touristischen Fall wäre dies nun die Anzahl an Übernachtungen, die als Proxy ausreicht, für die Anzahl der Touristen an der Destination selbst. Doch wir wissen, dass wir mit dem Urteil der Ineffizienz von Markteingriffen vorsichtig sein müssen, da es durchaus Situationen geben kann, die *für* einen Eingriff sprechen, da diese einer ineffizienten Allokation über den Marktmechanismus entgegenwirken.

---

[4] Vgl. Umweltbundesamt 2016, S. 44.

[5] Vgl. Umweltbundesamt 2016, S. 45.

In dem Zusammenhang haben wir den Oberbegriff der Marktversagenstatbestände bemüht. Wir fragen uns daher im Folgenden, ob ein solcher im Fall des Touristenaufkommens an einem Urlaubsort zutrifft oder nicht, die Kurtaxe daher eher Ineffizienzen erzeugt oder aber einer ineffizienten Marktallokation entgegenwirkt.

Stellen Sie sich vor, Sie verbringen mit der Familie und/oder Freunden Ihren Urlaub am Meer. Der Strand und die Buchten sind gepflegt und laden zum Verweilen ein. Das Wasser ist klar, Kinder spielen in den Wellen. Und Kinder, die diesem überdrüssig werden, tummeln sich mit anderen Kindern am nahgelegenen Spielplatz. Später, als die Dämmerung hereinbricht, flackern Lichter an der Uferpromenade auf und tauchen den Urlaubsort in warmes, gelbes Licht. Nun frage ich Sie: *„Haben Sie das alles auch bezahlt?"*

In einem Artikel von Rigall-i-Torrent und Fluvià (2007) führen die Autoren aus, dass seitens des Konsumenten das Ausmaß der Bereitstellung öffentlicher Güter (eben Strände, aber auch Sicherheit, Erreichbarkeit etc.) hinsichtlich des gewählten Reiseziels mit ins Kalkül einbezogen wird. Ihr Nutzenkalkül und die daraus abgeleitete Zahlungsbereitschaft basiert demnach auf einerseits anbieterbezogenen Aspekten (Hotel-Sterne, Wellnessangebote, Essensqualität, Zimmergröße), die bei den Anbietern unterschiedlich sein können und andererseits auf der Bereitstellung an öffentlichen Gütern, die an gegebenen Urlaubsorten schlussendlich für alle Anbieter gleich (z. B. gepflegtes Landschaftsbild) ist, also kein Alleinstellungsmerkmal darstellt. Hinsichtlich der öffentlichen Güter können Sie als Kunde nicht direkt über das Ausmaß der Bereitstellung bestimmen, sondern dies nur als gegeben hinnehmen und für sich die Entscheidung treffen, in eine Region zu reisen, die ein bestimmtes Ausmaß an öffentlichen Gütern bereithält (oder nicht). Dieses Ausmaß der Bereitstellung ist dann für alle Konsumenten vor Ort identisch. Für die Anbieter wird das Kalkül ganz ähnlich aufgezogen. Diese können die anbietereigenen Charakteristika nach individuellem Kalkül ausweiten oder reduzieren (größere, kleinere bzw. mehr oder weniger Zimmer, Zusatzangebote, Spa-Bereich, Animation etc.). Die öffentlichen Güter dagegen sind in der Region fix. Das Unternehmen kann langfristig nur entscheiden, ob es sich an einem Urlaubsort ansiedelt, in dem das Ausmaß öffentlicher Güter größer oder kleiner ist, was mit höheren oder geringeren Steuern einhergehen dürfte, über die die öffentlichen Güter finanziert werden müssen.[6]

Wir gehen die Thematik nun aber bereits ein Stückchen früher an und kommen ein wenig später auf die Konzeptualisierung von gerade zurück. Im ersten Schritt überlegen wir uns – rückblickend auf die Theorie zur Bereitstellung öffentlicher Güter –, wie wir die optimale Menge ermitteln. Während bei privaten Gütern etwa ein einmal konsumiertes Eis kein weiteres Mal konsumiert werden kann und daher über eine Horizontaladdition der Nachfragekurven die Gesamtnachfrage zu entsprechenden Preisen ermittelt wird, wissen wir, dass bei öffentlichen Gütern keine Rivalität im Konsum vorherrscht und keine Ausschlussmöglichkeit vorhanden ist, sodass eine von mir betrachtete, beleuchtete Uferpromenade ohne Nutzeneinbuße auch von Ihnen betrachtet werden kann. Wenn ich nun für die Beleuchtung 5,00 € zu zahlen bereit wäre und Sie wären 3,00 € zu zahlen bereit, dann hätten

---

[6]Vgl. Rigall-i-Torrent, Ricard und Fluvià, Modest (2007), S. 361–370.

15.2 Kurtaxe und die Bereitstellung lokaler öffentlicher Güter

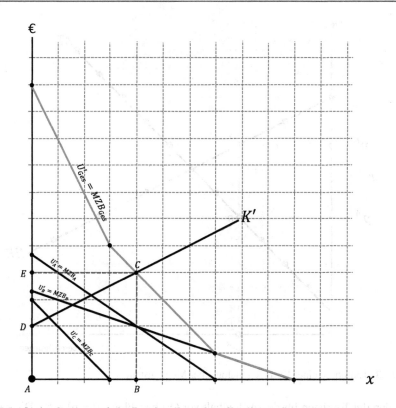

Abb. 15.2 Optimales Ausmaß der Bereitstellung des öffentlichen Gutes

wir bereits 8,00 € mit denen wir versuchen könnten, die Beleuchtung zu finanzieren. Wir addieren die Nachfragekurven demnach vertikal. In der Abb. 15.2 stellt nun x etwas abstrakter einfach das Ausmaß der Bereitstellung öffentlicher Güter dar und für drei Personen (A, B und C) wurden die marginalen Zahlungsbereitschaften abgetragen sowie die Summe, also die gesellschaftliche marginale Zahlungsbereitschaft: MZB_{Ges}.

Anhand des Schnittpunktes der Kurve der gesellschaftlichen marginalen Zahlungsbereitschaft und der Grenzkostenkurve (Punkt C), die über die Kosten der Bereitstellung des öffentlichen Gutes Aufschluss gibt, kann das optimale Ausmaß (B) zu einem Betrag in Höhe von E ermittelt werden. Offen ist nun bekanntermaßen die Finanzierungsfrage. Gehen wir daher davon aus, dass die Kosten – dargestellt durch die Fläche unterhalb der Grenzkostenkurve ($ABCD$) – durch Steuermittel getragen werden sollen.

Weil (hier folge ich der Argumentation von Rigall-i-Torrent und Fluvià 2007) sowohl Touristen als auch Hoteliers einen besonderen Nutzen aus der guten lokalen Ausstattung mit öffentlichen Gütern ziehen, wird eine Kurtaxe gemäß der weiter oben erfolgten Spezifizierung eingeführt. Durch das Implementieren einer Kurtaxe (t^K) reduziert sich demnach je nach Reagibilität der Preis, den die Hoteliers erhalten ($p^A = p^N - t^K$) bzw. erhöht sich der

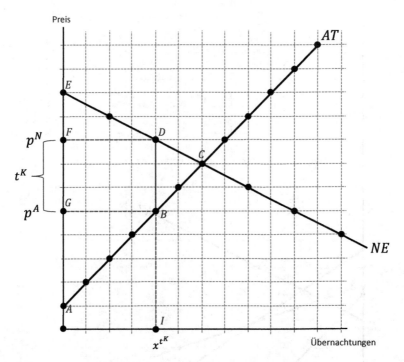

Abb. 15.3 Einführen einer Kurtaxe (analog einer Mengensteuer)

Preis, den die Touristen für den Aufenthalt vor Ort bezahlen ($p^N = p^A + t^K$). Die Abb. 15.3 zeigt den Eingriff in den Markt für Übernachtungen durch die Kurtaxe.

Das Resultat der Einführung einer Kurtaxe zur Refinanzierung des Angebots öffentlicher Güter an einem Urlaubsort führt nun wie erwartet zur Öffnung der Preisschere. Im Hinblick auf die Konzeptionierung nach Rigall-i-Torrent und Fluvià (2007) ist nun mit einer Anpassungsreaktion durch sowohl Konsumenten als auch Produzenten (langfristig) zu rechnen.

Das Ausmaß der Bereitstellung öffentlicher Güter spiegelt sich nun in den lokalen Übernachtungspreisen wider, die durch die Kurtaxe beeinflusst wurden. Nachfrager, die nur eine geringe Präferenz für öffentliche Güter haben (z. B. Akteur C in Abb. 15.2), werden in Regionen Urlaub machen, in denen der Preis hauptsächlich über individuelle Charakteristika der Hotels zustande kommt (Sterne, Wellness etc.) und weniger in welchen, in denen ein großer Teil des Preises durch die Finanzierung öffentlicher Güter zustande kommt. Urlauber aber, mit einer hohen Zahlungsbereitschaft für öffentliche Angebote wie Hundewiesen, Spielplätze, beaufsichtigte Strände, gepflegte Promenaden, atmosphärische Beleuchtung etc., wählen Urlaubsziele mit diesen Angeboten, auch wenn sie nun dafür höhere Preise zahlen. So gesehen finden noch die Aktivitäten am Markt statt, bei denen sich Anbieter und Nachfrager die Finanzierung der öffentlichen Güter (je nach Elastizität) aufteilen. Im Bereich *BCD* haben wir die Fläche, die unseren Wohlfahrtsverlust widerspiegelt. Dies wäre nun der Bereich, bei dem aufgrund der zusätzlichen, nun in

15.3 Auf dem Gipfel ist nicht genug Platz

den Markt integrierten Kosten (Kurtaxe zur Finanzierung der öffentlichen Güter) kein Handel mehr zustande käme. Die Betreiber der Hotels würden langfristig in Gegenden abwandern, in denen ein geringeres Ausmaß an öffentlichen Gütern bereitgestellt wird (und finanziert werden muss), ebenso wie diejenigen Konsumenten, die den öffentlichen Gütern wenig abgewinnen.

Ende Mai 2019 häuften sich Meldungen über die Problematik der Bergbesteigung des Mount Everest und über die tragischen Todesfälle, die hiermit verbunden sind. Im Folgenden wollen wir uns der Problematik, die an dieser Stelle auftaucht, ganz nüchtern und abstrakt widmen und zwar anhand eines Modells, das sich in der Regel zur Erklärung von Stauungseffekten („*congestion*") im Straßenverkehr verdient gemacht hat.[7]

Normalerweise könnten durchaus Teilnehmer von mehreren Expeditionen einen Berg besteigen, ohne dass dadurch die Konsummöglichkeit (den Gipfel erklimmen) weiterer Bergsteiger reduziert werden würden. Dies ist vergleichbar mit einer Straße, auf der weitere Autos fahren können, ohne mich in der Nutzung zu beeinträchtigen. Doch kennt jeder von uns Stausituationen auf Autobahnen; Momente in denen wir uns durchaus durch die anderen Verkehrsteilnehmer am schnelleren Vorankommen behindert sehen. Dies steht im Einklang mit Bildern, die man vom berühmtesten 8000er der Welt kennt, wo Bergsteiger innerhalb der so genannten Todeszone Schlange stehen, um den Gipfel erreichen zu können. Wie können wir diese Problematik mikroökonomisch aufbereiten?

Ein Expeditionsteilnehmer wird schlicht mit einem gewissen Todesfallrisiko kalkulieren, und dies bezeichnen wir als private Kosten (ganz ungefährlich ist das Besteigen eines Berges eben so oder so nicht). Zur Vereinfachung gehen wir davon aus, dass alle Bergsteiger gleich gut gerüstet sind und daher die Todesfallwahrscheinlichkeit für alle Personen gleich hoch wäre.[8] Liegt der Nutzen, den jemand aus dem Erklimmen eines Berggipfels zieht, über den Kosten einer Todesfallwahrscheinlichkeit von 2 Prozent, so findet eine Expeditionsteilnahme statt. Gehen wir davon aus, dass es hinsichtlich einer erfolgreichen Gipfelbesteigung auf die Geschwindigkeit ankommt, in der der Gipfel innerhalb der Todeszone erreicht und diese Zone auch wieder verlassen wird, dann ist diese Zeit und somit auch das von der Zeitdauer abhängige Risiko unter unseren Annahmen für alle Bergsteiger und Bergsteigerinnen gleich. Für unser Beispiel wollen wir davon ausgehen, dass 120 Minuten (ein rein fiktionaler Wert) die normale Auf- und Abstiegszeit betragen würden.

Nun betrachten wir, wann es zu Problemen kommt: Ab einer bestimmten Menge an Personen am Berg kommt es zu Stauungen. Das heißt, dass z. B. die durchschnittliche Zeit von 120 Minuten für Auf- und Abstieg nicht mehr eingehalten werden kann. Eine zusätz-

---

[7] Vgl. O'Sullivan 2007, S. 210–213; Letzner 2010, S. 96–98 sowie McDonald 1997, S. 183–185.

[8] Vgl. für genaue Zahlen Weinbruch und Nordby (2010). Die Autoren haben in einer Studie gewissenhaft Todesfallhäufigkeiten für unterschiedliche Berge ermittelt und aufbereitet.

liche Person am Berg erhöht dabei nicht nur die eigene benötigte Dauer (in geringem Maße), sondern auch die benötigte Zeit für alle übrigen Bergsteiger und Bergsteigerinnen und erhöht damit auch deren Todesfallwahrscheinlichkeit. Dies ist fachlich ausgedrückt eine negative Externalität. Durch das individuelle Kalkül (auf privatem Nutzen und privaten Kosten basierend), werden Dritte mit beeinflusst. In Abb. 15.4 ist dies dargestellt.

Die Nachfragekurve (X^{NE}) folgt dem Gesetz der Nachfrage. In unserem Fall bedeutet dies, dass viele Bergsteiger den Berg erklimmen wollen würden, wenn die dafür in der Todeszone verbrachte Zeit äußerst gering ausfiele. (Damit einer geht schließlich, dass die Todesfallwahrscheinlichkeit ebenfalls sehr gering wäre.) Mit Anstieg der benötigten Zeit, geht die Anzahl der Bergsteiger zurück, die sich der Aufgabe des Auf- und Abstiegs widmen. Immerhin steigt die Todesfallwahrscheinlichkeit mit zunehmender Zeitdauer an und dieses Risiko werden nur diejenigen auf sich nehmen, die einen sehr hohen Nutzen aus dem Erklimmen des Gipfels ziehen. Wie immer betrachten wir aber nicht nur den Nutzen, sondern auch die Kosten. Diesbezüglich unterscheiden wir die durchschnittlichen, privaten Kosten und die Grenzkosten. Die durchschnittlichen Kosten liegen bei geringem Betrieb am Berg bei konstant 120 Minuten und somit auch konstantem („normalem") Risiko. Jedoch kommt es ab fünf Personen am Hang langsam dazu, dass ein vollkommen ungehindertes Klettern nicht mehr gegeben ist. Kurzes Warten hier und kurzes Warten dort erhöht die benötigte Zeit, um den Gipfel zu besteigen und den Berg anschließend wieder zu verlassen. Hinsichtlich der privaten Kosten kalkuliert jedoch jeder zusätzliche Bergsteiger/jede Bergsteigerin lediglich mit der für ihn/bzw. sie unmittelbar relevanten Zeitverzöge-

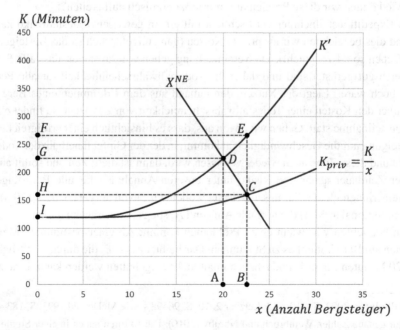

Abb. 15.4 Staukosten

rung (Strecke 0 bis H). Gemäß des Ausgleichs von Kosten und Nutzen kommt es so zu einer Anzahl von B Personen am Berg. Der im Vergleich zum normalen Betrieb ohne Staukosten benötigte Zeitaufwand liegt für die einzelne Person betrachtend um das Ausmaß $\overline{IH}$ höher. Was jedoch unbeachtet bleibt, ist, dass eine zusätzliche Person am Berg eben nicht nur die eigene Kletterzeit erhöht, sondern die Kletterzeit aller am Berg befindlichen Personen. Die Kosten, die durch einen weiteren Akteur zusätzlich verursacht wurden, jedoch von den anderen Bergsteigern getragen werden, liegen bei einer Höhe von $\overline{HF}$. Die Grenzkosten stellen nämlich dar, wie sich die Gesamtzeit am Berg durch einen zusätzlichen Bergsteiger erhöht hat. Somit wäre allein im Sinne des ökonomischen Kalküls das Ausmaß der Bergnutzung bereits zu hoch und das eingegangene Risiko entspräche nicht dem damit einhergehenden Nutzen. Wir könnten einen Wohlfahrtsverlust in Höhe des Dreiecks DCE bestimmen, der uns zeigt, inwiefern das fehlende Einbeziehen der Auswirkungen auf Dritte für uns im Vergleich zum Optimum abweichende Zusatzkosten bedeutet. Die so gesehen optimale Anzahl an Bergsteigern bestimmt sich nunmehr durch Abwägen des Grenznutzens und der Grenzkosten, sodass Punkt D das Optimum und eine Verringerung des Risikos darstellt, die genau dem mit dem Erklimmen des Gipfels verbundenen Grenznutzen entspricht. Die Anzahl an Expeditionsteilnehmern läge dann bei 20 Personen.

Literatur

Bundesregierung. (2016). Verordnung zur Absenkung der Steuersätze im Jahr 2017 nach § 11 Absatz 2 des Luftverkehrsteuergesetzes (Luftverkehrsteuer-Absenkungsverordnung 2017 – LuftVStAbsenkV 2017). In Bundesgesetzblatt Jahrgang 2016, Teil I, Nr. 52, 2488, ausgegeben zu Bonn am 9. November 2016.

Letzner, V. (2010). *Tourismusökonomie*. München: Oldenbourg Wissenschaftsverlag GmbH.

McDonald, J. (1997). *Fundamentals of urban economics*. Prentice: Prentice Hall.

O'Sullivan, A. (2007). *Urban economics, international edition* (6. Aufl.). Boston: McGraw-Hill.

Rigall-i-Torrent, R., & Fluvià, M. (2007). Public goods in tourism municipalities: Formal analysis, empirical evidence and implications for sustainable development. *Tourism Economics, 13*(3), 361–378.

Umweltbundesamt. (2016). Umweltschädliche Subventionen in Deutschland, aktualisierte Ausgabe 2016, Dessau-Roßlau.

Weinbruch, S., & Nordby, K.-C. (2010). Fatal accidents among elite mountaineers: A historical perspective from the European Alps. *High Altitude Medicine & Biology, 11*(2), 147–151.

Internetseitenverzeichnis

Bundesverband der Deutschen Fluggesellschaften und Flughafenverband ADV. (2010). Luftverkehrsabgabe wird neue Reisesteuer, Pressemitteilung vom 24.06.2010, Berlin. http://www.bdf. aero/files/4213/5726/8984/1006240319PMLuftverkehrsabgabe.pdf. Zugegriffen am 01.09.2017.

tagesspiegel.de.(2010).SteueraufFlugticketsdochnichtöko,veröffentlichtam26.06.2010.https://www. tagesspiegel.de/wirtschaft/luftverkehrsabgabe-steuer-auf-flugtickets-doch-nicht-oeko/1866722. html?print=true. Zugegriffen am 12.06.2019.

Auf Weltmärkten handeln 16

16.1 Das Zwei-Länder-Modell

Im März 2018 wurde über die Festsetzung von Strafzöllen auf Stahl und Aluminium seitens den USA in den Medien heiß diskutiert. Befürchtungen über einen drohenden Handelskrieg werden laut, und die EU plant mit Zöllen auf Erdnussbutter, Whiskey und andere Produkte ihre Vergeltungsschläge.

Schauen wir uns daher im Folgenden unter Verwendung unserer einfachen bekannten Marktmodelle an, was es mit dem Welthandel eigentlich auf sich hat und wie sich aus unserem Modell heraus Weltmarktpreis sowie Im- und Exporte bestimmen lassen, um im Anschluss daran betrachten zu können, welche Auswirkungen von Zöllen ausgehen können.

Dazu betrachten wir ein einfaches Zwei-Länder-Modell und vernachlässigen Wechselkurse (oder gehen von einem Wechselkurs von 1 zu 1 aus). Des Weiteren betrachten wir nur ein einziges Produkt. Das Binnenland könnte die EU sein und die USA wären aus dieser Sicht heraus der Auslandsmarkt. Gehandelt werden soll Weißblech (was wir nun als ein homogenes Gut betrachten). Die Angebotsfunktion am Binnenmarkt für den täglichen Handel mit Weißblech mag lauten: $X_{Bin}^{AT} = 200p$ und die Nachfragefunktion: $X_{Bin}^{NE} = 600 - 200p$ Auf dem heimischen Markt würde sich, ohne die Möglichkeit des grenzüberschreitenden Handels, ein Preis in Höhe von 1,50 € pro Einheit einpendeln und täglich würden 300 Einheiten Blech gehandelt werden. Auf dem Auslandsmarkt dagegen mögen die Angebotsfunktion: $X_{Aus}^{AT} = -100 + 100p$ und die Nachfragefunktion: $X_{Aus}^{NE} = 500 - 100p$ gelten. Der Gleichgewichtspreis läge dann bei 3,00 € und die Gleichgewichtsmenge bei 200 Einheiten.[1]

---

[1]Vgl. zur allgemeinen Thematik Engelkamp und Sell 2013, S. 351 sowie Brunner und Kehrle 2014, S. 689 und 693.

© Springer Fachmedien Wiesbaden GmbH, ein Teil von Springer Nature 2019   149
F. Strotebeck, *Einführung in die Mikroökonomik*,
https://doi.org/10.1007/978-3-658-27307-1_16

Betrachten wir die Preise der beiden Regionen, dann wird deutlich, dass der Preis auf dem Binnenmarkt mit 1,50 € deutlich unterhalb des Preises auf dem Auslandsmarkt (3,00 €) liegt. Lassen wir den Handel zwischen den Ländern zu, dann wird das Land mit dem günstigeren Preis seine Waren im anderen Land zu einem Preis unterhalb des dortigen Marktpreises anbieten können.[2] Gleichfalls würde im Ausland zu einem geringeren Preis auch eine größere Menge nach Blech nachgefragt werden. Bestimmen wir das Importangebot bzw. die Exportnachfrage des Auslands (USA) und das Exportangebot bzw. die Importnachfrage des Inlands (EU).

Die Exportnachfrage ergibt sich aus der Differenz von Nachfrage und Angebot des Auslands.

$$X_{Ex}^{NE} = X_{Aus}^{NE} - X_{Aus}^{AT}$$

$$X_{Ex}^{NE} = 500 - 100p - \left(-100 + 100p \right)$$

$$X_{Ex}^{NE} = 600 - 200p$$

Wir sehen bereits, dass die Exportnachfrage den Wert null annehmen würde, wenn der Preis 3,00 € betragen würde. Die angebotene und nachgefragte Menge im Ausland würde dann übereinstimmen. Läge der Preis aber unterhalb von 3,00 €, dann übersteigt die nachgefragte Menge die angebotene Menge und die Volkswirtschaft würde die Nachfrage über Importe decken bzw. anders ausgedrückt, die Volkswirtschaft würde die Exporte anderer Länder nachfragen.[3]

Schauen wir uns die Herleitung der Exportnachfrage genauer an: Bei einem Preis von 3,00 € würde im Ausland genau die Menge des Gutes produziert werden, die auch nachgefragt wird (200 Einheiten; Abb. 16.1). Daher gäbe es auch keinen Bedarf an Exportwaren anderer Länder. Die nachgefragte Menge im betrachteten Land würde genau durch die ebenfalls in diesem Land produzierte Menge gedeckt. Zu einem geringeren Preis käme es zu einem Nachfrageüberschuss. Läge der Weltmarktpreis z. B. bei 2,50 €, dann würden die Produzenten im Ausland ihre Menge auf 150 Einheiten reduzieren (Punkt A), wohingegen die nachgefragte Menge auf 250 Einheiten ansteigen würde (Punkt B). Der Nachfrageüberschuss von 100 Einheiten (Strecke $\overline{AB}$) entspricht der nachgefragten Menge nach Exporten auf dem Weltmarkt (Strecke $\overline{A'B'}$). Je niedriger der Weltmarktpreis ausfällt, desto größer wird die Angebotslücke (der Nachfrageüberschuss) auf dem betrachteten Auslandsmarkt (vergleiche die Strecken $\overline{CD}$ und $\overline{C'D'}$ bei einem Preis von 2,00 € sowie $\overline{EF}$ und $\overline{E'F'}$ bei einem Preis von 1,50 €) und somit die nachgefragte Menge nach Exportgütern.[4]

---

[2] Transportkosten klammern wir aus.

[3] Vgl. Engelkamp und Sell 2013, S. 351 und Brunner und Kehrle 2014, S. 689 und 693 sowie Göcke und Köhler 2002, S. 285.

[4] Vgl. Krugman und Obstfeld 2009, S. 254; Engelkamp und Sell 2013, S. 351 sowie Cowen und Tabarrok 2010, S. 150 und Samuelson und Nordhaus 2010, S. 532.

16.1 Das Zwei-Länder-Modell

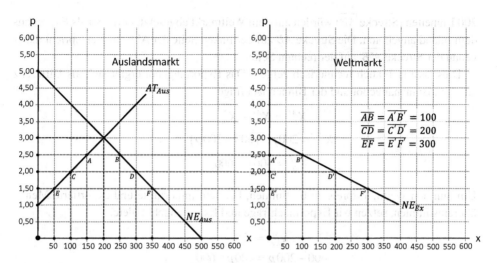

Abb. 16.1 Herleitung der Exportnachfrage auf dem Weltmarkt

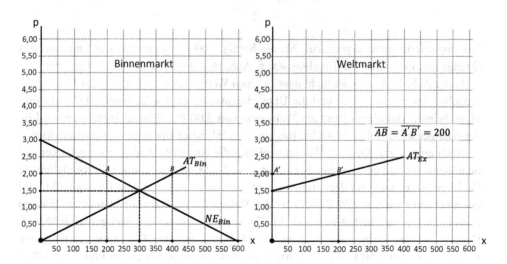

Abb. 16.2 Herleitung des Exportangebots auf dem Weltmarkt

Aus dem Binnenmarkt heraus lässt sich in gleicher Weise das Exportangebot bestimmen (Abb. 16.2):

Zu einem Preis von 1,50 € je Einheit Weißblech würden im Binnenmarkt 300 Einheiten gehandelt werden. Der Markt wäre geräumt. Ist – bei freiem Handel – nun auf dem Weltmarkt jedoch ein Preis von 2,00 € je Einheit zu erzielen, so würden die Produzenten ihre Produktion ausweiten (bis auf 400 Einheiten). Zu einem Preis in Höhe von 2,00 € würden von diesen 400 Einheiten jedoch lediglich 200 Einheiten abgesetzt (Punkt A). Die übrigen

200 Einheiten (Strecke $\overline{AB}$) würden auf dem Weltmarkt abgesetzt, dort also als Export aus dem Inland angeboten. Die Strecke $\overline{AB}$ auf der linken Seite der Abb. 16.2 entspricht daher genau der Strecke $\overline{A'B'}$ auf der rechten Seite.

Dies lässt sich auch rechnerisch zeigen: Das Exportangebot ergibt sich als Differenz aus dem Binnenangebot und der Binnennachfrage.

$$X_{Ex}^{AT} = X_{Bin}^{AT} - X_{Bin}^{NE}$$

$$X_{Ex}^{AT} = 200p - (600 - 200p)$$

$$X_{Ex}^{AT} = 400p - 600$$

Um nun den Weltmarktpreis zu bestimmen, bei dem importierte und exportierte Menge übereinstimmen, setzen wir Exportnachfrage und Exportangebot gleich.

$$X_{Ex}^{NE} = X_{Ex}^{AT}$$

$$600 - 200p = 400p - 600$$

$$600p = 1200$$

$$p = 2$$

Die importierte (bzw. exportierte) Menge beträgt 200 Einheiten und der Importumsatz (Menge mal Preis) dann im Ergebnis 400 €. Abb. 16.3 stellt den Zusammenhang dar.

In der Abb. 16.3 wird deutlich, dass es einen Weltmarktpreis gibt, der das Überschussangebot des Inlandes (EU) und die Überschussnachfrage des Auslandes (USA) in Einklang bringt.[5] Bei einem Preis am Weltmarkt von 2,00 € je Einheit Weißblech wird im Ausland genau so viel mehr nachgefragt, wie im Inland an Überschuss produziert wird.

Noch einmal zur Klärung: Warum beginnen die Angebots- und Nachfragekurven auf dem Weltmarkt auf der Ordinate bei 1,50 € bzw. 3,00 €? Betrachten wir diesbezüglich die Gleichgewichtspreise auf dem Binnen- bzw. Auslandsmarkt. Auf dem Binnenmarkt wird erst ab einem Preis von 1,50 € Blech für den Weltmarkt angeboten. Erst bei einem höheren Preis kommt es zu einem Auseinanderklaffen von angebotener und nachgefragter Menge. Demnach werden erst zu einem Preis ab 1,50 € Exporte angeboten. Die Exportangebotskurve beginnt daher bei 1,50 €. Auf dem Auslandsmarkt stimmen bei einem Preis von 3,00 € angebotene und nachgefragte Menge überein. Erst zu einem geringeren Preis würde weni-

---

[5] Wir können das Gleichgewicht auf dem Weltmarkt auch bestimmen, indem wir Auslands- und Inlandsnachfrage addieren sowie Auslands- und Inlandsangebot, um Angebot und Nachfrage auf dem Weltmarkt zu erhalten. Setzen wir diese gleich, dann erhalten wir ebenfalls den Weltmarktpreis und können dann im weiteren Schritt die gehandelte Menge bestimmen. $X_{Welt}^{AT} = X_{Bin}^{AT} + X_{Aus}^{AT} \rightarrow X_{Welt}^{AT} = 100p - 100 + 200p = 300p - 100$ sowie $X_{Welt}^{NE} = X_{Bin}^{NE} + X_{Aus}^{NE} \rightarrow X_{Welt}^{NE} = 600 - 200p + 500 - 100p = 1.100 - 300p$. Nun folgt das Gleichsetzen von Weltangebot und Weltnachfrage: $X_{Welt}^{AT} = X_{Welt}^{NE} \rightarrow 300p - 100 = 1100 - 300p \rightarrow p = 2$ (vgl. auch Engelkamp und Sell 2013, S. 351 sowie Brunner und Kehrle 2014, S. 689 sowie Bontrup 2004, S. 734.

16.1 Das Zwei-Länder-Modell

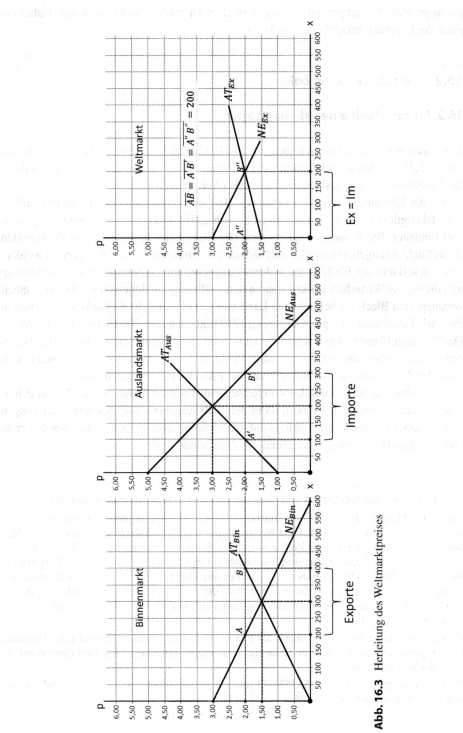

Abb. 16.3 Herleitung des Weltmarktpreises

154 16 Auf Weltmärkten handeln

ger angeboten als nachgefragt, sodass es zu einer Überschussnachfrage käme. Daher beginnt die Exportnachfragekurve bei 3,00 €.[6]

16.2 Einführen eines Zolls

16.2.1 Importzoll eines kleinen Landes

Betrachten wir nun, welche Wirkung ein spezifischer Zoll (Mengenzoll)[7] hat, zu Beginn für den Fall, dass das zollerhebende Land ein *kleines Land*[8] darstellt. Greifen wir uns dafür das Diagramm für den Auslandsmarkt heraus (Abb. 16.4).

Vor der Einführung von Zöllen (hier als Mengenzoll, sprich einen Betrag pro Einheit Edelstahl) gilt der Weltmarktpreis in Höhe von 2,00 € (Punkt E). Es werden insgesamt 300 Einheiten Blech nachgefragt, wovon 100 Einheiten von inländischen Produzenten (*0* bis Punkt A) angeboten werden und weitere 200 Einheiten (A bis D) importiert werden. Der Zoll soll nun den Einfluss des Weltmarktangebots auf das betrachtete Land schmälern und die eigene Wirtschaft stärken. Durch den Zollbetrag in Höhe von 0,50 € pro Einheit verteuert sich Blech im betrachteten Land von 2,00 € auf 2,50 € (Punkt F). Zu diesem Preis wird insgesamt weniger nachgefragt (250 Einheiten statt 300 Einheiten; s. Punkt C). Des Weiteren können inländische Produzenten einen größeren Teil der Nachfrage bedienen (150 Einheiten statt 100 Einheiten; s. Punkt B). Diese Änderung stellt die Schutzwirkung des Zolls inländischer Produzenten vor ausländischen Produzenten dar.[9]

In unserem Beispiel ist das den Zoll festsetzende Land ein *kleines Land*. Dies ist dahingehend eine wichtige Information, da in dem Fall Angebots- und Nachfrageänderungen dieses kleinen Landes keinen Einfluss auf den Weltmarktpreis haben, sodass wir den Preis von 2,00 € nicht nachträglich aufgrund des Zolls wieder ändern müssen.

---

[6] Vgl. Engelkamp und Sell 2013, S. 351 sowie Brunner und Kehrle 2014, S. 689 und 693.

[7] Bei einem Mengenzoll ergibt sich der Inlandspreis aus dem Auslandspreis zzgl. einer pro Einheit zu entrichtenden Zollabgabe. Bei einem Wertzoll dagegen ergibt sich der Inlandspreis aus dem Auslandspreis multipliziert mit einem Zollparameter (1 + Zollsatz). Somit wird die Ähnlichkeit zu einer Steuer (sprich einer Importsteuer) deutlich. Ebenfalls möglich ist eine variierende Zollabgabe, mit welcher die Höhe eines Stützpreises erreicht werden soll. Die Differenz zwischen Auslandspreis und inländischem Stützpreis wird als Zoll erhoben. Sinkt der Auslandspreis, so erhöht sich die Differenz von Auslands- zu Inlandspreis, und daraus resultiert, dass die Zollabgabe steigt und vice versa (vgl. auch Ethier 1997, S. 218 f.)

[8] Ein kleines Land agiert am Weltmarkt als Preisnehmer, d. h. es nimmt den auf dem Weltmarkt herrschenden Preis als gegeben hin. Seine eigene Mengenentscheidung hat keinen Einfluss auf die Höhe des Weltmarktpreises.

[9] Vgl. Engelkamp und Sell 2013, S. 352–354 sowie Cowen und Tabarrok 2010, S. 151 und Samuelson und Nordhaus 2010, S. 534–536.

16.2 Einführen eines Zolls

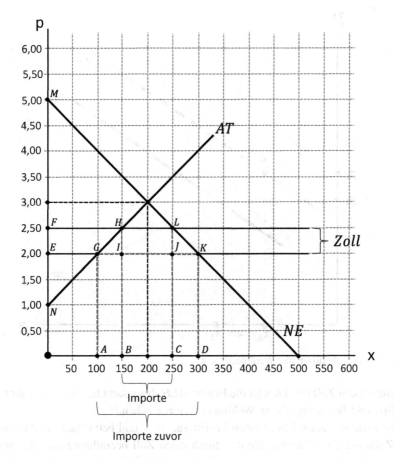

Abb. 16.4 Auswirkungen eines Zolls (kleines Land)

Schauen wir uns noch die Wohlfahrtswirkungen des Zolls an. Ohne den Zoll besteht die Produzentenrente aus dem Dreieck *NGE*. Die Konsumenten erhalten das Gut zum günstigen Weltmarktpreis und die Konsumentenrente wird durch das große Dreieck *EKM* erfasst. Durch den Zoll erhöht sich der Preis und die Konsumentenrente sinkt um die Fläche *EKLF* auf das Dreieck *FLM*. Die Konsumenten orientieren sich am zu zahlenden Binnenmarktpreis und dieser hat sich durch die Zolleinführung erhöht. Dafür steigt die Produzentenrente um die Fläche *EGHF* auf die Fläche *NHF* an. Als Verlust an Wohlfahrt sind aber die Flächen *GIH* sowie *JKL* zu identifizieren. Die Produzenten erhöhen aufgrund des höheren Inlandspreises die Produktion und produzieren so zu höheren Kosten, als es der Bezug des Gutes am Weltmarkt erfordert hätte. Sinkt die Konsumentenrente um *EKLF* und steigt die Produzentenrente um *EGHF*, so bleibt die Fläche *GKLH* übrig. Innerhalb dieser Fläche sind die Einnahmen des Staats versteckt. Der Staat nimmt pro importierter

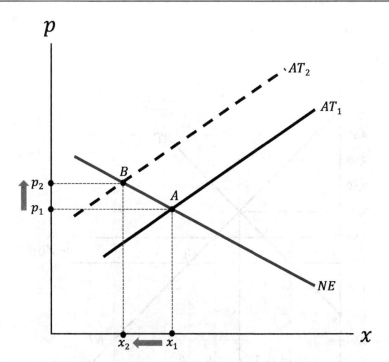

Abb. 16.5 Getränkedosen und Weißblechpreis

Gütereinheit den Zoll ein. Dies ist die Fläche *IJLH*. Insgesamt bleiben somit aber die Flächen *GIH* und *JKL* übrig, die an Wohlfahrt verloren gehen.[10]

Gehen wir nun einmal kurz einen Schritt zur Seite und betrachten die Auswirkungen eines Zolls auf eine Branche, die das durch einen Zoll beeinflusste Gut als Inputfaktor benötigt. Hersteller von Getränkedosen z. B. sind auch innerhalb den USA keineswegs glücklich über die Importzölle auf Stahl und Aluminium. Warum freuen sich im Grunde nur die Produzenten von Aluminium und Stahl? Betrachten wir einmal den Markt für Getränkedosen (Abb. 16.5).

Für die Hersteller von Getränkedosen bedeutet ein höherer Preis für Weißblech gestiegene Produktionskosten.[11] Für unseren vollkommenen Wettbewerbsmarkt bedeutet dies einen Rückgang des Angebots.

Was an dieser Stelle zu erkennen ist, ist, dass Preise auf Märkten nicht unabhängig voneinander sind. Stattdessen sind Preisinterdependenzen zu be(ob)achten. Unter vertikaler Preisinterdependenz wird die Verknüpfung von Preisen für Zwischenprodukte und In-

---

[10] Vgl. Krugman und Obstfeld 2009, S. 261 und Samuelson und Nordhaus 2010, S. 536.

[11] Dieser Effekt von Zöllen wird derzeit in den USA beobachtet. Die Zölle auf Aluminium und Stahl führen zu erhöhten Preisen in den USA, sodass z. B. Landtechnik-Produkte (Maschinen, Silos etc.) teurer werden, was wiederum die Landwirte trifft, die sich somit mit höheren Preisen für den Produktionsfaktor Kapital konfrontiert sehen (vgl. hierzu Deutsche-Wirtschafts-Nachrichten.de 2018).

putgüter mit den Preisen für Fertigprodukte zusammengefasst. Dies wird im vorab beschriebenen Beispiel deutlich. Wenn durch den Zoll ein Produktionsfaktor (Weißblech) teurer wird, dann hat dies Auswirkungen auf die Produktionskosten und dies schlägt sich durch, bis auf den Marktpreis des Zwischenproduktes (Getränkedosen) und des Fertigproduktes (Softdrink in der Dose).[12]

Wir können an dieser Stelle gar noch eine weitere Problematik aufwerfen. Wird der Zoll lediglich auf den Inputfaktor Weißblech erhoben, sodass dieser teurer wird und die Produktionskosten im Zoll erhebenden Land steigen, bedeutet dies erstmal nur, dass die hier mit dem teuren Stahlprodukt produzierten Güter teurer werden. Können aber die Zwischenprodukte oder Fertigprodukte gleichzeitig am Weltmarkt zum üblichen Preis erworben werden, dann wandert ein Teil der nachgefragten Menge vom heimischen Markt auf den Weltmarkt.[13] Abb. 16.6 zeigt dies.

Während Getränke in Dosen vor der Einführung des Zolls für Weißblech (Zeitpunkt t_1) im Ausmaß der Strecke $\overline{DB}$ am heimischen Markt produziert wurden und lediglich die Menge $\overline{BA}$ importiert wurde, verändert der Zoll auf dem Inputgütermarkt (Weißblech) diese Mengen durch die resultierende Produktionskostenerhöhung. Die Produktionskosten der Getränkedosenherstellung sind gestiegen, sodass die heimischen Anbieter die bisherige Menge nur zu höheren Preisen anbieten könnten AT_{t_2}. Die Nachfrager sind aber nicht auf die heimischen Anbieter angewiesen, sondern können das Fertigprodukt (dessen Preise nicht durch Zölle beeinflusst werden) auch am Weltmarkt erwerben. Somit sinkt bei gleichbleibender Nachfrage der Anteil, der durch heimische Produktion gedeckt wird auf die Strecke $\overline{DC}$ und der importierte Anteil steigt auf $\overline{AC}$.

16.2.2 Importzoll eines großen Landes

Schauen wir uns nun an, wie die Wohlfahrtswirkung einzuschätzen wäre, für den Fall, dass das importierende Land ein *großes Land* darstellt und somit durch Einsetzen des Zolls und

---

[12] Neben der *vertikalen* Preisinterdependenz können noch *horizontale* Preisinterdependenz (erhöht sich der Preis für ein Gut, beobachten wir z. B. einen Einkommenseffekt und dieser hat Einfluss auf die Nachfrage nach anderen Gütern, was den Preis verändert), *zeitliche* Preisinterdependenz (werden steigende Preise in der Zukunft erwartet, dann schränken die Produzenten das Angebot ein und die Nachfrager ziehen zukünftige Nachfrage vor, sodass es zur Preissteigerung kommt) und *regionale* Preisinterdependenz unterschieden werden (homogene, mobile Güter werden auf den regionalen Märkten angeboten, auf denen der Preis am höchsten ist, sodass sich dadurch das Angebot an dieser Stelle erhöht und der Preis sinkt und das Angebot an anderen Orten fehlt, sodass dort der Preis sinkt und es zu einem Ausgleichsprozess kommt.) Vgl. Fischbach und Wollenberg 2007, S. 284 f.

[13] Dies ist etwa bei der American Keg Company in Pennsylvania zu beobachten gewesen, welche Stahlfässer für Kneipen und Brauereien produziert. Der Stahlpreis in den USA ist nach Ankündigung bzw. Einführen des Zolls gestiegen, was die Produktion der Fässer verteuert hat. Die höheren Preise für Fässer sind die Abnehmer nicht mehr gewillt zu bezahlen, insbesondere, da es Konkurrenzprodukte zu deutlich günstigeren Preisen auf dem Weltmarkt gibt (vgl. Zeit Online 2018).

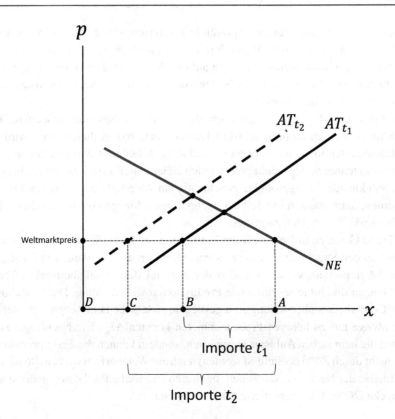

Abb. 16.6 Ausweitung der Importe von Fertigprodukten

die entsprechende Rückwirkung durch eine sinkende Importnachfrage des großen Landes am Weltmarkt eine Senkung des Weltmarktpreises des betrachteten Gutes verursacht wird.

Ist das den Zoll erhebende Land ausreichend groß, sodass sein Verhalten einen Einfluss auf den Weltmarktpreis ausübt, dann kann der Zoll für das Land tatsächlich positive Wohlfahrtswirkungen haben. Im dargestellten Beispiel (Abb. 16.7) wird vom Auslandsmarkt (z. B. den USA) ein Zoll z in Höhe von 0,75 € pro Stück erhoben. Dargestellt wird dies auf dem Weltmarkt analog zur Mengensteuer als Keil zwischen Exportnachfrage (aus den USA) und Exportangebot (etwa der EU). Da das Exportangebot elastischer (aber nicht vollkommen elastisch) ausfällt, erhöht sich der Preis in den USA nicht um volle 0,75 € sondern um lediglich 0,50 € von 2,00 € auf 2,50 €. Auf dem Markt des zollerhebenden Landes (USA, großes Land) kommt es nun dazu, dass weniger importiert wird. Statt wie zuvor 200 Einheiten, werden lediglich noch 100 Einheiten importiert. Im Vergleich zum freien Handel steigt die Produzentenrente und sinkt die Konsumentenrente. Wie gehabt (wie im Fall bei Betrachtung eines kleinen Landes) bleiben die beiden Dreiecksflächen EFG und CDH als Wohlfahrtsverlust bestehen. Demgegenüber stehen aber nun Zolleinnahmen in Höhe des Rechtecks $ABHG$. Dies fällt größer aus als bei Betrachtung eines kleinen Landes, da der Zoll im Falle des großen Landes nicht gänzlich auf das

16.2 Einführen eines Zolls

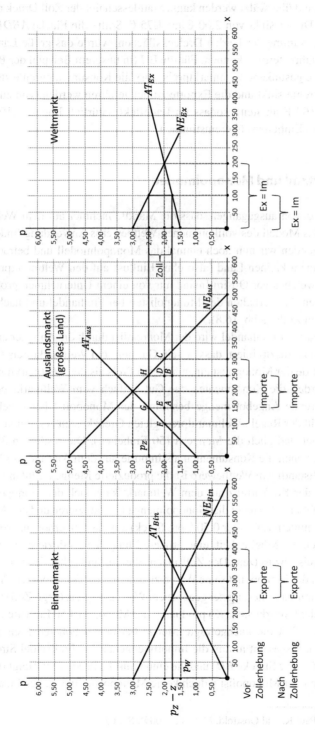

Abb. 16.7 Auswirkungen eines Zolls (großes Land)

160   16   Auf Weltmärkten handeln

zollerhebende Land überwälzt werden kann. Stattdessen übt der Zoll Druck auf den Welt-marktpreis aus. Dieser sinkt von 2,00 € auf 1,75 €. Sollte die Fläche *ABDE* nun größer ausfallen als die Summe der beiden Dreiecksflächen, würde das große Land durch den Zoll seine Wohlfahrt steigern können. Für die EU (in unserem Beispiel der Binnenmarkt) bedeutet der neue gesunkene Weltmarktpreis, dass die Konsumentenrente steigt während die Produzentenrente sinkt und die Exporte zurückgefahren werden (von zuvor 200 Ein-heiten auf nun 100 Einheiten), sodass im Endeffekt natürlich Importe (100 Einheiten) und Exporte (100 Einheiten) übereinstimmen.[14]

16.2.3 Importzoll und Monopolmodell

Bisher sind wir davon ausgegangen, dass die Marktteilnehmer auf dem Weltmarkt zahl-reich sind und das Modell des vollkommenen Wettbewerbs Anwendung finden kann. Ab-schließend verwenden wir nun noch einmal das Monopolmodell und betrachten hiermit Folgendes: In einem kleinen Land (also ohne Einfluss auf den Weltmarktpreis) wird ein Gut importiert, welches vor Ort im Inland nur von einem Unternehmen produziert wird. Wir unterscheiden das Verhalten des Monopolisten bei Freihandel und nach Einführung eines spezifischen Zolls (Abb. 16.8).

Im Monopolfall bei Freihandel wird der Monopolist durch die Anbieter auf dem Welt-markt in dem Sinne diszipliniert, dass er sein Gut nur zum Weltmarktpreis (Punkt *F*) ab-setzen kann. Würde der Monopolist einen höheren Preis als den Weltmarktpreis durchset-zen wollen, würden die Konsumenten das Gut einfach vom Weltmarkt beziehen. Die gewinnmaximierende Angebotsmenge bestimmt der Monopolist bei gegebenem Welt-marktpreis gemäß der Regel „Weltmarktpreis gleich Grenzkosten" (s. Punkt *M*). Der Mo-nopolist produziert lediglich die Menge *A* (50 Einheiten). Die restlichen 350 Einheiten (bis Punkt *E*) beziehen die Konsumenten als Importe aus dem Ausland. Im Vergleich zur Situation bei vollständigem Wettbewerb ist die produzierte Menge im Inland genau gleich hoch. Aufgrund der Konkurrenz auf dem Weltmarkt kann sich der Monopolist nicht als Monopolist verhalten (also nicht die Monopolmenge *C* produzieren und den Monopolpreis *H* setzen). Wird nun ein Zoll (hier 0,50 € pro Stück) auf das Gut erhoben, eröffnet sich für den Monopolisten die Möglichkeit, eine größere Menge zu produzieren und diese zu ei-nem höheren Preis abzusetzen. Der Zoll macht die ausländischen Waren 0,50 € teurer. Somit kann auch der Monopolist seine Waren zu einem um 0,50 € höheren Preis absetzen. Gemäß der Gewinnmaximierung bei gegebenem Weltmarktpreis (zzgl. Zoll) und dem stei-genden Verlauf der Grenzkosten (*K'*) produziert der Monopolist 50 Einheiten mehr (Punkt *B*). Des Weiteren fällt die nachgefragte Menge bei einem höheren Preis geringer aus (Punkt *D* statt *E*). Insgesamt nimmt die Importmenge ab (bei Freihandel Strecke $\overline{AE}$ und bei erhobenem Zoll die Strecke $\overline{BD}$) und die einheimische Produktion steigt (von *A* auf *B*). Noch immer kann der Monopolist jedoch keine Monopolstellung geltend machen, da der

---

[14]Vgl. Krugman, Paul R. und Obstfeld, Maurice (2009), S. 263.

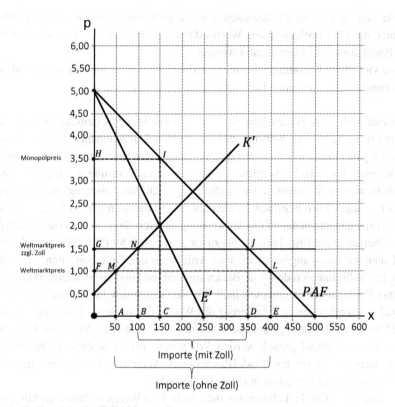

Abb. 16.8 Freihandel oder Zoll | Monopolist

Weltmarktpreis zzgl. Zoll noch immer diszipinierend auf die Preissetzung wirkt. Das Ergebnis nach Zolleinführung aber bei vollkommenem Wettbewerb wäre gleich.[15]

16.3 Einfluss von Wechselkursänderungen auf den Außenhandel

Im vorherigen Abschnitt haben wir es uns einfach gemacht und den Aspekt der Wechselkurse ausgeblendet. Nachfolgend betrachten wir einmal, was unter einem Wechselkurs genau zu verstehen ist und wie dieser Einfluss auf internationalen Handel ausüben kann. Ein Wechselkurs stellt das Wertverhältnis zweier Währungen zueinander dar. Nehmen wir einmal ein einfaches Zwei-Länder-Modell: Aufgrund des nachfolgend gewählten Beispiels soll gelten, dass Deutschland das Ausland und Großbritannien das Inland darstellt.[16]

Zwei Fragen können wir uns im Hinblick auf die Ermittlung des Wechselkurses stellen:

---

[15] Vgl. diesbezüglich auch Krugman und Obstfeld 2009, S. 284 f.
[16] Vgl. nachfolgend Brunner und Kehrle 2014, S. 694–696 sowie Rose und Sauernheimer 2006, S. 58–71 und Jarchow und Rühmann 1994, S. 48–55.

(1) Wie viel Euro muss ich bezahlen, um ein britisches Pfund zu erhalten? Dies wird durch die **Preisnotierung** des Wechselkurses dargestellt. Beispielsweise müssen für 1 Pfund etwa 1,12 Euro bezahlt werden.

(2) Wie viel Pfund bekomme ich für einen Euro? Dies wird im Rahmen der **Mengennotierung** erfasst. Für einen Euro erhalte ich ca. 0,89 Pfund.

Hat man sich diese beiden Fragestellungen gemerkt, ist es denkbar einfach, sich über Auf- und Abwertung einer Währung die ersten Gedanken zu machen. Gehen wir von einer Aufwertung des Euros aus, bedeutet dies ja – dies verrät bereits das Wort *„Aufwertung"* – dass der Wert des Euro im Vergleich zu einer anderen Währung gestiegen ist. Wenn der Euro mehr wert ist als zuvor, dann würde ich (gemäß Preisnotierung) wohl für ein Pfund nur noch weniger Euro bezahlen müssen als zuvor (also weniger als 1,12 Euro). In Mengennotierung gedacht bedeutet die Aufwertung, dass ich für einen Euro nun (nach Aufwertung) sicherlich mehr Pfund erhalte als zuvor (mehr als 0,89 Pfund für einen Euro).[17]

Schauen wir uns – angelehnt an einen Artikel aus den Online-Medien – eine Bäckerei an, die in Großbritannien deutsche Backwaren anbietet und auf den Import der Grundzutaten aus Deutschland angewiesen ist.[18] Wir betrachten den Importmarkt in Großbritannien und wir vergleichen eine Änderung des Wechselkurses von 1 Pfund zu 1 Euro gegenüber 1 Pfund zu 1,25 Euro, gehen also von einer Abwertung des Pfund aus: Für einen Euro müssen nun 1,25 Pfund gezahlt werden. Wir gehen davon aus, dass der Wechselkurs die einzige Determinante für den Handel darstellt (also keine vom Wechselkurs unabhängigen Preisänderungen des betrachteten Gutes vorliegen).

Britische Hersteller kalkulieren mit dem Preis ihrer Waren in Pfund, wohingegen deutsche Hersteller mit dem für sie relevanten Preis in Euro rechnen. Ebenso rechnen britische Käufer mit dem Güterpreis in Pfund, wohingegen die deutschen Konsumenten den Europreis als Grundlage ihrer Kaufentscheidung nutzen.

Kostete zuvor demnach ein Gut auf dem deutschen Markt 1 Euro und auf dem britischen Markt 1 Pfund, so gilt nun – nach Abwertung des Pfund –, dass das Gut auf dem deutschen Markt noch immer 1 Euro kostet aber auf dem britischen Markt 1,25 Pfund. Die deutschen Güter verteuern sich für die britischen Nachfrager demnach, sodass diese Ihre nachgefragte Menge reduzieren. Um es noch einmal zu verdeutlichen: Großbritannien

---

[17] Wir betrachten hier den „nominalen" Wechselkurs. In Abgrenzung dazu gibt es noch den „realen" Wechselkurs (auch *Terms of Trade*). Wir vergleichen dafür die inländischen Güterpreise in beiden Ländern unter Berücksichtigung des Wechselkurses. Kosten 500 g Vollkornbrot in Großbritannien 3,50 Pfund und in Deutschland 3,80 Euro, dann errechnet sich der reale Wechselkurs (ausgehend von 1 € = 1,12 Pfund) wie folgt: 3,80 € × 1,12 £/1 € = 4,20 £. Der reale Wechselkurs stellt sich nun als Austauschverhältnis der einheitlich ausgezeichneten Güter zueinander dar: 4,20 £/3,50 £ = 1,2. Sprich, für ein britisches Vollkornbrot erhält man 1,2 deutsche Vollkornbrote. Makroökonomisch betrachtet kann so über eine Vielzahl von Gütern die Frage beantwortet werden, wie viele Importgüter ein Land für seine Exportgüter erhalten kann.

[18] Vgl. Spiegel-Online 2018b.

16.3 Einfluss von Wechselkursänderungen auf den Außenhandel

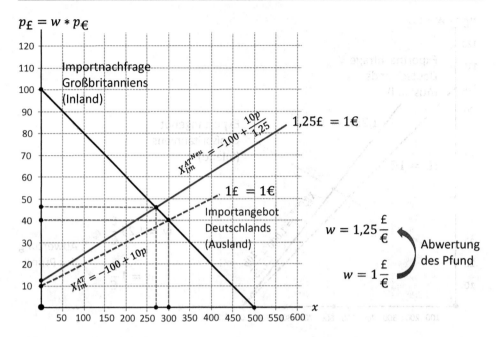

Abb. 16.9 Abwertung | Importmarkt

importiert die Grundzutaten für das Brot aus Deutschland und muss dafür in Euro bezahlen. Die Abb. 16.9 dient der Veranschaulichung.

Abgebildet ist der britische Importmarkt. Für die Nachfrager, also z. B. die Bäckerei in London, die deutsche Waren beziehen möchte, ist schlicht und ergreifend der Preis in Pfund relevant. Dem Gesetz der Nachfrage folgend, würde die Bäckerei weniger Güter nachfragen, wenn das Gut teurer wird und mehr, wenn es günstiger wird. Da die Bäckerei die Waren in Pfund bezahlt, ist der Wechselkurs kein Lageparameter der Importnachfragekurve. Für die deutschen Hersteller sieht dies anders aus. Das Angebot kalkulieren die Produzenten auf Basis ihrer Heimatwährung, sprich Euro. Für einen Preis von umgerechnet 40 Euro würden die Anbieter 300 Einheiten als Importangebot an britische Käufer veräußern. Erfährt das britische Pfund nun eine Abwertung, bedeutet dies, dass 40 Pfund als Einnahme nicht mehr 40 Euro entsprechen. Der Wechselkurs hat sich geändert von $w = 1\frac{\backslash pounds}{€}$ auf $w = 1{,}25\frac{\backslash pounds}{€}$. Vierzig britische Pfund zu erhalten, entspricht nur noch einem Euroäquivalent von 32 Euro. Um weiterhin 300 Einheiten anzubieten, würden die deutschen Anbieter 50 Pfund verlangen (den dies entspräche bei neuem Wechselkurs 40 Euro). Dies wiederum, sind die britischen Nachfrager nicht bereit zu bezahlen. Es pendelt sich ein neues Gleichgewicht ein, in dem ungefähr 270 Einheiten zu einem Preis von knapp über 46 Pfund gehandelt werden.

Abschließend schauen wir uns noch den britischen Exportmarkt an. Nehmen wir direkt eine Abbildung zur Hilfe (Abb. 16.10):

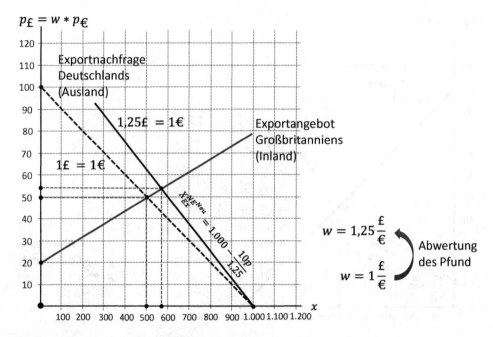

Abb. 16.10 Abwertung I Exportmarkt

Hinsichtlich des Exportangebots, ist für britische Produzenten der Wechselkurs kein Lageparameter für die Angebotskurve. Es gilt das Gesetz des Angebotes. Können die Produzenten hohe Preise erzielen, sind diese bereit viel anzubieten, fallen die erzielbaren Preise gering aus, fällt auch die angebotene Menge niedrig aus. Anders sieht dies bezogen auf die Exportnachfrage des Auslands, in unserem Beispiel Deutschland, aus. Da deutsche Nachfrager aufgrund der Abwertung des Pfunds nun für jeden Euro mehr Güter erhalten können, fragen diese zum gegebenen Preis mehr nach. Die Nachfragekurve dreht sich auf der Ordinate nach außen. Während zuvor (also galt 1 £ = 1 €) noch 500 Einheiten zu einem Preis von 50 Pfund nachgefragt wurden, sind dies nun, da ein Euro so viel wert ist, wie 1,25 Pfund ganze 600 Einheiten. 600 Einheiten würden aber britische Produzenten nur zu höheren Preisen anbieten (sie werden schließlich in Pfund bezahlt). Im neuen Gleichgewicht pendeln sich eine neue, höhere gehandelte Menge als vor der Abwertung des Pfunds und ein höherer Preis ein. Nun muss man jedoch vorsichtig sein, was die Interpretation angeht, denn der Exportwert steigt gemäß der Abbildung definitiv. Es ist aber zu bedenken, dass Import- und Exportmarkt von der Abwertung betroffen sind, es also zumindest auf die Betrachtung des Saldos ankommt (und beim Importmarkt ist die Wirkung der Abwertung abhängig von der Elastizität von Angebot und Nachfrage). Sind des Weiteren Zwischenprodukte der Fertigung Importgüter, sind diese von den Unternehmen zu höheren Preisen zu beziehen. Auch hier spielt demnach wiederum der Importmarkt eine Rolle.

Literatur

Bontrup, H.-J. (2004). *Volkswirtschaftslehre – Grundlagen der Mikro- und Makroökonomie* (2. Aufl.). München/Wien: Oldenbourg.

Brunner, S., & Kehrle, K. (2014). *Volkswirtschaftslehre* (3. Aufl.). München: Vahlen.

Cowen, T., & Tabarrok, A. (2010). *Modern principles of economics*. New York: Worth Publishers.

Engelkamp, P., & Sell, F. L. (2013). *Einführung in die Volkswirtschaftslehre* (6. Aufl.). Berlin/Heidelberg: Springer Gabler.

Ethier, W. J. (1997). *Moderne Außenwirtschaftstheorie* (4. Aufl.). München: Oldenbourg.

Fischbach, R., & Wollenberg, K. (2007). *Volkswirtschaftslehre I: Einführung und Grundlagen* (Bd. 13). München: Oldenbourg Wissenschaftsverlag.

Göcke, M., & Köhler, T. (2002). *Außenwirtschaft*. Heidelberg: Physica.

Jarchow, H.-J., & Rühmann, P. (1994). *Monetäre Außenwirtschaft I. Monetäre Außenwirtschaftstheorie* (4. Aufl.). Göttingen: Vandenhoeck & Ruprecht.

Krugman, P., & Obstfeld, M. (2009). *Internationale Wirtschaft – Theorie und Politik der Außenwirtschaft* (8. Aufl.). München: Pearson Studium.

Rose, K., & Sauernheimer, K. (2006). *Theorie der Außenwirtschaft* (14. Aufl.). München: Vahlen.

Samuelson, P. A., & Nordhaus, W. D. (2010). *Volkswirtschaftslehre* (4. Aufl.). München: FinanzBuch.

Internetseitenverzeichnis

Deutsche-Wirtschafts-Nachrichten.de. (2018). USA: Landwirte bekommen Stahl-Zölle schmerzhaft zu spüren, veröffentlicht am 18.04.2018. https://deutsche-wirtschafts-nachrichten.de/2018/04/22/usa-landwirte-bekommen-stahl-zoelle-schmerzhaft-zu-spueren/. Zugegriffen am 24.07.2018.

Spiegel-Online. (2018b). Deutsche Unternehmerin in London, vom 22.11.2018. http://www.spiegel.de/wirtschaft/unternehmen/brexit-was-der-eu-austritt-fuer-eine-deutsche-baeckerei-in-london-heisst-a-1239561.html. Zugegriffen am 20.12.2018.

Zeit Online. (2018). Das Fass läuft aus, veröffentlicht am 21.03.2018. https://www.zeit.de/2018/13/stahlzoelle-usa-pennsylvania-arbeiter-mittelstand-ruin. Zugegriffen am 24.07.2018.

Verbrechen lohnt sich nicht ... oder etwa doch?   17

Der Name des Kapitels impliziert bereits, worum es geht, doch deutlicher macht es ein Zitat von Augustus J. Rogers III: *„,Crime doesn't pay!' Now there's a statement that really ought to interest the economist. If it really doesn't pay, why do so many people go into the profession? Is everyone that performs a criminal act a complete nut?"* (Augustus J. Rogers III, 1973, S. 3). In der Tat scheint hier eine Aussage vorzuliegen, die sich kaum mit dem Nutzen- oder Gewinnmaximierungskalkül rational handelnder Akteure deckt. Lohnt sich Verbrechen nicht, wie es die Aussage behauptet, gäbe es aus ökonomischer Perspektive keinen Grund, Verbrechen auszuüben. Bedienen wir uns daher mikroökonomischer Analysemethoden und sehen, ob wir dem Verbrechen auf die Spur kommen.

Im Fall eines Einbrechers (damit schließen wir Vandalen z. B. aus) ist der Akt des Verbrechens Mittel zum Zweck der Einkommenserzielung. Betrachten wir in bekannter Art und Weise, wie sich das Kalkül von Einbrechern darstellen lässt (Abb. 17.1).

Wie können wir die Abb. 17.1 interpretieren? Betrachten wir zuerst die Grenznutzenkurve (U'). Der erste Einbruch stiftet Einbrechern den höchsten Nutzen. Eingebrochen wird in den Behausungen, in denen der Einbruch einfach ist und es viel zu holen gibt. Mit zunehmender Anzahl an Einbrüchen sind die vielversprechendsten Opfer bereits beraubt worden und weitere Einbrüche versprechen einen immer geringeren zusätzlichen Nutzen. Hinsichtlich der Grenzkosten (K') können wir beim Reservationspreis (Markteintrittspreis) von 100 € beginnen. Demnach muss ein Einbruch mindestens 100 € erbringen, ansonsten findet kein Einbruch statt. Das Kalkül des Einbrechers bestimmt sich aus seinen Produktionskosten, die wie beim Unternehmer aus den Opportunitätskosten bestehen. Dazu gehört z. B. der Unternehmerlohn, der sich aus den Opportunitätskosten der nächstbesten Alternative (legale Aktivität oder vielleicht eine andere Verbrechensart) bestimmt. Auch die moralischen Kosten können je nach Anbieter unterschiedlich hoch ausfallen. Manch ein Einbrecher wird erst beim *„ganz großen Geld"* schwach und tritt erst in den Markt ein, wenn die Beute mindestens eine bestimmte

---

© Springer Fachmedien Wiesbaden GmbH, ein Teil von Springer Nature 2019
F. Strotebeck, *Einführung in die Mikroökonomik*,
https://doi.org/10.1007/978-3-658-27307-1_17

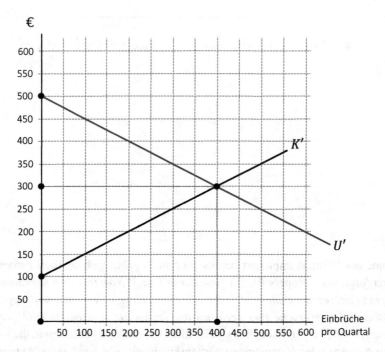

Abb. 17.1 Verbrechenskalkül

Höhe erreicht. Im Gleichgewichtspunkt werden 400 Einbrüche pro Monat begangen. Ein weiterer Einbruch würde weniger als 300 € an Beute einbringen, sodass es aufgrund der über 300 € liegenden Grenzkosten keinen Einbrecher gäbe, der diesen Einbruch durchführen würde. Links vom Optimum beginnend liegen die Kosten der Einbrecher unterhalb des Beutewertes, sodass die Raubzüge soweit ausgeweitet werden, bis es nicht mehr lohnenswert ist (eben bei 400 Einbrüchen).[1]

Wir können dieses einfache Modell verwenden, um uns anzusehen, welche Einflüsse etwa direkte Eingriffe wie eine erhöhte Polizeipräsenz oder eine Verlängerung der Inhaftierungszeit auf die Verbrechensanzahl haben könnten. Ebenfalls ging ein Rat durch die Medien, Wertgegenstände in Schließfächern bei der Bank zu deponieren, weniger Bargeld daheim zu haben und in die Sicherung des eigenen Hauses/der Wohnung zu investieren. Welchen Einfluss könnten diese Maßnahmen haben? Schauen wir uns zuerst lediglich die drei erstgenannten Einflüsse in unserem Diagramm (Abb. 17.2 a-c) an.

Hinsichtlich des Falls a), der erhöhten Polizeipräsenz, kann angenommen werden, dass die Wahrscheinlichkeit, geschnappt zu werden, höher ausfällt, was die Kosten des Begehens einer Straftat erhöht. Damit verringert sich die „*optimale*" Menge begangener Einbrüche (im vorliegenden Beispiel von 400 auf 300 pro Monat). Fall b) stellt die

---

[1]Vgl. hierzu auch O'Sullivan, Arthur (2007), S. 264–266 sowie Hellman, Daryl A. und Alper, Neil O. (2006), S. 61–64 sowie Madjd-Sadjadi, Zagros (2013), S. 9–11.

17 Verbrechen lohnt sich nicht … oder etwa doch?

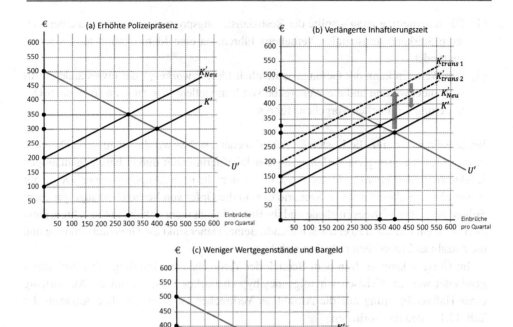

Abb. 17.2 a–c Einflüsse auf die Zahl der Verbrechen. **a** Erhöhte Polizeipräsenz, **b** verlängerte Inhaftierungszeit, **c** weniger Wertgegenstände und Bargeld

Auswirkungen der Verlängerung der Inhaftierungszeit dar. Es ist anzunehmen, dass dies als Abschreckung durch die höheren Kosten (immerhin bedeutet eine längere Zeit der Inhaftierung den Verzicht auf anderweitiges Einkommen, Freiheit und Freizeitvergnügen) kurzfristig zu einem spürbaren Rückgang der begangenen Straftaten führt. Eine nachhaltige spürbare Wirkung ist jedoch weniger plausibel, da es mindestens zwei Effekte gibt, durch welche die verlängerte Inhaftierungszeit die Kosten eines Verbrechens wiederum senken kann:[2]

---

[2] Dies sind zwei denkbare Effekte, die von O'Sullivan benannt werden. Die Erforschung von Rückfallkriminalität ist ein anderes, großes Untersuchungsfeld und verdient bei genauer Betrachtung, abseits unserer kurzen mikroökonomischen Modellanwendung, weit mehr Beachtung. Dennoch zeigen Studienergebnisse den Einfluss der Inhaftierungszeit im Hinblick auf die Rückfallhäufigkeit. Längere Haftstrafen mindern die Beziehungsstrukturen zu Familie und Freunden, mindern die Jobchancen nach Verbüßen der Haftstrafe und führen zu einer Reduzierung des Humankapitals (vgl. hierzu genauer Visher und Travis 2003, S. 89–113).

(1) Die Inhaftierung kann – sollte der Resozialisierungsprozess versagen – zu einer weiteren Stärkung antisozialen Verhaltens führen, da eine Identifikation als *„Knacki"* stattfindet.

(2) Des Weiteren kann der Gefängnisaufenthalt für *„networking"* der etwas anderen Art verwendet werden und die Weitergabe von kriminellem Wissen kann so zu einer Optimierung kriminellen Vorgehens führen.

Beide Fälle reduzieren die Kosten eines Verbrechers, sodass wir davon ausgehen können, dass der Kostenanstieg via Verlängerung der Inhaftierungszeit durch diese gegenläufigen Effekte zumindest etwas gedämpft wird. Daher liegt die neue „Angebotskurve" (K'_{Neu}) nur wenig über der alten Kurve. In Szenario c) sind die Opfer von Verbrechen angesprochen: Sollten diese ihre Wertgegenstände und ihr Bargeld nicht mehr daheim aufbewahren, sinkt die mit einem Einbruch zu erwirtschaftende Beute. Daher sinkt die Grenznutzenkurve und die Anzahl an Einbrüchen reduziert sich.[3]

Im Übrigen kann auch in dem Bereich der Verbrechensbekämpfung mit Elastizitäten gearbeitet werden. Nehmen wir folgendes hypothetisches Beispiel, um die Auswirkung einer Haftverlängerung auf die Anzahl an Verbrechen zu ermitteln. Die Angaben der Tab. 17.1 sollen uns vorliegen:

Die Elastizität (ε_{VI}) soll uns nun Auskunft darüber geben, in welchem Ausmaß eine Erhöhung der Inhaftierungszeit mit einer Änderung der Verbrechensanzahl einhergeht.

$$\varepsilon_{VI} = \frac{\dfrac{x_2 - x_1}{\left(\dfrac{x_2 + x_1}{2}\right)}}{\dfrac{m_2 - m_1}{\left(\dfrac{m_2 + m_1}{2}\right)}} = \frac{\dfrac{46.000 - 50.000}{\left(\dfrac{96.000}{2}\right)}}{\dfrac{24 - 12}{\left(\dfrac{36}{2}\right)}} = \frac{-0,0833}{0,6667} = -0,125$$

Demnach sagt unser Ergebnis aus, dass eine z. B. 10-prozentige Erhöhung der Inhaftierungszeit lediglich mit einer 1,25-prozentigen Verringerung an Verbrechen einhergeht.[4]

Ein viertes – oben genanntes – Szenario beinhaltete die Investition der Haus- und Wohnungsbesitzer in Sicherungsanlagen. Im Folgenden betrachten wir einmal die Auswirkungen auf a) die Anzahl an Einbrüchen und b) den Markt für Sicherheitsequipment (Abb. 17.3 a, b).

---

[3] Vgl. O'Sullivan 2007, S. 266–268.

[4] Der Abschreckungseffekt einer längeren Haftstrafe ist im Rahmen von Forschungsarbeiten ermittelt worden, fällt jedoch je nach Datennutzung und Grundmodell sehr unterschiedlich aus. Problematisch ist z. B. eine Politik der Strafverschärfung, bei der nicht nur eine Verlängerung der Haftdauer eingeführt wird, sondern flankierend etliche weitere Bereiche verändert werden. Auch unter Rückgriff auf ökonometrische Hilfsmittel, um solcher Effekte Herr zu werden, rangieren die Elastizitäten zwischen −0,06 und −0,74 (vgl. zu diesem Thema und einer ausführlichen Literaturbetrachtung und weiterer Schätzungen Lee und McCrary 2009).

17 Verbrechen lohnt sich nicht ... oder etwa doch?

Tab. 17.1 Beispiel zur Inhaftierungsdauer und Verbrechensanzahl

	Anzahl der Verbrechen (x)	Monate der Inhaftierung (m)
Zuvor (t_1)	50.000	12
Jetzt (t_2)	46.000	24

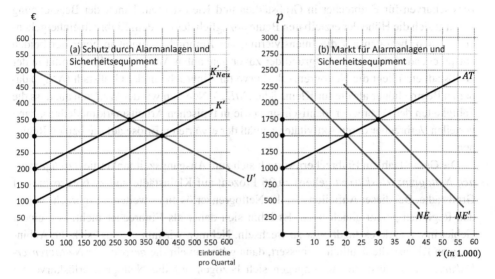

Abb. 17.3 a,b Verbrechen und Alarmanlagen. **a** Schutz durch Alarmanlagen und Sicherheitsequipment, **b** Markt für Alarmanlagen und Sicherheitsequipment

In Abb. 17.3 a sehen wir, dass eine Alarmanlage ebenfalls die Wahrscheinlichkeit erhöht, erwischt zu werden und ebenso wirkt die Ausstattung mit Sicherheitsschlössern und weiterem Equipment, welches einen längeren Zeitraum für den tatsächlichen Akt des Einbrechens erforderlich macht. Ist der Aufwand für einen Einbruch nun hinreichend hoch, ist es nur folgerichtig, dass der Reservationspreis höher ausfällt. Wurden Häuser und Wohnungen aufgerüstet, müssen bereits mindestens 200 € erbeutet werden können, bevor es überhaupt zu einem Einbruch kommt.

Das Equipment selbst müssen die Hausbesitzer am Markt für Sicherheitsanlagen erwerben. Folglich steigt dort – z. B. nach öffentlichem Aufruf seitens der Polizei oder aufgrund erhöhter Präsenz von Verbrechensfällen in den Medien – die Nachfrage nach den Gütern. Dies geht einher mit einer größeren gehandelten Menge (30.000 Stück statt zuvor 20.000) und einem höheren Preis (1750 € statt 1500 €). Eine Subvention auf Sicherheitsequipment (wie in Deutschland etwa die Förderung über die Kreditanstalt für Wiederaufbau) könnte das Ausmaß an installierten Sicherheitsvorrichtungen noch weiter steigern.

Betrachten wir abschließend noch die regionale Verteilung von Einbrüchen, wobei wir Großstädte (GS) und Kleinstädte (KS) unterscheiden. Auf der einen Seite gibt es Großstädte, bei denen wir davon ausgehen, dass Einbrecher in der Anonymität der Masse gut untertauchen können; die Auswahl an potenziellen Opfern ist groß und die Anbindung an das Verkehrsnetz (Autobahnen) erleichtert es Einbrecherbanden, schnell den Tatort zu verlassen. Auf der anderen Seite ist in Kleinstädten die nachbarschaftliche Überwachung möglicherweise stärker, die Anzahl an potenziellen Opfern geringer und die Anbindung an Schnellstraßen, um vom Tatort zu flüchten, ist eher schlecht und unbekannte Fahrzeuge fallen schnell auf und erregen Misstrauen. Abgetragen sind in der Abb. 17.4 die Nettogrenzerlösekurven für Einbrecher in Großstädten und Kleinstädten. Hinter der Bezeichnung verbirgt sich die Höhe der erzielbaren Beute abzüglich der mit dem Einbruch einhergehenden Kosten, bezogen auf die Intensivierung der Einbruchsaktivität in einer der beiden entsprechenden Regionen. Aufgrund der zuvor genannten Annahmen (Anonymität in der Großstadt etc.) liegt die Nettogrenzerlöskurve für Einbrüche in der Großstadt (NtE'_{GS}) daher zu Beginn höher als die für Kleinstädte (NtE'_{KS}). Nehmen wir des Weiteren an, dass die Fähigkeiten der Verbrecher identisch sind (wie in typischen Arbeitsmarktmodellen), dann verteilen Verbrecher deren Aktivitäten gemäß der erwarteten Erlöse auf die beiden Regionen.

Die Gesamtzahl an Einbrechern verteilt sich zum Ausgangszeitpunkt (die *durchgezogenen Nettogrenzerlöskurven* gelten) zu 35 Prozent auf Kleinstädte und zu 65 Prozent auf Großstädte. Bei dieser Aufteilung ist der Nettogrenzerlös eines weiteren Einbruchs in beiden Regionen genau gleich hoch. Es lohnt sich daher als Einbrecher nicht, von einem Gebiet in ein anderes Jagdrevier zu wechseln. Nehmen wir nun an, dass sich die Anbindung an Kleinstädte deutlich verbessert, dann gilt nunmehr die *gestrichelte Nettogrenzerlöskurve* für Kleinstädte, wohingegen sich bezogen auf die Nettogrenzerlöskurve bei Großstädten nichts geändert hat. Bleiben wir bei der vorherigen Aufteilung der Verbrechenszahl (Punkt *A*) und wandern mit dem Blick senkrecht nach oben, dann sehen wir, dass sich zwischen den beiden Nettogrenzerlöskurven für Klein- und Großstadt eine Lücke (zwischen *B* und *C*) aufgetan hat. Das bedeutet, dass der Nettogrenzerlös für Einbrüche

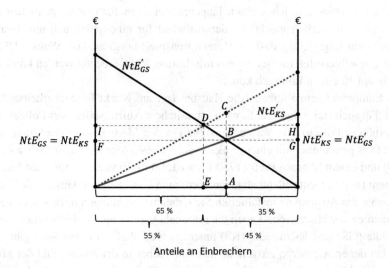

Abb. 17.4 Regionale Aufteilung von Einbruchsaktivitäten

in der Kleinstadt derzeit höher ist als im bisherigen Gleichgewicht. Einbrecher zieht es daher aus den Großstädten in die Kleinstädte, was auf der Nettogrenzerlöskurve der Großstadt eine Bewegung nach links bedeutet, wobei der Nettogrenzerlös steigt und auf der Nettogrenzerlöskurve der Kleinstadt ebenfalls eine Bewegung nach links (von Punkt C aus) und der Nettogrenzerlös sinkt. Dies geschieht so lange, bis der Nettogrenzerlös in beiden Regionen wieder gleich hoch ausfällt (Punkt D) und sich eine neue Aufteilung an Einbrüchen auf die Regionen eingependelt hat (Punkt E; 55 % zu 45 %). Lange Rede, kurzer Sinn: Werden lediglich auf regionaler Ebene Aktivitäten durchgeführt, die Einfluss auf das Erlöskalkül von Verbrechern haben, dann hat dies unweigerlich Effekte auf andere Regionen.[5]

Literatur

Hellman, D. A., & Alper, N. O. (2006). *Economics of crime – Theory and practice* (6. Aufl.). Boston: Pearson Custom Publishing.

Lee, D. S., & McCrary, J. (August, 2009). The deterrence effect of prison: Dynamic theory and evidence (Princeton working paper #550). https://www.princeton.edu/~davidlee/wp/550.pdf. Zugegriffen am 08.06.2017.

Madjd-Sadjadi, Z. (2013). *The economics of crime*. New York: Business Expert Press.

O'Sullivan, A. (2007). *Urban economics, international edition* (6. Aufl.). Boston: McGraw-Hill.

Visher, C. A., & Travis, J. (2003). Transitions from prison to community: Understanding individual pathways. *Annual Review of Sociology, 29*, 89–113.

---

[5] Sie können sich z. B. einmal überlegen, welche Auswirkung z. B. eine Bürgerwehr in einer Kleinstadt hätte oder ein Zusammenziehen der Polizeikräfte in Großstädten.

Mikroökonomik im Zeitalter der Digitalisierung

18

18.1 DLC[1] in der Videospielindustrie

„Commentators marvel at the amount of free information on the Internet, but it's not so surprising to an economist. The generic information on the Net [...] are simply selling at marginal cost: zero." (Shapiro und Varian 1999, S. 24)

Im Folgenden soll unter dem Begriff der Information alles zusammengefasst sein, was in irgendeiner Form digital verfügbar ist: von Musik über Bücher, über Unternehmenskennzahlen, Datenbanken, Bevölkerungs- oder Sportstatistiken, Filme und vieles mehr. Überlegt man, ob man Informationen nun nicht einfach im Stile anderer Güter, wie Äpfel oder Schrauben betrachten kann, muss man dies wohl oder übel verneinen. Informationsgüter weisen Spezifika auf, die eine gesonderte Betrachtung verdienen. Nichtsdestoweniger gibt uns die Mikroökonomik Analysewerkzeuge an die Hand, um auch den Markt für Informationsgüter beleuchten zu können.[2]

Hinsichtlich der Kostenseite müssen wir im Fall der Information die Produktion und die Verbreitung (oder Bereitstellung) einmal getrennt betrachten. Während nämlich die Produktion von Informationen sehr teuer ausfallen kann (z. B. bei einem Film wie Fluch der Karibik 4, dessen Produktionskosten bei über 400 Millionen US-Dollar liegen sollen),[3] sind die Kosten der Bereitstellung bzw. der Reproduktion im Verhältnis marginal. Denken Sie an die Möglichkeit, die Filme heutzutage auf leichten, kleinen Festplatten (oder gleich ohne physischen Datenträger) an Kinos zu senden, Filme per Streaming anzubieten oder

---

[1] Downloadable Content (DLC).

[2] Vgl. Shapiro und Varian 1999, S. 1–3.

[3] Vgl. hierzu chip.de (2017).

© Springer Fachmedien Wiesbaden GmbH, ein Teil von Springer Nature 2019
F. Strotebeck, *Einführung in die Mikroökonomik*,
https://doi.org/10.1007/978-3-658-27307-1_18

den gleichen Film auf eine Blu-ray nach der anderen zu pressen und auf diese Weise die einmal produzierte Information mehrfach zu veräußern. Die Kosten eines Unternehmens betrachtend, sprechen wir von einem hohen Fixkostenblock (die einmalige Produktion der Information) und nahezu vernachlässigbaren Grenzkosten der Reproduktion.[4]

Wenn die Grenzkosten der Bereitstellung vernachlässigbar sind,[5] dann würde die wohlfahrtsoptimale Regel (Preis gleich Grenzkosten) zu einem Preis in Höhe von null Euro führen. Das Gut sollte umsonst angeboten werden. Der gesunde Menschenverstand sagt uns, dass die Bereitschaft, überhaupt erst einmal 400 Millionen US-Dollar in die Hand zu nehmen, um einen Film zu produzieren, dann aber kaum mehr vorhanden wäre, wenn die so kostspielig produzierte Information im Anschluss kostenlos verbreitet werden sollte und die Produktionskosten nicht gedeckt werden können. Einen vergleichbaren Fall kennen wir aus der Problematik im Umgang mit natürlichen Monopolen. Auch dort haben einem enormen Fixkostenblock lediglich geringe Grenzkosten der Bereitstellung einer Leistung gegenübergestanden. Relevant in der Preissetzung wird demnach (sofern man dem Monopolpreis entgegenwirken möchte und auf der anderen Seite der Grenzkostenpreis aber unrealistisch ist) die Durchschnittskostenkurve zur Ermittlung eines kostendeckenden Preises.

Wenden wir uns im Folgenden dem Videospielmarkt zu, um ein Beispiel durchzusprechen: Im Bereich des Videospielmarktes wächst die Bedeutung des Verkaufs der Spielesoftware über Downloads stetig an. Der Anteil der Käufe von Spielen über den Weg des Downloads der digitalen Inhalte ist in Deutschland im Bereich der PC- und Konsolenspiele von 16 % im Jahr 2012 auf bereits 39 % im Jahr 2016 angestiegen.[6] Einen besonderen Teilbereich im Videospielmarkt, der gar fast ausschließlich einen Kauf auf digitalem Weg voraussetzt, ist der Bereich der herunterladbaren Zusatzinhalte (Downloadable Content/DLC).[7]

---

[4]Vgl. hierzu Shapiro und Varian 1999, S. 3. Kurz und knackig ausgedrückt: *„Information is costly to produce but cheap to reproduce."* (Shapiro und Varian, 1999, S. 3). Nicht umsonst werden im Verlagswesen als besonders relevant, die „first copy costs" angesehen. Um ein erstes Exemplar eines Buches herzustellen, wird ein Honorar für den Autor fällig, die Umschlaggestaltung, der Satz, das Lektorat etc. müssen einkalkuliert werden. Bei den Folgeexemplaren fallen diese einmal anfallenden Kostenbestandteile alle nicht mehr an (vgl. Linde 2008, S. 21.

[5]Wir sind bisher oftmals davon ausgegangen, dass die variablen Kosten über kurz oder lang bei Ausweitung der produzierten Menge aufgrund sinkender Grenzproduktivität ansteigen. Im Fall der Bereitstellung von Informationen ist dies jedoch unwahrscheinlich. Einen Song über einen digitalen Vertriebskanal wie Amazon Prime Music oder iTunes 1.000.000 Mal oder 5.000.000 Mal anzubieten, hat keinen spürbaren Einfluss mehr auf die Bereitstellungskosten pro Download. Steigen die variablen Kosten aber bei der Ausweitung der Leistungsbereitstellung nicht, dann steigen auch die Grenzkosten nicht.

[6]Vgl. Bundesverband Interaktive Unterhaltungssoftware 2017, S. 17.

[7]In eher seltenen Fällen gibt es DLC später auch als reine Disc-Version, etwas häufiger sind Sondereditionen der jeweiligen Spiele mit allen nachträglich zugefügten Zusatzinhalten. Vgl. zur Relevanz herunterladbarer Zusatzinhalte hinsichtlich der Umsätze in der Spieleindustrie auch consumerist. com (2017).

18.1 DLC in der Videospielindustrie

Welche Besonderheit haben digital zur Verfügung gestellte Zusatzinhalte für Videospiele gemäß den eben erfolgten Überlegungen zu Informationsgütern? Während die Produktion der Inhalte (Grafikdesign, Programmierung etc.) spürbar Kosten verursacht, ist dies mit Blick auf die Bereitstellung für den Konsumenten nicht mehr der Fall (oder vernachlässigbar). Physische Bestandteile müssen nicht produziert werden. Das Gut besteht aus den digital zur Verfügung gestellten Informationen. Dies bedeutet, dass die Bereitstellung des DLC im wohlfahrtsoptimierenden Fall zum Grenzkostenpreis erfolgen sollte und die Grenzkosten mögen verschwindend gering sein und daher in der nachfolgenden Betrachtung null Euro betragen.

Wir haben den typischen Fall eines unreinen öffentlichen Gutes, nämlich eines Klubgutes vorliegen, bei dem es keine Rivalität im Konsum gibt (der Kauf der digital vorliegenden Information nimmt niemandem etwas weg), Ausschließbarkeit jedoch kein Problem darstellt (denn der Anbieter bestimmt, dass es den DLC nur gegen Bezahlung gibt).

Abb. 18.1 soll die wöchentlichen Downloads je nach Preishöhe (und demnach die Nachfragekurve) darstellen.

Würde der DLC zu seinem Grenzkostenpreis der Bereitstellung in Höhe von null Euro angeboten werden, so würden 800 Downloads wöchentlich erfolgen. Würde der Anbieter dagegen für den DLC 8,00 € verlangen, dann würde dieser nicht gekauft werden (Prohibitivpreis). Die Fläche unterhalb der Nachfragekurve stellt die Konsumentenrente (und

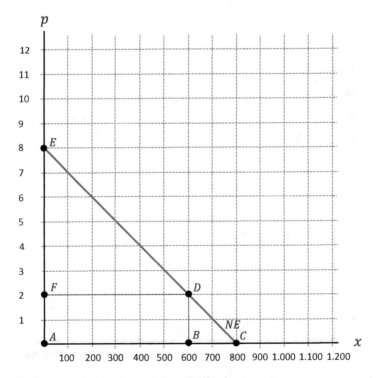

Abb. 18.1 Nachfrage nach Downloadable Content (DLC)

aufgrund der Grenzbereitstellungskosten in Höhe von null Euro auch gleich die Wohlfahrt) dar. Es wird deutlich, dass die Wohlfahrt maximiert wird, wenn der DLC zum Grenzkostenpreis angeboten wird (Fläche *ACE*). Stattdessen aber nimmt der Anbieter in unserem Beispiel einen Preis in Höhe von 2,00 €. Somit reduziert sich die Konsumentenrente auf die Fläche *FDE*, das Unternehmen hat eine Produzentenrente in Höhe der Fläche *ABDF* und der Wohlfahrtsverlust spiegelt sich in der Fläche *BCD* wider.

Was würde jedoch am Markt geschehen, wenn z. B. ein Sozialplaner zur Maximierung der Wohlfahrt beschließen würde, dass das Angebot digitaler Zusatzinhalte kostenfrei angeboten werden müsste? Die Unternehmen würden die Inhalte nicht produzieren. Wir haben zuvor angemerkt, dass die Produktion der Inhalte durchaus mit Kosten einhergeht. Dieser Fixkostenblock verteilt sich nun mit zunehmender Verbreitung über die digitalen Absatzkanäle auf die abgesetzten DLC-Einheiten. Dies haben wir aber in der vorherigen Darstellung gar nicht beachtet. Nehmen wir nun an, die Produktionskosten lägen bei 1200 €. Wie in diesem Fall eine Verteilung dieses Kostenblocks auf die Downloadzahl aussieht, zeigt Abb. 18.2.

Bei einem Bereitstellungspreis in Höhe der Grenzkosten (0,00 €) würden 800 Einheiten abgesetzt werden und der Erlös genau null Euro betragen. Die Durchschnittskosten lägen jedoch bei 1,50 € (die Fixkosten in Höhe von 1200 € geteilt durch 800 Einheiten). Somit trägt das Unternehmen die Kosten in Höhe von 1200 € und hat diesen Kosten kei-

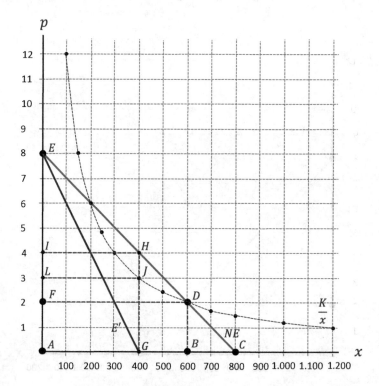

Abb. 18.2 Preissetzungsmöglichkeiten bei DLC

nerlei Erlöse entgegenzusetzen. Die Werte hierzu sind denkbar einfach zu ermitteln, indem wir die inverse Angebotsfunktion und die Grenzkosten von null gleichsetzen:

$$K' = p(x)$$

$$0 = 8 - 0{,}01x$$

$$x = 800$$

Die Kostenfunktion lautet $K = 1200$, besteht also lediglich aus den Fixkosten. Bei einem Erlös von null werden diese Kosten nicht gedeckt und es wird ein Verlust in Höhe von 1200 € erwirtschaftet.

Im Gegensatz dazu könnte der Anbieter auch die Monopollösung durchsetzen. Er hat das Hauptspiel produziert und ist äußerst wahrscheinlich der Rechteinhaber, der über Zusatzinhalte Entscheidungen fällen darf. Den höchsten Gewinn erzielt der Anbieter beim Setzen des Monopolpreises in Höhe von 4 € (s. Cournot-Punkt H und an der Preisachse Punkt I). In dem Fall würde der Produzent Kosten in Höhe der Fläche $AGJL$ tragen (dies sind natürlich 1200 €) und Erlöse in Höhe der Fläche $AGHI$ (1600 €) einfahren. Dies wäre demnach ein Gewinn in Höhe von 400 € (Fläche $LJHI$). Statt wie zuvor beim Wohlfahrtsmaximum, bei dem die Konsumentenrente die Fläche ACE einnahm, schrumpft die Konsumentenrente auf die Fläche IHE. Es kommt zu einem Wohlfahrtsverlust in Höhe der Fläche GCH. Ermitteln wir auch hier kurz die Werte und setzen zu diesem Zweck Grenzkosten und Grenzerlös gleich.

$$K' = E'$$

$$0 = 8 - 0{,}02x$$

$$x = 400$$

Diese 400 Einheiten können zu einem Preis in Höhe von 4,00 € abgesetzt werden ($p_{(x=400)} = 8 - 0{,}01 \times 400 = 4$). Der Gewinn ergibt sich aus der Differenz von Erlös und Kosten:

$$G = E - K$$

$$G = 400 \times 4 - 1200$$

$$G = 400$$

Eine Möglichkeit, zwar wohlfahrtstechnisch schlechter als das Angebot zum Grenzkostenpreis, aber besser als die Monopollösung, ist das Angebot zu Durchschnittskostenpreisen. Bietet das Unternehmen den herunterladbaren Zusatzinhalt für 2 € an, dann werden 600 Einheiten abgesetzt und genau 1200 € eingenommen. Somit wird der Kostenblock durch die Erlöse genau getilgt. Die Konsumentenrente erhöht sich von zuvor IHE auf FDE und der Wohlfahrtsverlust reduziert sich gegenüber der Monopollösung von GCH auf BCD.

180 18 Mikroökonomik im Zeitalter der Digitalisierung

Um die Lösung bei ökonomischem Nullgewinn zu ermitteln, setzen wir die Durchschnittskosten mit der inversen Nachfragefunktion gleich (zur Nachvollziehbarkeit der quadratischen Ergänzung ist dies im Folgenden einmal sehr ausführlich dargestellt):[8]

$$\frac{K(x)}{x} = p(x)$$

$$\frac{1200}{x} = 8 - 0,01x$$

$$\frac{1200}{x} + \frac{0,01x^2}{x} = 8$$

$$\frac{1200 + 0,01x^2}{x} = 8$$

$$1200 + 0,01x^2 = 8x$$

$$0,01x^2 - 8x = -1200$$

$$x^2 - 800x = -120.000$$

$$x^2 - 800x + (-400)^2 = -120.000 + (-400)^2$$

$$x^2 - 800x + 160.000 = 40.000$$

$$(x - 400)^2 = 40.000$$

$$x - 400 = \sqrt{40.000}$$

$$x - 400 = \pm 200$$

$$x_1 = 200$$

$$x_2 = 600$$

Wohlfahrtsteigernd ist eine Menge, die oberhalb der Monopolmenge (diese lag bei 400) liegt. Arbeiten wir daher direkt mit der Menge von 600 Stück (obwohl sowohl 200 Einheiten als auch 600 Einheiten bei entsprechendem Preis genau kostendeckend sind). 600 Einheiten sind laut inverser Nachfragefunktion zu einem Preis von 2 € absetzbar.[9]

---

[8] Eine andere Möglichkeit wäre das Nullsetzen der Gewinnfunktion. $G(x) = 0 \rightarrow 8x - 0,01x^2 - 120$
$0 = 0 \rightarrow x^2 - 800x = 1200 \rightarrow (x - 400)^2 = 40.000 \rightarrow x - 400 = \pm 200 \rightarrow x_1 = 200$ und $x_2 = 600$.
[9] Auch sollte mit Blick auf die Besonderheiten von Informationsgütern niemanden mehr verwundern, dass nach Abschöpfen der unterschiedlichsten Zahlungsbereitschaften über die Zeit ein Spiel wie etwa Titanfall 2 mit hohen Preisen zu Beginn (z. B. 50–60 €) nach über zwei Jahren nun im Downloadbereich des Playstation Stores oder dem XBOX-Live Online-Marktplatz für 4,99 € angeboten wird. Bei Bereitstellungskosten nahe null kann dennoch mit jedem Verkauf noch Gewinn er-

18.1 DLC in der Videospielindustrie

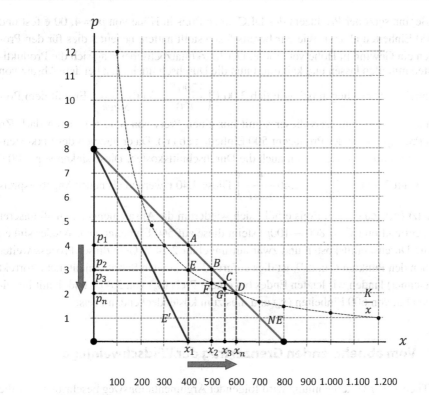

Abb. 18.3 Kostendeckende Preise für DLC

Nehmen wir an, der Anbieter würde zu Beginn den Monopolpreis verlangen. Der Betreiber des Marktplatzes für DLC-Angebote ist davon wenig begeistert und möchte, dass die Anbieter die Inhalte günstiger zur Verfügung stellen, damit der virtuelle Marktplatz stärker frequentiert wird. Der Marktplatzbetreiber weiß, dass er den DLC-Produzenten nicht zwingen kann bzw. sollte, den DLC umsonst anzubieten, da dieser sonst keinen Anreiz besitzt, überhaupt DLC zu produzieren. Wie könnte der Marktplatzbetreiber nun vorgehen, um den Anbieter auf günstige aber kostendeckende Preise zu drücken? Wir nutzen hierfür die vereinfachte Variante des Vogelsang-Finsinger Mechanismus.[10] Betrachten wir hierzu die Abb. 18.3.

---

wirtschaftet werden. Und die Kunden, die eine hohe Zahlungsbereitschaft für das Spiel aufweisen, die haben es sicherlich bereits frühzeitig zu einem höheren Preis erworben. Die Unternehmen können demnach intertemporale Preisdifferenzierung betreiben.

[10] Siehe hierzu Knieps 2008, S. 92–95 sowie Train 1991, S. 152 f. und hinsichtlich des Originalartikels Vogelsang und Finsinger 1979, S. 157–171.

Zu Beginn setzt der Produzent des DLC einen Preis in Höhe von $p_1 = 4,00$ € fest und setzt 400 Einheiten ab (x_1). Wie wir bereits festgestellt hatten, bedeutet dies für den Produzenten ein Gewinn in Höhe von 200 €. Der Marktplatzbetreiber mag sich die Produktionskosten mitteilen lassen und kalkuliert nun die Durchschnittskosten bei dem Absatz von 400 Einheiten. Diese liegen bei lediglich 3,00 € $\left(\dfrac{1200€}{400} = 3,00 \dfrac{€}{Stück} \right)$. Er teilt dem Produzenten des DLC mit, dass dieser somit nur einen Preis von 3,00 € nehmen darf. Zu diesem Preis (p_2) setzt der Produzent 500 Einheiten ab (x_2). Da er nun von der Fixkostendegression profitiert, sinken somit auch die Durchschnittskosten. Diese sinken von 3,00 € pro Stück auf 2,40 € $\left(\dfrac{1200€}{500} = 2,40 \dfrac{€}{Stück} \right)$. Diese 2,40 € werden als neuer Angebotspreis festgesetzt (p_3). Zu diesem Preis erhöht sich wiederum die Absatzmenge. Gemäß unserer Nachfragefunktion $(X^{NE} = 800 - 100p)$ steigt diese auf 560 Einheiten (x_3). Wieder sinken somit die Durchschnittskosten und zwar auf ungefähr 2,14 €. Geht dieser Prozess weiter (zwischen den Punkten C und D, ist dies aufgrund der kleinen Schritte nicht mehr korrekt eingezeichnet) landen wir letzten Endes bei einem Preis (p_n) von 2,00 € und damit bei einem Angebot von 600 Einheiten (x_n) und dies zum kostendeckenden Preis.

18.2 Vom abnehmenden Grenzertrag der Wildschweinjagd

In der Theorie der Unternehmung wird folgender Argumentationsweg beschritten: Für die Produktion benötigen wir Produktionsfaktoren. Mit dem zunehmenden Einsatz an Produktionsfaktoren erhöht sich der Gesamtoutput. Aufgrund abnehmender Grenzerträge – eine zusätzliche Arbeitskraft erhöht zwar den Gesamtoutput, aber nicht um das gleiche (sondern ein geringeres) Ausmaß wie eine vorherige Arbeitskraft – bedeutete dies, dass wir im Sinne einer Faktoreinsatzfunktion bei zunehmender Produktion nun je weiterer produzierter Outputeinheit mehr Inputfaktoren benötigen. Da uns die Inputfaktoren Geldmittel kosten, steigen somit die Ausgaben je produzierter Einheit bei Ausweitung der Produktion um eine weitere Einheit immer weiter an.

Tauchen wir einmal in die Welt der Computerrollenspiele ein, um uns den Zusammenhang zwischen steigenden Grenzkosten und abnehmenden Grenzertrag zu verdeutlichen. In der Regel werden in diesen Spielen vom Spieler Erfahrungspunkte für seine Spielfigur durch das Besiegen von Gegnern oder das Erledigen von Aufgaben gesammelt. Ist ein bestimmter Grenzwert erreicht, dann steigt die Figur um ein Level auf und erwirbt z. B. neue Fähigkeiten oder verbessert allgemein seine Statuswerte (Gesundheitspunkte, Angriffskraft etc.). Typisch für viele Rollenspiele ist der Vorgang des so genannten „grindens". Wir reduzieren dies darauf, dass dies kurzum für die nachfolgende Betrachtung bedeutet, dass Zeit aufgewendet wird, um durch das wiederholte Erledigen von Gegnern Erfahrungspunkte zu sammeln. Nehmen wir an, es handelt sich bei diesen Gegnern um Wildschweine, die in einer Region der Spielewelt immer wieder neu erscheinen. Ein erledigtes Wildschwein bringt der Spielfigur 10 EXP (Erfahrungspunkte/Experience Points),

18.2 Vom abnehmenden Grenzertrag der Wildschweinjagd

die zum Leveln benötigt werden. Zu Beginn wird der Spielfigur bereits eine Ansammlung von 50 EXP ausreichen, um eine Stufe (von 1 auf 2) aufzusteigen. Um die Stufe 3 zu erreichen, braucht es aber insgesamt bereits 150 EXP, also 100 EXP zusätzlich. Das bedeutet aber auch, dass während zuvor 5 Kämpfe ausreichten, um eine Stufe aufzusteigen, dies nun bereits 10 Kämpfe sein werden. Gehen wir des Weiteren vereinfachend davon aus, dass (Cutscenes etc.) auch bei erhöhtem Level der Kampf mit einem Wildschwein immer ungefähr ½ Minute Zeit in Anspruch nimmt. Tab. 18.1 zeigt den Zusammenhang.

Klären wir noch einmal die Angaben in der Tabelle und setzen diese in Zusammenhang mit der Kostentheorie aus der Theorie der Unternehmung. In der Produktion benötigten wir Inputfaktoren zur Herstellung von Gütereinheiten, z. B. Arbeitsstunden. In unserem Beispiel aus der Rollenspielwelt wollen wir die Charakterstufe erhöhen und benötigen hierfür EXP, die wir durch Kämpfe erhalten und auch dies kostet uns Zeit. Zeit wiederum können wir mit einem Preis versehen. Sei es, dass wir einer Arbeitskraft einen Stundenlohn ausbezahlen oder aber wir implizite Kosten im Sinne der alternativen Zeitverwendung ansetzen. Setzen wir einfach einmal 10 € pro Stunde an. Aufgrund des in Rollenspielen zugrunde liegenden Aufbaus der Stufenstruktur, benötigt man für jede weitere Stufe, die es zu erklimmen gilt, immer etwas mehr EXP als für die vorherige Stufe. Dies wiederum bedeutet aber bei gleichem EXP-Gewinn pro Kampf, dass immer mehr Zeit benötigt wird, um die nächste Stufe zu erreichen. Während der Übergang von der ersten zur zweiten Stufe lediglich 2 ½ Minuten dauert, ist bereits eine halbe Stunde virtuelle Wildschweinjagd angesagt, um seinen Charakter von Stufe 10 auf Stufe 11 zu hieven. Im Umkehrschluss bedeutet dies, dass mit Blick auf einen angesetzten Stundenlohn von 10,00 € das Erhöhen der Stufe von Level 1 auf Level 2 Kosten in Höhe von lediglich 42 Cent verursacht, wohingegen der Anstieg von 10 auf 11 bereits Grenzkosten in Höhe von 5,00 € verursacht.

Nehmen wir nun noch Gegenstände, deren Erhalt ein hohes Maß an Zeitaufwand erfordern, mit in die Betrachtung auf und würden wir die Tabelle des Weiteren noch um einige

Tab. 18.1 Level-Aufstieg

STUFE	Gesamt-EXP	Grenz-EXP	Anzahl an benötigten Kämpfen	Benötigte Zeit, zum Erreichen der nächsten Stufe in Minuten	€
1	0				
2	50	50	5	2,5	0,42 €
3	150	100	10	5	0,84 €
4	300	150	15	7,5	1,25 €
5	500	200	20	10	1,67 €
6	750	250	25	12,5	2,08 €
7	1050	300	30	15	2,50 €
8	1500	450	45	22,5	3,75 €
9	2000	500	50	25	4,17 €
10	2550	550	55	27,5	4,58 €
11	3150	600	60	30	5,00 €
12	3800	650	65	32,5	5,42 €

Zeilen erweitern, sodass Stufen über 100 abgebildet werden würden, dann erklärt sich, warum teils hohe Preise für lediglich virtuelle (und daher vermeintlich wertlose) Gegenstände oder Avatare gezahlt werden. Im Jahr 2007 wurde z. B. ein Charakter des MMOR-PGs World of Warcraft für eine Summe von umgerechnet 7000,00 € gehandelt und einen Artikel auf Zeit-Online (2010) über das Ende ihres WoW-Avatars beendet die Autorin mit den Worten: *„Eines Tages werde ich Thalia [Name des Charakters] wohl an meine Kinder übergeben. Wehe, die wissen das dann nicht zu schätzen. Ich habe Monate meines Lebens in diese Elfe investiert.*"[11] Alleine die Begriffe der *Wertschätzung* und die der *Investition* (in Zeit gemessen) machen deutlich, dass die Opportunitätskostenbetrachtung an dieser Stelle eine gute Erklärung für die Preise virtueller Gegenstände liefert.

Es ist daher wenig verwunderlich, dass sich mit Blick auf den Zeitaufwand, den das Erreichen hoher Stufen oder guter Ausrüstung in Videospielen verlangt, daher *Echtgeldtransaktionen* zu etablieren scheinen. Durch diese ermöglichen es die Spieleproduzenten nun gewillten Spielern, anstelle von Zeit und Mühe in das Erreichen von Zielen zu investieren, Geld zu bezahlen. Dies wiederum kommt für alle diejenigen infrage, deren Opportunitätskosten im Fall des eigenen Zeiteinsatzes höher ausfallen würden als der zu zahlende Betrag, um sich das gewünschte Ergebnis zu kaufen, anstatt es sich zu erspielen.

18.3 Raubkopierer

Hinsichtlich des illegalen gewerblichen Vertriebs von Raubkopien (etwa von Filmen oder Musik) ist es notwendig, sich noch einmal kurz die Art des Gutes zu vergegenwärtigen. Es handelt sich um Informationsgüter und somit um Güter, bei denen wir in der Regel von geringen Reproduktionskosten ausgehen (noch eine Kopie herstellen), aber von hohen Fixkosten (den Kosten der ersten Einheit). Für einen Filmhersteller sind dies etwa die Gagen für die Darsteller, die Drehbuchautoren, die Angestellten und Assistenten etc. Ist der Film fertig, so wird dieser digital vertrieben oder auf physische Datenträger kopiert und in den Handel gebracht. Für einen gewerblich agierenden Raubkopierer steht ebenfalls einmal eine Ausgabe für die gesamte Kopiermaschinerie an. Fixkosten sind daher ebenfalls existent, aber bei Weitem nicht so hoch wie im Fall des Filmstudios. Allerdings hat das Filmstudio am Markt wiederum einen Vorteil: Das Studio kann den ganzen Markt bedienen und hinsichtlich seines Angebots für Aufmerksamkeit sorgen, und mit jeder verkauften Einheit werden die Fixkosten auf immer mehr Einheiten verteilt (Fixkostendegression).[12]

Ein Raubkopierer kann wiederum nicht (oder nur in gewissen Kreisen) auf sich aufmerksam machen, da er etwas Illegales anbietet. Er muss sowohl mit einem Anschwärzen durch konkurrierende Raubkopierer oder durch ehrliche Personen, die von den Aktivitäten Wind bekommen haben, rechnen. Somit wird der Raubkopierer niemals eine so große

---

[11] Zeit Online 2010; [..] Ergänzung des Autors. Vgl. des Weiteren engadget.de 2007.

[12] Vgl. Linde (2008), S. 102–104.

18.4 Netzwerkmärkte

Stückzahl absetzen können wie das Filmstudio und daher auch nicht in dem großen Ausmaß von einem Fixkostendegressionseffekt profitieren. Die relative Höhe der Fixkosten und Absatzmöglichkeiten bestimmen nun, inwiefern Raubkopierer die – in der Regel – minderwertigen Kopien zu annehmbaren Preisen veräußern können.[13]

18.4 Netzwerkmärkte

Was im Folgenden unter dem Begriff der Netzwerkmärkte behandelt wird, basiert größtenteils auf der Beobachtung, dass die Unabhängigkeit der Konsumentscheidungen der Nachfrager voneinander, die uns (von explizit aufgeführten Abweichungen abgesehen) begleitet hat, häufig nicht gegeben ist. Nehmen Sie an, dass Ihnen eine Bekannte von einem Messenger-Dienst vorschwärmt. Sie könnten über diesen Dienst einfache Text- und Sprachnachrichten versenden, sowie Bild- und Videoanhänge einbetten und vieles mehr. Welche Vorteile würden mit der Nutzung des Dienstes einhergehen? Sie selbst würden Nutzen daraus ziehen, dass Sie Ihre Bekannte nun über den Dienst erreichen können. Gleichzeitig generieren Sie für die bestehende Nutzergemeinde Nutzen, da diese jetzt Sie wiederum über den Dienst erreichen können. Dies beschreibt positive, direkte Netzwerkeffekte. Ein zusätzlicher Akteur im Netzwerk übt direkten Einfluss auf andere Nutzer aus. Dieser Effekt muss jedoch nicht unbedingt positiv sein. Nehmen Sie z. B. an, dass es in einem Hotel WLAN gibt, in welches Sie sich einwählen können, Sie dadurch aber die Verbindungsqualität insgesamt senken. Diese Stau- oder Überfüllungseffekte sind typische negative **direkte** Netzwerkeffekte.[14]

Indirekte Netzwerkeffekte beschreiben hingegen Auswirkungen wie die folgende: Nehmen Sie an, dass Sie PayPal als Zahlungsmöglichkeit verwenden wollen, dies aber noch nicht sehr verbreitet ist. Kommen nun mehr und mehr Konsumenten auf die Idee, dieses Zahlungssystem nutzen zu wollen, so lohnt es sich für Anbieter dieses als Zahlungsoption in ihrem Shop hinzuzufügen. Der positive Effekt weiterer Konsumenten als PayPal-Nutzer wirkte demnach nicht direkt auf Sie ein, sondern indirekt aufgrund der gestiegenen Akzeptanz.[15]

Wie ist die Verbreitung (oder auch *Diffusion*) eines durch solche Netzwerkexternalitäten geprägten Gutes beschreibbar? Denken Sie kurz an Textverarbeitungsprogramme auf dem Computer. Einerseits gibt es ähnlich des Messenger-Beispiels einen Netzwerkeffekt, denn je verbreiteter die Software ist, desto besser können Sie Dateien anderer Kollegen lesen und bearbeiten und auch Ihre Dateien problemlos zur Weiterverarbeitung versenden. Dies ist der *derivative* Nutzen des Gutes, den wir auch (direkten) Netznutzen oder Netzeffekt nennen. Die Höhe des Netznutzens hängt maßgeblich von der Verbreitung des Gutes

---

[13]Vgl. Linde (2008), S. 102–104.
[14]Vgl. Shy 2011, S. 120.
[15]Vgl. Shy 2011, S. 120.

ab. Außerdem ist ein Textverarbeitungsprogramm aber auch schlicht für die eigene Arbeit praktisch (Rechtschreibkorrektur, Layout-Hilfen). Dies stellt den *originären* Produktnutzen dar.[16]

Im einfachsten Fall unterscheiden wir im ersten Schritt die potenzielle Gesamtnachfrage nach einem Netzwerkgut schlicht binär zwischen unbedingter und bedingter Nachfrage. Im Rahmen der **unbedingten** Nachfrage (*unconditional demand*) wird ein Gut auch unabhängig seines Netzwerkeffektes auf Basis des originären Nutzens erworben. Der Anteil an Konsumenten, die der **bedingten** Nachfrage (*conditional demand*) angehören, erwirbt das Gut dagegen erst dann, wenn der Anteil der Nutzer an der Gesamtnachfrage ausreichend hoch ist, um über den Netzwerkeffekt einen entsprechenden zusätzlichen derivativen Nutzen zu bieten. Durch Preissenkungen oder technologische Verbesserungen kann in dem Fall Einfluss auf den Anteil unbedingter Nachfrage genommen werden und auf den Anteil (den Schwellenwert) derer, die das Gut bereits nutzen müssen, damit die bedingte Nachfrage mit dem Erwerb oder der Nutzung des Gutes reagiert.[17]

Während die Idee eines originären Nutzens nicht neu ist und alltägliche Güter wie Spülmaschinen, Äpfel, Wurst und Käse mit Blick auf eben diesen Nutzen erworben werden, hängt der derivative, direkte Netznutzen von der Art des Netzwerkgutes ab. Unterscheiden wir nachfolgend einmal 1.) TV, 2.) Telefon und 3.) eine Social-Media-Plattform.[18]

Die Abb. 18.4 stellt für diese drei Varianten von Netzwerkgütern den Grenznutzen bei Ausweitung der Nutzerzahlen dar. Nachfolgend wird der Kurvenverlauf begründet.

Im Fall des Fernsehens sprechen wir von einem *„One-to-Many-Netzwerk"* (Broadcast-Anwendungen). Der einzelne Sender überträgt an viele Nutzer. Jeder Nutzer erzielt einen Nutzen durch das Einschalten und Sehen einer Sendung. Die Nutzung beeinflusst die anderen Zuschauer nicht. Somit steigt mit Zunahme der Nutzerzahl n der Gesamtnutzen (U) des Netzwerks genau um den originären Nutzen des weiteren Nutzers. Der Grenznutzen ist demnach konstant.[19]

Im Fall des Telefons und einer Social-Media-Plattform ist wiederum nicht von originärem Nutzen auszugehen.

Durch Telefonie wird ein *„Many-to-Many-Netzwerk"* dargestellt (bilaterale Kommunikation). Die so entstehenden Netzwerkeffekte (jeder kann jeden anrufen) können durch Metcalfes Gesetz beschrieben werden. Die Menge der Verbindungsmöglichkeiten bei Vergrößerung des Netzwerkes kann diesem Gesetz nach durch den Term $\dfrac{n(n-1)}{2}$ beschrieben

---

[16]Vgl. Hensel und Wirsam 2008, S. 35 f. sowie Buxmann et al. 2015, S. 23. Peters (2010) spricht auch von Synchronisationswert einerseits und Autarkiewert andererseits. Güter, denen keinerlei Autarkiewert beigemessen werden kann, bezeichnet er als *reine Netzwerkgüter* (vgl. Peters 2010, S. 35). Auch Endres und Martiensen (2007, S. 603) sprechen bei rein originärem Nutzen von reinen Netzwerkgütern und bezeichnen Güter mit sowohl originärem als auch derivativem Nutzen als *gemischte Netzwerkgüter*.

[17]Vgl. Krugman und Wells 2010, S. 696 f.

[18]Vgl. Clement und Schreiber 2016, S. 67–69 sowie Peters 2010, S. 40f.

[19]Vgl. Clement und Schreiber 2016, S. 67–69 sowie Peters 2010, S. 40 f.

18.4 Netzwerkmärkte

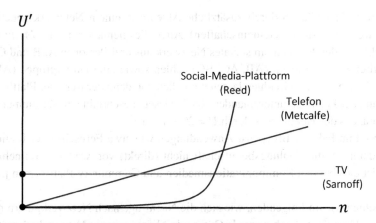

Abb. 18.4 Grenznutzen bei Betrachtung unterschiedlicher Netzarten

werden, wobei n die Anzahl an Teilnehmern im Netzwerk darstellt und wir davon ausgehen, dass sowohl die Richtung der Verbindung keine Bedeutung besitzt als auch jede Verbindung nur einmal gezählt werden soll (also nicht doppelt, wie beim Beispiel A telefoniert mit B und B telefoniert mit A). Nehmen wir ein Netzwerk aus zehn Teilnehmern als Beispiel, welches auf elf Teilnehmer anwächst, dann erhöhen sich die Verbindungsmöglichkeiten und damit der Wert des Netzwerkes nicht um eins – von zehn auf elf –, sondern von $\frac{10(10-1)}{2} = 45$ auf $\frac{11(11-1)}{2} = 55$.[20] Näherungsweise wird der Netznutzen nach Metcalfes Gesetz auch durch n^2 angegeben, bzw. im Fall der einfachen Verbindungszählung durch $\frac{n^2}{2}$. Der Grenznutzen eines weiteren Netzzutritts entspräche dann genau n.[21]

---

[20] Vgl. Shy 2011, S. 121.

[21] Vgl. Swann 2006, S. 258; Barabási 2016, S. 55; Clement und Schreiber 2016, S. 67–69 sowie Peters 2010, S. 40 f. Betrachten Sie diesbezüglich als Beleg die folgende Aussage aus einem Interview der Seite absatzwirtschaft.de mit dem Geschäftsführer der Partnervermittlung Parship, Marc Schachtel. Auf die Frage *„Für Parship ist die Neukundenakquise also gleichzeitig Kundenpflege gegenüber den Bestandskunden?"* antwortet er: *„Absolut. [...] Je mehr Singles bei uns ernsthaft eine Beziehung suchen, umso besser ist unser Produkt."* Die Erläuterung findet man auch in einer vorherigen Aussage des Geschäftsführers: *„[...] wenn es uns gelingt, immer wieder neue Singles anzusprechen und [...] zu Mitgliedern zu machen. Davon profitieren ja auch unsere bestehenden Mitglieder, weil die Trefferchancen einfach höher werden."* (absatzwirtschaft.de 2016b). Es wird deutlich, dass eine Partnervermittlung auf direktem Netznutzen beruht und weitere Singles einer Partnerbörse üben in der Tat einen positiven Nutzen auf die bereits registrierten Nutzer aus, denn die Wahrscheinlichkeit, dass der/die Richtige dabei ist, vergrößert sich. Es gibt – aus dem Bereich der Medienökonomie – im Zusammenhang mit Netzeffekten auch den Ansatz, dass Medieninhalte (Content-Angebote) im Sinne direkter Netzwerkeffekte wirken. Ein Buch, welches in jeder Gesprächsrunde angesprochen wird, besitzt in dem Fall einen Konversationswert und wird aufgrund dessen verstärkt nachgefragt (vgl. Linde 2008, S. 48). So ist zumindest zum Teil sicherlich auch zu erklären, warum bei Fußballweltmeisterschaften auch weniger interessierte Personen zum Zuschauer werden. Der *„Content [wird] zum Gegenstand sozialer Kommunikation [...]."* (Linde 2008, S. 48).

Im letzten Fall können durch zusätzliche Akteure in einem Netzwerk neue Gruppen gebildet werden (virtuelle Gemeinschaften). Auch dies nennen wir ein *„Many-to-many-Netzwerk"*. Stellen Sie sich ein soziales Netzwerk aus drei Personen A, B und C vor. Sie können drei Zweiergruppen (AB, AC, BC) zählen sowie eine Dreiergruppe (ABC). Die Zählung der einzelnen Individuen lassen wir außen vor, denn der Kern der Plattform ist die Vernetzung der Personen untereinander. Reeds Gesetz beschreibt den Zusammenhang des Gesamtnutzens des Netzwerkes durch $U = 2^n - n - 1$.[22]

Während im Fall der Broadcast-Anwendungen wie etwa Fernseh- oder Radioübertragungen demnach die Zahlungsbereitschaft nicht (direkt) von weiteren Teilnehmern abhängt,[23] ist dies bei den Kommunikationsmedien und Community-Plattformen jedoch der Fall.[24]

Betrachten wir im Folgenden, wie sich die Nachfrage nach Netzwerkgütern modellieren und erklären lässt. Auch normale Güter (als Abgrenzung zu Netzwerkgütern) verbreiten sich innerhalb einer Gesellschaft (denken Sie an Kühlschränke, Spülmaschinen, Automobile etc.). Wenn die Verbreitung nun aber abhängig davon ist, dass andere Personen ein Gut bereits erworben haben (oder ich erwarte, dass andere Personen das Gut auch erwerben werden), dann ist mein Nutzenkalkül von der Entscheidung anderer Personen nicht mehr unabhängig. Dies war in der Regel aber unsere bisherige Annahme.[25]

Schauen wir uns jedoch Netzwerkgüter an, dann ist zwangsläufig von einer Nutzeninterdependenz zwischen den Nachfragern auszugehen. Der Nutzen eines Gutes hängt schließlich – dies ist die Besonderheit der Netzwerkgüter – von der Nutzung (nicht einmal nur des Erwerbs) des Gutes durch andere Personen der Gesellschaft ab. Im Folgenden wird daher das Ausmaß der Verwendung (oder des Erwerbs) eines Gutes – abweichend zu den bisherigen Betrachtungen – nicht lediglich durch den Preis erklärt, sondern auch durch die Anzahl der Nutzer.[26]

---

[22] Und somit: $U = \ln(2) \times 2^n - 1$.

[23] Der Zusatz „direkt" ist nicht ganz unwichtig. Wir kommen im Hinblick auf zweiseitige Märkte darauf später noch einmal zurück, an dieser Stelle aber zumindest kurz eine Erklärung, warum dieser Zusatz häufiger auftaucht. Der direkte Netznutzen ist – denke ich – klargeworden. Was aber bedeuten zusätzliche Fernsehzuschauer für eine Senderanstalt? Diese kann Werbeblöcke zu einem höheren Preis vermarkten und Gelder für besseres Programm (Übertragungslizenzen oder Eigenproduktionen) einsetzen. Dies wiederum erhöht dann den Nutzen für den einzelnen Fernsehzuschauer. Nur ist dies eben nicht direkt durch den weiteren Zuschauer geschehen, sondern indirekt. Diesen indirekten Effekt blenden wir derzeit aber noch aus.

[24] Vgl. Peters 2010, S. 42.

[25] Aufgeweicht hatten wir diese Annahme in Band I lediglich zur Erläuterung von Sonderfällen der Nachfrage, insbesondere dem Mitläufer-Effekt (Bandwagon-Effekt).

[26] Diesbezüglich ist es durchaus verständlich, dass bei Apps, deren Nutzen aus einer großen Community abgeleitet wird, nicht die Downloadzahlen relevant sind sondern eher die Anzahl der täglichen Nutzer (*Daily Active User*).

18.4 Netzwerkmärkte

Mit welcher Nachfragekurve bei Netzwerkgütern können wir nun arbeiten? Nehmen wir einmal an, dass von insgesamt zehn Nachfragern der erste Nachfrager einen Prohibitivpreis von 1,00 €, der zweite Nachfrager einen Prohibitivpreis von 2,00 €, der dritte Konsument einen Prohibitivpreis von 3,00 € etc. besitzt. Dies würde bedeuten, dass bei einem Güterpreis von z. B. 6,00 € genau 4 Personen (10 − 6) eine ausreichend hohe Zahlungsbereitschaft hätten, um das Gut zu erwerben.[27] Bisher beinhaltet dies noch keine Neuerungen im Vergleich zu unserem ganz einfachen bekannten Nachfrageplan. Wir nehmen an, dass jeder Konsument nur eine Gütereinheit nachfragt und dies nur, wenn der Güterpreis nicht oberhalb des Prohibitivpreises liegt.[28]

Nun aber kommt der Netzwerkeffekt hinzu: Bei Netzwerkgütern ist es so, dass der derivative Nutzen eine hohe Relevanz besitzt. Wir gehen davon aus, dass weiterhin x die Größe (oder erwartete[29] Größe) des Netzwerks darstellt, basierend auf der Anzahl der nachgefragten Gütereinheiten (sozusagen kauft jeder Kunde genau ein Telefon, sodass die Anzahl der nachgefragten Güter und die Größe des Netzwerks übereinstimmen). Wir nehmen an dieser Stelle an, dass alle Personen untereinander gleich gerne und häufig telefonieren, sodass es demnach keine besonderen Präferenzen hinsichtlich der genauen Person gibt, die angerufen werden kann oder anruft.[30] Wir nehmen nun an, dass der Prohibitivpreis eines Nachfragers abhängig von der Nutzerzahl ist. Der Prohibitivpreis wird demnach mit der Verbreitung der Güter, sprich der Netzwerkgröße in Beziehung gesetzt. Mehr Nutzer bedeuten auch einen höheren Prohibitivpreis. Anders ausgedrückt: Sind viele Personen im Netzwerk aktiv, dann bin ich bereit, für den Eintritt in das Netzwerk mehr zu bezahlen. Eine Person wäre genau indifferent, wenn ihr Prohibitivpreis (unter Berücksichtigung der Netzwerkgröße) genau dem Marktpreis p entspricht. In der Abb. 18.5 sind eine normale Nachfragekurve (die nachgefragte Menge ist in dem Fall nur abhängig vom Preis) und eine Nachfragekurve unter Einbeziehen eines positiven Einflusses der Netzwerkgröße abgetragen.[31]

Schauen wir uns kurz die normale Nachfragekurve $X^{NE}(p)$ an (Abb. 18.5): Würde ein Marktpreis in Höhe von 6,00 € erhoben werden, dann würden vier Personen das Gut erwerben. Läge der Preis bei 10,00 €, dann ist selbst der Prohibitivpreis des zahlungswilligsten Kunden erreicht und es würde keine Einheit nachgefragt werden und gäbe es das Gut umsonst, so würden alle zehn Kunden eine Einheit nachfragen. Schauen wir uns die Angebotskurve an, wobei wir von konstanten Grenzerträgen ausgehen und daher vereinfachend eine horizontal verlaufende Gerade verwenden. Bei Durchschnittskosten in Höhe von 16,00 €

---

[27] Zur Verallgemeinerung könnte man sich vorstellen, dass die 10 Personen den kompletten Markt abbilden, sprich 100 % darstellen und bei hohem Preis nur ein kleiner Anteil das Gut nachfragt und bei geringerem Preis ein höherer Anteil. Dann können wir die tatsächliche Nutzerzahl in unserem Model einfach anpassen.

[28] Vgl. Endres und Martiensen 2007, S. 625–627 sowie Varian (1999, S. 578–582).

[29] Vgl. Economides 1996, S. 678.

[30] Vgl. Rohlfs 1974, S. 8. Rohlfs nennt dies „uniform calling pattern" (Rohlfs 1974, S. 18).

[31] Vgl. Endres und Martiensen 2007, S. 625–627 sowie Varian 1999, S. 578–582.

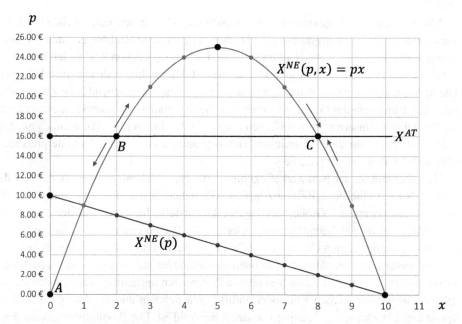

Abb. 18.5 Nachfrage nach einem Netzwerkgut

würde das Gut – würde es keine Netzwerkeigenschaften besitzen – laut unserem Kenntnisstand potenzieller Konsumenten folglich gar nicht nachgefragt werden. Die Zahlungsbereitschaft der Konsumenten liegt für jeden Akteur unterhalb des Angebotspreises.

Betrachten wir nun aber die vom Verbreitungsgrad abhängige Nachfragekurve $X^{NE}(p, x)$. Wir können von einem Gut ausgehen, bei dem Metcalfes Gesetz bei einfacher Verbindungszählung gilt. Dann wäre der Grenznutzen schließlich genau x,[32] was dem entspricht, was wir modelliert haben. Mit zunehmender Zahl an Netzwerkteilnehmern (also Telefonbesitzern) steigt der Nutzen an. Auf die Nachfragekurve wirken demnach nun zwei gegenläufige Effekte ein. Einerseits eine mit x steigende Zahlungsbereitschaft bei zunehmender Netzwerkgröße, andererseits weisen zusätzliche Nachfrager für das Gut an sich nur eine geringere Zahlungsbereitschaft auf.

Wie sieht es nun mit der nachgefragten Menge des Gutes bei einem konstanten Angebotspreis in Höhe von 16,00 € aus? Ein Schnittpunkt ist im Punkt B und ein Schnittpunkt in Punkt C zu identifizieren. Des Weiteren ist der Punkt A markiert. Das Netzwerk kann also überhaupt nicht zustande kommen (0 Teilnehmer, Punkt A), es kann klein ausfallen (2 Teilnehmer, Punkt B) oder es kann groß ausfallen (8 Teilnehmer, Punkt C). Beginnen wir mit Punkt A: Dort gibt es keinen Akteur, der ein Telefon gekauft hat. Damit liegt auch kein Netzwerkeffekt vor, von dem ein Käufer profitieren könnte. Dann aber wird auch keine Zahlungsbereitschaft von 16,00 € erreicht und Telefone werden sich nicht verbreiten. Es muss daher zumindest irgendeinen Impuls geben, der einen Käufer dazu bringt, ein Telefon zu erwerben, um aus diesem Punkt herauszukommen. Einen Schnittpunkt von Angebots-

---

[32] $U = \dfrac{x^2}{2}$ also $\dfrac{dU}{dx} = x$

18.4 Netzwerkmärkte 191

und Nachfragekurve haben wir außerdem in Punkt C. In diesem Punkt zeigt sich, dass bei einer Netzwerkgröße von acht Personen die achte Person genau eine Zahlungsbereitschaft von 16,00 € aufweist. Abweichungen von diesem Gleichgewicht würden wieder zum Punkt C führen. Eine neunte Person hätte eine zu geringe Zahlungsbereitschaft für das Gut, sodass auch der Netzwerkeffekt nicht ausreicht, um eine Zahlungsbereitschaft von 16,00 € zu erreichen. Würde das Netzwerk der Telefonbesitzer dagegen aus sieben Personen bestehen, dann gäbe es eine weitere Person, die im Zusammenspiel aus wachsender Teilnehmerzahl und Produktnutzen das Gut nachfragen würde. Die Zahlungsbereitschaft (abgetragen durch die Nachfragekurve) liegt in dem Bereich links von Punkt C *oberhalb* der Angebotskurve, sodass ein Wachstum des Netzwerks erwartet werden kann und im Bereich rechts von Punkt C *unterhalb* der Angebotskurve, sodass von einer Schrumpfung ausgegangen wird. Da somit Abweichungen wieder zurück in den Punkt C führen, ist das Gleichgewicht in Punkt C stabil. Punkt B bezeichnet nun ebenfalls einen Schnittpunkt, stellt aber ein instabiles Gleichgewicht bei einer Netzwerkgröße von zwei Personen dar. Würde ein Nutzer das Netzwerk verlassen, läge die Zahlungsbereitschaft der bzw. hier genauer des verbliebenen Nutzers nur bei 9,00 € und damit unterhalb des Preises von 16,00 €. Er würde daher das Netzwerk ebenfalls verlassen und die Gruppenzahl würde auf null zurückgehen. Ausgehend von Punkt B würde es sich für einen weiteren Kunden aber durchaus lohnen, dem Netzwerk beizutreten, da das Produkt aus Güter- und Netznutzen über 16,00 € liegt. Somit würde das Netzwerk aber weiterwachsen, bis wir Punkt C erreichen. Es gäbe keinen Anpassungsprozess, der positiv von B abweichend wieder auf die kleine Netzgröße zurückführt. Damit stellt Punkt B in der Abb. 18.5 die kritische Masse dar. Diese Zahl an Käufern muss erreicht werden, damit die Nutzergruppe weiter anwächst, bis das stabile Gleichgewicht erreicht ist. Es ist sofort ersichtlich, dass die kritische Masse eine andere wäre, wenn der Angebotspreis nicht bei 16,00 € läge. Läge dieser etwa bei 21,00 €, dann läge die kritische Masse bei drei Teilnehmern. Wieder würde gelten, dass eine Teilnehmerzahl unter drei Personen zu einem Absterben des Netzwerks führen würde, eine Personenzahl über drei dagegen zu einem weiteren Wachstum bis hin zu sieben Teilnehmern führen würde.[33]

Da wir festgestellt haben, dass in Punkt A bei einem entsprechend positiven Preis kein Nutzer ein Telefon erwirbt und daher kein Netzwerk zustande kommt und stattdessen gar die kritische Masse erreicht werden müsste, um ein Netzwerk zu weiterem Wachstum bis zum stabilen Gleichgewicht anzuregen, bleibt offen, wie die Netzwerkgröße über die kritische Masse gehoben werden könnte. Der wohl direkteste Weg ist der, das Gut einer Gruppe von Ersteilnehmern kostenlos zur Verfügung zu stellen oder einen Dienst zumindest für eine gewisse Zeit kostenlos anzubieten. Allerdings muss beachtet werden, dass bei Erheben eines positiven Preises trotz des Netzwerkeffektes Personen das Netzwerk verlassen könnten, die eine sehr geringe Zahlungsbereitschaft für das Gut (bzw. einen Dienst) aufweisen. Eine weitere Möglichkeit wäre eine Anpassung des Preises (z. B. bei einer Partnervermittlung) mit wachsendem Netzwerk.[34]

---

[33] Vgl. Rohlfs 1974, S. 18 und S. 29 sowie Endres und Martiensen 2007, S. 625–627 und Varian 1999, S. 578–582.

[34] Vgl. Rohlfs, 1974, S. 33–35.

Mit Blick auf den Versuch, eine Nutzergruppe so groß zu bekommen, dass diese über der kritischen Masse liegt und weiteres Wachstum aus sich heraus befeuert, ist es wenig verwunderlich, dass Netzwerkmärkte anbieterseitig zu Monopolen oder Oligopolen tendieren, wenn sich z. B. ein Standard nach Erreichen der kritischen Masse gegenüber alternativer Optionen durchsetzt. Aufgrund des inhärenten Netzwerkeffektes ist nicht zu erwarten, dass viele, kleine Anbieter den Markt bedienen können, da die Konsumenten dann kaum vom Netzwerk profitieren könnten und daher nicht bereit wären, positive Preise zu bezahlen. Die Anbieter konkurrieren daher weniger *im* Markt als *um* den Markt.[35]

18.5 Zweiseitige Märkte

Wie konnte es dazu kommen, dass Mark Zuckerberg, Gründer von Facebook Inc., im Rahmen einer Befragung des US-Senats im April 2018 dem Senator Orrin Hatch erst einmal erklären musste, wie denn Facebook-Einnahmen generieren würde, wo es doch für die Benutzer kostenlos ist. Zuckerberg verwies verdutzt auf das Schalten von Werbung.[36]

Was hier vorliegt, ist ein klassischer Fall der Preissetzung im Fall eines zweiseitigen Plattformmarktes. Weitere Beispiele wären die Märkte für Videospielkonsolen, Kreditkarten, Zeitschriften, Privatfernsehen oder die in den vergangenen Jahren immer relevanter

---

[35] Vgl. Cowen und Tabarrok 2010, S. 276 und 279. In diesem Zusammenhang ist die Beobachtung so-genannter Winner-Take-All-Märkte sicherlich interessant und passend. Winner-Take-All-Märkte basieren erstens darauf, dass die Auszahlung im Markt (z. B. Einkommen) durch relative Leistung im Vergleich von Mitbewerbern bestimmt wird und nicht durch absolute Leistung. (Bsp.: Im typischen olympischen Sportwettbewerb erhält nicht jede Teilnehmerin eine Goldmedaille, die 100 Meter in einer bestimmten Zeit laufen kann, sondern die Schnellste unter allen Teilnehmerinnen. Das kann durchaus dann eine Leistung sein, die im Training zuvor schon übertroffen wurde.) Zweitens werden Winner-Take-All-Märkte dadurch bestimmt, dass zwischen der Auszahlungshöhe vom Wettbewerbsgewinner und den Nachfolgern große Unterschiede bestehen (vgl. Frank und Cook 1995, S. 24). Beispielsweise fußt die Möglichkeit, hohe Auszahlungen (Einkommen, Aufmerksamkeit etc.) zu erlangen, zumeist darauf, dass die Nachfrage nach der besten Leistung entsprechend groß ist (z. B. ein neues Album von Rihanna oder ein neuer Roman von Ken Follet; *„mass markets"*; (vgl. Frank und Cook 1995, S. 26)). Gerade im Zusammenspiel (was allerdings keine notwendige Bedingung ist) von Netzwerkeffekten und der geringen Kosten der Reproduktion digitaler Inhalte können Winner-Take-All-Märkte entstehen. Das Modell geht dabei davon aus, dass die „beste Leistung" nicht durch einen vermehrten Konsum „schlechterer Leistung" substituiert werden kann (vgl. Lutter 2013, S. 602). Und dies muss es auch nicht, da der Konsum der besten Leistung für viele Nachfrager möglich ist. Bücher werden in großer Auflage gedruckt und Alben gepresst oder beides gleich in digitaler Form für entsprechende Endgeräte wie eBook-Reader oder mp3-Player optimiert angeboten. Die beste Leistung wird damit allen zugänglich gemacht. Somit ergibt sich für niemanden die Notwendigkeit, sich mit dem zweitbesten zufrieden geben zu müssen, und die Nachfrage kann sich auf die Stars konzentrieren (vgl. Gans 2009, S. 441 sowie Lutter 2013, S. 602).

[36] Vgl. n-tv.de 2018a. Ebenso könnte man sich demnach fragen, warum der Sauerlandkurier als Regionalzeitung denn nicht Pleite geht, wo er mir doch jede Woche kostenlos zugestellt wird, ob ich nun will oder nicht.

18.5 Zweiseitige Märkte

gewordenen Plattformangebote wie Airbnb, Xing, LinkedIn aber auch Amazon oder eBay.[37]

Von zentraler Bedeutung ist der Plattformbetreiber: etwa Facebook. Dieser Anbieter ermöglicht den Nachfragern einerseits die Nutzungsmöglichkeit der Social-Media-Plattform und dies, ohne dafür eine monetäre Gegenleistung zu verlangen. Auf der anderen Seite ist Facebook aber auch Anbieter für Unternehmen, denen es die Möglichkeit einräumt, – und zwar gegen Bezahlung – Werbung[38] auf Facebook zu schalten, um dessen große Community zu erreichen. Es ist nun im Folgenden zu klären, welche Besonderheiten zweiseitige Märkte aufweisen und wie diese die Preissetzung beeinflussen.[39]

Im Folgenden wird angenommen, dass es sich bei einem Plattformanbieter um einen Monopolisten handelt. Dies ist sicherlich eine Vereinfachung, allerdings auch nicht komplett unrealistisch. Wir haben zuvor schließlich bereits besprochen, dass gerade Netzeffekte eher zu einer Monopolisierung denn einer Dispersion führen. Beispiele können auch regionale Zeitungen oder Zeitschriften in Nischensegmenten sein, bei denen über den Copy-Preis die abgesetzte Menge bei der Leserschaft bestimmt wird und über den Anzeigenpreis die nachgefragte Menge der Anzeigenkunden. In jedem Fall gewährt uns diese Betrachtung sehr gute Einblicke in die Funktionsweise zweiseitiger Märkte.[40]

Beginnen wir mit einer etwas formaleren Darstellung, bevor wir zu einem Zahlenbeispiel übergehen. Da der Plattformanbieter zwei Märkte bedient, benötigen wir zwei Preis-Absatz-Funktionen (m.a.W. inverse Nachfragefunktionen) für unsere Analyse. Deren Verlauf soll dem Gesetz der Nachfrage folgen und linear sein.

---

[37] Da gerade Internetplattformen als „Matchmaker" zwischen unterschiedlichen Marktseiten fungieren, ist das Beispiel der Preissetzung in zweiseitigen Plattformmärkten auch an dieser Stelle angesiedelt.

[38] Und aufgrund der umfangreichen Datenerhebung und Datenanalyse sprechen wir von sehr gezielter Werbung.

[39] Die theoretische Betrachtung zweiseitiger Märkte ist bis auf wenige Ausnahmen meines Wissens in mikroökonomischen Lehrbüchern nicht weit verbreitet (eine Ausnahme dürfte Münter [2018] darstellen), sondern, wenn überhaupt eher, in Lehrbüchern der Industrieökonomik oder speziell der Medienökonomik zu finden (s. hierzu Bester 2017 oder Dewenter und Rösch 2015). Da der Marktform die Relevanz aber mit Sicherheit nicht abgesprochen werden kann, soll diese auch hier ergänzend erörtert werden.

[40] Vgl. Dewenter und Rösch 2015, S. 137 sowie Bester 2017, S. 191. Kaiser und Wright (2004) haben in einer Studie über den Zeitschriftenmarkt in Deutschland (mit Daten aus den Jahren 1972 bis 2003) gezeigt, dass die nachfolgend vorgestellte modelltheoretische Betrachtung empirisch nachvollziehbare Ergebnisse liefert. Auf dem Zeitschriftenmarkt wird einerseits ein Preis für Werbetreibende erhoben und auf der anderen Seite ein Zeitschriftenpreis für die Leserschaft. Die Schätzergebnisse der Forscher haben gezeigt, dass die Leser Werbung in Zeitschriften zwar positiv beurteilen, die Werbetreibenden der Größe der Leserschaft aber eine höhere Bedeutung beimessen als die Leserschaft den geschalteten Anzeigen. Im Ergebnis führte daher ein Nachfrageanstieg zu einem Anstieg des Anzeigenpreises wohingegen eine erhöhte Nachfrage nach Anzeigenplatz in Zeitschriften seitens der Werbetreibenden zu sinkenden Zeitschriftenpreisen für die Leser führte (vgl. hierzu Kaiser und Wright 2004, S. 17).

$$p_A = A_A - \beta_A x_A$$
$$p_B = A_B - \beta_B x_B$$

In diesem Fall gibt A_i (mit $i = A, B$) die jeweiligen positiven Prohibitivpreise auf beiden Marktseiten A und B an (die durchaus unterschiedlich sein können) und β_i den jeweiligen Steigungsparameter. Bisher erfüllen die beiden Nachfragefunktionen jedoch ein *bestimmendes Merkmal* zweiseitiger Märkte nicht: Die Zahlungsbereitschaften beider Gruppen werden durch die Größe der jeweils anderen Gruppe beeinflusst. Diese Art des Einflusses hatten wir zuvor als *indirekten Netzwerkeinfluss* deklariert. Somit müssen wir die Funktionen noch um die Größe der anderen Marktseite ergänzen. Dies wird im Folgenden umgesetzt:[41]

$$p_A = A_A - \beta_A x_A + \alpha_A x_B$$
$$p_B = A_B - \beta_B x_B + \alpha_B x_A$$

Der Parameter α_i gibt an, wie stark (und in welche Richtung) der indirekte Netzwerkeffekt wirkt. Es gilt hierbei, dass die Summe der Alphawerte nicht größer als zwei sein darf, des Weiteren blenden wir den Fall ebenfalls aus, dass die Summe der Parameter negativ ist ($0 < \alpha_A + \alpha_B < 2$). Trotz dieser Einschränkungen lässt sich nunmehr eine Vielzahl relevanter Fälle abbilden:[42]

1. Gehen wir davon aus, dass beide Gruppen jeweils positive indirekte Netzwerkeffekte auf die andere Gruppe ausstrahlen, so wäre α_i positiv. Dabei kann das Verhältnis von α_A zu α_B (oder anders herum) durchaus unterschiedlich sein. Fällt z. B. α_A im Vergleich zu α_B hoch aus, bedeutet dies, dass die Marktseite A einen höheren Nutzen aus der Größe der Gruppe B zieht als andersherum.
2. Sollte einer der Alphawerte gar größer als eins sein, dann kann dies (wir werden uns dies noch anhand eines Zahlenbeispiels anschauen) dazu führen, dass es für den Plattformbetreiber sogar sinnvoll ist, die andere Marktseite zu Preisen in Höhe der Grenzkosten, zu Preisen unterhalb der Grenzkosten oder gar umsonst zu bedienen, da die Gewinne besser über die Marktseite generiert werden können, die von den indirekten Netzwerkeffekten so stark profitiert.
3. Denken wir an TV-Werbung, dann scheint es (zumindest auf Basis anekdotischer Evidenz und des eigenen Empfindens) der Fall zu sein, dass nicht unbedingt beide Gruppen (Werbetreibende A und TV-Zuschauer B) beidseitig positiv voneinander beeinflusst werden. Während Werbetreibende von einer hohen Zuschauerzahl profitieren ($\alpha_A > 0$), um Ihre Werbung an viele Empfänger gleichzeitig richten zu können, ist die Werbung den Zuschauern eher gleichgültig ($\alpha_B = 0$) oder sie empfinden diese gar als nervig ($\alpha_B < 0$).

---

[41] Vgl. Dewenter und Rösch 2015, S. 142 f. sowie Bester 2017, S. 19 f.
[42] Vgl. Dewenter, Ralf und Rösch, Jürgen (2015), S. 142–146.

18.5 Zweiseitige Märkte

Alle diese Fälle lassen sich in unserem einfachen Modell zweiseitiger Märkte betrachten. Würden wir nun noch Kosten ergänzen (z. B. Fixkosten FK für die Plattform und konstante variable Kosten VK_i bei Ausweitung der jeweiligen Gruppengrößen), dann können wir die Gewinnfunktion des Plattformanbieters wie folgt aufstellen:

$$G = \left(A_A - \beta_A x_A + \alpha_A x_B\right) x_A + \left(A_B - \beta_B x_B + \alpha_B x_A\right) x_B - \left(FK + VK_A + VK_B\right)$$

Beenden wir an dieser Stelle das formalere Vorgehen und wenden uns einem Zahlenbeispiel zu und führen die Gewinnmaximierung anhand des Zahlenbeispiels zu Ende. Wir beginnen mit einer Darstellung des zuvor unter 1.) dargestellten Szenarios und nutzen hierfür die folgenden Funktionen:

$$p_A = 50 + 0,2x_B - x_A$$
$$p_B = 40 + 0,5x_A - x_B$$

Zu Beginn gehen wir – da wir uns auf die Netzwerkeffekte konzentrieren wollen – einmal davon aus, dass wir alles an Kosten vernachlässigen können. Die Gewinnfunktion lautet in dem Fall:

$$G = \left(50 + 0,2x_B - x_A\right) x_A + \left(40 + 0,5x_A - x_B\right) x_B$$
$$G = 50x_A + 0,2x_A x_B - x_A^2 + 40x_B + 0,5x_A x_B - x_B^2$$

Da der Gewinn sowohl von der Menge x_A als auch x_B abhängt, leiten wir die Gewinnfunktion zweimal partiell ab und lösen nach x_A respektive x_B auf und erhalten so zwei Quasi-Reaktionsfunktionen (unserer Marktseiten).[43]

$$\frac{\partial G}{\partial x_A} = 50 + 0,2x_B - 2x_A + 0,5x_B$$

$$50 + 0,7x_B = 2x_A$$

$$25 + 0,35x_B = x_A$$

$$\frac{\partial G}{\partial x_B} = 40 + 0,5x_A - 2x_B + 0,2x_A$$

$$40 + 0,7x_A = 2x_B$$

$$20 + 0,35x_A = x_B$$

Wir können dies auch grafisch darstellen (Abb. 18.6).

Wir erkennen, dass auf der Marktseite A eine Gruppengröße (Absatzmenge) von 25 Mitgliedern optimal wäre, sollte Gruppe B eine Größe von Null aufweisen. Dies ist logisch, da dies die halbe Sättigungsmenge ($\frac{50}{2}$) darstellt.[44] Dies würde bei Abwesenheit

---

[43] Vgl. Dewenter, Ralf und Rösch, Jürgen (2015), S. 144.

[44] Unsere inverse Nachfragefunktion lautete $p_A = 50 + 0,2x_B - x_A$, die „normale" Nachfragefunktion umgestellt nach x und bei einer Gruppengröße von $x_b = 0$ demnach: $x_A = 50 - p_A$.

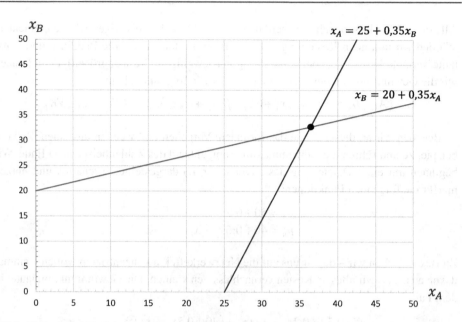

Abb. 18.6 Quasi-Reaktionsfunktionen der Marktseiten

von Kosten die Erlös- und gleichzeitig gewinnmaximale Menge darstellen. Gleiches können wir hinsichtlich der Marktseite B betrachten, für den Fall, dass es keine Marktseite A gibt. Warum ist dies so? Gibt es keine andere Marktseite, dann gibt es auch keinen zweiseitigen Markt und der Anbieter agiert wie ein gewöhnlicher Monopolist.

Verlassen wir nun aber die Achsenschnittpunkte: Nehmen wir an, dass die Gruppengröße A positiv ist und z. B. zehn beträgt. Die gewinnmaximierende Menge für Gruppe B würde dann gemäß der Quasi-Reaktionsfunktion 20 + 0,35 × 10 = 23,5 betragen. Wäre demnach die Gruppe B jedoch 23,5 Einheiten groß, dann führt dies zu einem positiven indirekten Netzwerkeffekt, der auf Gruppe A wirkt. Die optimale Menge für die Gruppe A wäre unter dieser Voraussetzung gegeben durch 25 + 0,35 × 23,5 = 33,225. Die gegenseitige positive Rückkopplung wird in dem Punkt optimal ausgereizt, in dem sich beide Quasi-Reaktionsfunktionen schneiden. Durch gegenseitiges Einsetzen erhalten wir den angesprochenen Schnittpunkt und somit die optimalen, gewinnmaximierenden Mengen für beide durch die Plattform bedienten Seiten.

$$25 + 0{,}35 x_B = x_A$$
$$25 + 0{,}35(20 + 0{,}35 x_A) = x_A$$
$$32 + 0{,}1225 x_A = x_A$$
$$32 = 0{,}8775 x_A$$
$$36{,}467 = x_A$$

Bzw.

18.5 Zweiseitige Märkte

$$20 + 0,35x_A = x_B$$
$$20 + 0,35(25 + 0,35x_B) = x_B$$
$$32,763 = x_B$$

Mengen in Höhe von 36,467 für x_A und 32,763 für x_B sind demnach gewinnmaximierend für unseren Plattformanbieter. Was wir erkennen können, ist, dass die Mengen auf beiden Marktseiten aufgrund der indirekten Netzwerkeffekte höher ausfallen, als wenn es diese nicht geben würde und die Märkte unabhängig voneinander, gemäß monopolistischen Verhaltens, bedient worden wären.

Wir können anschließend durch Einsetzen der Mengen in die jeweiligen Preis-Absatz-Funktionen noch bestimmen, welche Preise die Teilnehmer der jeweiligen Marktseite dem Plattformbetreiber bezahlen müssen.

$$p_A = 50 + 5x_B - x_A$$
$$p_A = 50 + 5 \times 32,763 - 36,467 \approx 20$$

$$p_B = 40 + 2x_A - x_B$$
$$p_B = 40 + 2 \times 36,467 - 32,763 \approx 25,5$$

Nachfrager der Gruppe A bezahlen demnach einen Preis in Höhe von ca. 20 Geldeinheiten, wohingegen Mitglieder der Gruppe B ungefähr 25,5 Geldeinheiten bezahlen. Betrachten wir noch einmal die Preis-Absatz-Funktionen mit denen wir gestartet sind und hinterfragen unsere Ergebnisse hinsichtlich ihrer Sinnhaftigkeit mit Blick auf die Höhe der indirekten Netzwerkeffekte (fett gedruckt).

$$p_A = 50 + \mathbf{0,2}x_B - x_A$$
$$p_B = 40 + \mathbf{0,5}x_A - x_B$$

Die Gruppe B weist mit einem Wert $\alpha_B = 0,5$ einen höheren Nutzengewinn aus indirekten Netzwerkeffekten auf als die Gruppe A ($\alpha_A = 0,2$). Wenn sich folglich die Zahlungsbereitschaft von Gruppe B stärker erhöht, wenn die Gruppengröße von A steigt, als die Zahlungsbereitschaft der Gruppe A in Abhängigkeit der Gruppengröße B, dann scheint es durchaus sinnvoll, dass die Anzahl der Gruppenmitglieder A hoch ausfallen soll, um im großen Ausmaß positiv auf Gruppe B zu wirken. Somit ist es auch durchaus plausibel, dass von Mitgliedern der Gruppe B höhere Preise verlangt werden, was durch unsere Ergebnisse bestätigt wird.

Abschließend können wir noch den Gewinn des Plattformbetreibers bestimmen, indem wir die ermittelten Mengen in die Gewinnfunktion einsetzen.

$$G = 50x_A + 0,2x_Ax_B - x_A^2 + 40x_B + 0,5x_Ax_B - x_B^2$$
$$G = 50 \times 36,467 + 0,7 \times 36,467 \times 32,763 - 36,467^2 + 40 \times 32,763 - 32,763^2$$
$$G = 1566,95$$

198 18 Mikroökonomik im Zeitalter der Digitalisierung

Verdeutlichen wir uns kurz, welche Bedeutung diese Art der Märkte heutzutage bereits hat und greifen dafür noch einmal kurz auf die zahlreichen Beispiele für zweiseitige Märkte zurück:

- Kreditkarten (eines der ersten Beispiele, anhand derer diese Art der Marktstruktur analysiert wurde): die Buchung kostet das Unternehmen etwas, welches die Zahlung per Kreditkarte anbietet. Hingegen wird den Kreditkartennutzern teils sogar ein Preis bezahlt (Benefits wie Punkte sammeln, Flugmeilen, Neukundengeschenke), damit diese die Karte verwenden.
- Clubs verlangen Eintritt von Männern aber teilweise keinen von Frauen, und ebenso ist dies bei Dating-Seiten zu beobachten. Wieder bietet die Plattform (sei es der Club oder die Dating-Seite) das Matchmaking an und wägt die zu zahlenden Preise der beiden Marktseiten mit Blick auf deren Preiselastizität und dem Nutzen des indirekten Netzwerkeffektes ab.
- Social-Media-Plattformen bieten eine kostenlose Registrierung für Nutzer an, aber setzen hohe Preise für Werbetreibende fest.
- Nutzer von Online-Marktplätzen zahlen der Plattform etwas, wenn Sie dort etwas verkaufen wollen, wohingegen die Käufer die Plattform ohne gesonderte Zahlung an die Plattform nutzen können.
- Werbefinanziertes Fernsehen können wir kostenlos über Satellit empfangen und gerade beliebte Sendungen sind dann von teuer bezahlten Werbeblöcken durchlöchert.
- Einkaufcenter benötigen attraktive Geschäfte, um Kunden anzulocken und Kunden, um den Geschäften hohen Umsatz garantieren zu können, um so wiederum hohe Ladenmieten erheben zu können.
- Spielekonsolen werden teils unter Produktionskosten an Kunden verkauft, um eine Spielerbasis zu generieren, sodass Spieleproduzenten wiederum Beiträge für die Veröffentlichung von Spielen auf der Plattform abgenommen werden können. Gleichzeitig wird für andere Spiele, gerade welche, die die Kundenbasis nachhaltig vergrößern, sogar Geld auf den Tisch gelegt, um Exklusivdeals abzuschließen, und ein Spiel an eine Plattform zu binden.[45]

Wenn also auch etwas sperriger im Umgang, als die typischen Marktmodelle, so ist – wie man sehen kann – die Relevanz der Plattformmärkte jedoch unbestreitbar.

---

[45] Diesen Zusammenhang verdeutlicht Marc Rysman mit den Worten: *„Neither consumers nor game developers will be interested in the PlayStation if the other Party is not."* (Marc Rysman 2009, S. 125.) Unterschieden wird im Rahmen der Betrachtung zweiseitiger Märkte des Weiteren häufig noch sogenanntes Singlehoming und Multihoming. Der Unterschied bezieht sich darauf, ob eine (oder beide) der beiden bedienten Marktseiten nur eine Plattform verwendet (Singlehoming; z. B. besitzt ein Kunde nur eine Videospielkonsole oder ein Spielehersteller produziert einen Exklusivtitel für eine Konsole) oder gleich mehrere (Multihoming; z. B. besitzt der Kunde mehrere Konsolen und/ oder ein Spielehersteller produziert einen Titel für mehrere Spieleplattformen gleichzeitig). Vgl. etwa Roson, Roberto (2005), S. 151–152.

Literatur

Barabási, A.-L. (2016). *Network science*. Cambridge: Cambridge University Press.

Bester, H. (2017). *Theorie der Industrieökonomik* (7. Aufl.). Berlin/Heidelberg: Springer Gabler.

Bundesverband Interaktive Unterhaltungssoftware. (2017). Jahresreport der Computer- und Videospielbranche in Deutschland 2017, Berlin.

Buxmann, P., Diefenbach, H., & Hess, T. (2015). *Die Softwareindustrie – Ökonomische Prinzipien, Strategien, Perspektiven* (3. Aufl.). Berlin/Heidelberg: Springer Gabler.

chip.de. (2017). Die 5 teuersten Filme aller Zeiten, vom 08.09.2017. https://www.chip.de/news/Die-5-teuersten-Filme-aller-Zeiten-Nein-Titanic-ist-nicht-auf-Platz-1_113534386.html. Zugegriffen am 24.10.2018.

Clement, R., & Schreiber, D. (2016). *Internet-Ökonomie – Grundlagen und Fallbeispiele der vernetzten Wirtschaft* (3. Aufl.). Berlin/Heidelberg: Springer Gabler.

Cowen, T., & Tabarrok, A. (2010). *Modern principles of economics*. New York: Worth Publishers.

Dewenter, R., & Rösch, J. (2015). *Einführung in die neue Ökonomie der Medienmärkte- Eine wettbewerbsökonomische Betrachtung aus Sicht der Theorie der zweiseitigen Märkte*. Wiesbaden: Springer Gabler.

Economides, N. (1996). The economics of networks. *International Journal of Industrial Organization, 14*, 673–699.

Endres, A., & Martiensen, J. (2007). *Mikroökonomik*. Stuttgart: Kohlhammer.

Frank, R. H., & Cook, P. J. (1995). *The winner-take-all society*. New York: Free Press.

Gans, J. (2009). *Parentonomics – An economist dad looks at parenting*. Cambridge, MA: MIT Press.

Hensel, M., & Wirsam, J. (2008). *Diffusion von Innovationen – Das Beispiel Voice over IP*. Wiesbaden: Gabler.

Kaiser, U., & Wright, J. (2004). *Price structure in two-sided markets: Evidence from the magazine industry?* (ZEW discussion paper, no. 04-80).

Knieps, G. (2008). *Wettbewerbsökonomie* (3. Aufl.). Berlin/Heidelberg: Springer.

Krugman, P., & Wells, R. (2010). *Volkswirtschaftslehre*. Stuttgart: Schäffer-Poeschel.

Linde, F. (2008). *Ökonomie der Information* (2. Aufl.). Göttingen: Universitätsverlag Göttingen.

Lutter, M. (2013). Strukturen ungleichen Erfolgs. Winner-take-all-Konzentrationen und ihre sozialen Entstehungskontexte auf flexiblen Arbeitsmärkten. *Kölner Zeitschrift für Soziologie und Sozialpsychologie, 65*, 597–622.

Peters, R. (2010). *Internet-Ökonomie*. Berlin/Heidelberg: Springer.

Rohlfs, J. (1974). A theory of interdependent demand for a communication service. *The Bell Journal of Economics and Management Science, 5*(1), 16–37.

Roson, R. (2005). Two-sided markets: A tentative survey. *Review of Network Economics, 4*(2), 142–160.

Rysman, M. (2009). The economics of two-sided markets. *Journal of Economic Perspectives, 25*(3), 125–143.

Shapiro, C., & Varian, H. R. (1999). *Information rules*. Boston: Harvard University Press.

Shy, O. (2011). A short survey of network economics. *Review of Industrial Organization, 38*, 119–149.

Swann, P. G. M. (2006). Clusters and hinterland: When is a proactive cluster policy appropriate? In B. Asheim, P. Cooke & R. Martin (Hrsg.), *Clusters and regional development – Critical reflections and explorations* (S. 255–271). London/New York: Routledge.

Train, K. E. (1991). *Optimal regulation – The economic theory of natural monopoly*. Cambridge, MA: The MIT Press.

Varian, H. R. (1999). *Grundzüge der Mikroökonomik* (4. Aufl.). München: Oldenbourg Wissenschaftsverlag.

Vogelsang, I., & Finsinger, J. (1979). A regulatory adjustment process for optimal pricing by multiproduct monopoly firms. *The Bell Journal of Economics, 10*(1), 157–171.

Internetseitenverzeichnis

absatzwirtschaft.de. (2016b). Ziel aller Marketingmaßnahmen sind Neuregistrierungen, vom 02.06.2016. http://www.absatzwirtschaft.de/marc-schachtel-geschaeftsfuehrer-parship-ziel-aller-marketingmassnahmen-sind-neuregistrierungen-83167/. Zugegriffen am 22.11.2018.

Consumerist.com. (2017). How much do video game companies make Off DLC and add-ons?, veröffentlicht am 19.04.2017. https://consumerist.com/2017/04/19/how-much-do-video-game-companies-make-off-dlc-and-add-ons-around-5b-a-year/. Zugegriffen am 20.03.2018.

engadget.de. (2007). WoW character sells for nearly \$10.000, verfasst von Ross Miller, vom 17.09.2007. https://www.engadget.com/2007/09/17/wow-character-sells-for-nearly-10-000/?-guccounter=1&guce_referrer=aHR0cHM6Ly93d3cuZ29vZ2xlLmRlLw&guce_referrer_sig=A-QAAAMrM0jdY3gOjS-Bzv__Ug2IwmThQWJfNHWsR7Bk4xaskJM8zNvjJf8iezqFl6Sd6V-57Ci1P2JJQpcZDi8c2ZiDXxkImAf1vqP2z9-7M9bkRrVs2M_fI0EqzhGFuU9T0uUGIvDOY-Vz8DPz0FJ2PScKdRs2rw2jb-FEXDVRy8z-jX2. Zugegriffen am 03.05.2019.

n-tv.de. (2018a). Ahnungslose Senatoren blamieren sich, veröffentlich am 11.04.2018. https://www.n-tv.de/wirtschaft/Ahnungslose-Senatoren-blamieren-sich-article20378382.html. Zugegriffen am 15.05.2018.

Zeit Online. (2010). Elfe, Level 80, in liebevolle Hände abzugeben, verfasst von Jessica Braun, vom 30.07.2010. https://www.zeit.de/digital/games/2010-07/fuenf-jahre-wow/komplettansicht. Zugegriffen am 03.05.2019.

Straßenverkehr

19

19.1 Lärm, Staub und Pendlerpauschale

Ich nehme an, dass jeder Leser bereits mindestens einmal im Stau stand, über überfüllte Straßen genörgelt hat oder als Fußgänger, aufgrund von Abgasen startender oder vorbeifahrender Fahrzeuge, die Nase gerümpft hat. Nachfolgend wollen wir uns mit Blick auf den Aspekt der Externalitäten einmal mit der Nutzung von Pkw im Straßenverkehr beschäftigen. Worum geht es dabei? Hinsichtlich einer Entscheidung, ob ich mit dem Auto fahre, wäge ich Kosten und Nutzen der Automobilnutzung ab. Wichtig ist, dass vermutlich nicht alle Kosten – gerade die externen Kosten – mit in mein Kalkül einbezogen werden. Ich denke an die Spritkosten, an die Zeit, die ich für die Fahrt benötigen werde und vielleicht an den Wertverlust des Autos. Dass ich z. B. mit meinem Auto aber auch die Luft verschmutze, dass meine Autonutzung zur Überfüllung der Straßen beiträgt, dass ich durch die Fahrerei Lärm verursache, diese Punkte betrachte ich in der Regel nicht. In diesem Zusammenhang ist die Grundidee sicherlich bekannt. Es handelt sich um negative Externalitäten.[1] Wie werden wir einer Externalität Herr, die nicht im individuellen Kalkül berücksichtigt wird? Beispielsweise führen wir über eine Steuer eine Internalisierung der externen Kosten herbei. Was geschieht – unter anderem – jedoch in Deutschland, was Auswirkungen auf die Pkw-Nutzung hat? Es gibt eine Pendlerpauschale. Über die steuerliche Absetzbarkeit als Werbekosten kann, bezogen auf die kürzeste Fahrtstrecke, jeder Kilometer des Arbeitsweges mit 30 Cent je Kilometer zur persönlichen Steuerentlastung beitragen. Dies wiederum ist nichts anderes, als eine Subventionierung der mit dem Job verbundenen Pendlerfahrten, wobei dies jedoch nicht gezielt die Pkw-Nutzung anspricht (Bahnfahrten gehen z. B. ebenfalls). Es wird allerdings teils argumentiert, dass eben gerade Anreize für eine erhöhte Akzeptanz langer Arbeitswege aus ländlichen Gebieten

---

[1] Dieser Aspekt ist auch aktuell wieder in der Presse(vgl. dazu FAZ.net 2018).

© Springer Fachmedien Wiesbaden GmbH, ein Teil von Springer Nature 2019
F. Strotebeck, *Einführung in die Mikroökonomik*,
https://doi.org/10.1007/978-3-658-27307-1_19

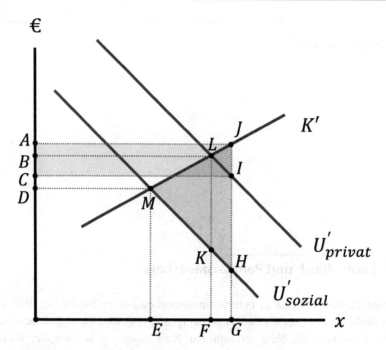

Abb. 19.1 Negative Externalitäten (im Konsum)

geschaffen werden und aufgrund meist unzureichender Anbindung über öffentliche Verkehrsmittel dadurch eben doch genau die Pkw-Nutzung unterstützt würde.[2]

Betrachten wir die Umweltbelastungs- und Lärmbelästigungsthematik mithilfe einer vereinfachenden grafischen Darstellung. Im einfachsten Fall ließen sich die negativen Externalitäten im Konsum[3] (des Autofahrens) und der indirekten Subvention über die Entfernungspauschale wie in Abb. 19.1 illustrieren.

---

[2] Vgl. Umweltbundesamt 2010, S. 20 f.

[3] Wir gehen demnach davon aus, dass der Konsum der Bereich der Entstehung der Externalität ist (die Autonutzung stellt den Konsum dar) und der Konsum auch den betroffenen Bereich darstellt (die Gesellschaft kann Ruhe und gute Luft nicht mehr ungestört genießen; vgl. Fall 6 in Fritsch et al. 2003, S. 93 f.). In unserem Beispiel gehen wir demnach davon aus, dass die Autonutzung, um ein wenig „zu cruisen" die Nutzenfunktionen unbeteiligter Dritter negativ beeinflusst. So hören Dritte den Lärm des vorbeifahrenden Autos und können die Ruhe nicht mehr im gleichen Ausmaß genießen, wie zuvor. Die Externalität des Autofahrens kann auch so modelliert werden, dass die Autonutzung Kosten bei unbeteiligten Dritten verursacht. Dies mag z. B. der Stauungseffekt auf Straßen sein, den wir durch Nutzung des Autos mit verursachen. In dem Fall würden wir nicht die gesellschaftliche Grenznutzenfunktion, sondern die gesellschaftliche Grenzkostenfunktion betrachten. Angemerkt werden kann des Weiteren, dass in unserem Konzept der Externalität die Nutzeneinbuße direkt von der Empfindung des Dritten abhängt. Lärm oder Geruch gelten dann ohne Rezipient auch nicht als Externalität. Man spricht daher auch bezogen auf externe Effekte von einem anthropozentrischen Konzept (vgl. Puls 2009, S. 8 f.).

19.1 Lärm, Staub und Pendlerpauschale

Ohne die Subvention über die Pendlerpauschale würden die Kurven U'_{Privat} und K' gelten. Der Autofahrer kalkuliert auf Basis privater Kosten und privatem Nutzen die Anzahl der Fahrten (oder die Fahrtlänge; je nachdem, wofür die Menge x nun stehen mag), die er konsumiert (Menge F zu einem Preis in Höhe von B). Der Fahrer öffnet das Verdeck des Cabriolets, erfreut sich des Sonnenscheins und düst mit seinem Auto durch die Gegend und lässt sich den Wind durch die Haare pusten.[4] Sein Nutzenkalkül basiert demnach lediglich auf seinem eigenen Empfinden. Und selbst so eine Fahrt zur Arbeit macht ihm in dem Fall richtig Freude. Die Kurve U'_{Sozial} stellt den gesellschaftlichen bzw. sozialen Grenznutzen der Fahrten dar und enthält nun zusätzlich den negativen externen Grenznutzen, der mit jeder Fahrt einhergeht (Lärmbelastung, Umweltschädigung) und sich auf den Konsum guter Luft oder Ruhe von unbeteiligten Dritten bezieht. Das optimale Ausmaß läge daher lediglich bei einer Menge in Punkt E. Stattdessen führt aber eine Subvention über die Entfernungspauschale statt zu einer Internalisierung des externen Effekts vielmehr zu einem weiteren Auseinanderklaffen von Grenzkosten und Grenznutzen einer Fahrt. Die Menge wird durch die Subvention nicht reduziert, sondern (bei einer Subvention in Höhe der Fläche $CIJA$) auf die Menge G erhöht. Damit nimmt der Wohlfahrtsverlust, der bereits aufgrund der Externalität in Höhe MKL besteht, sogar noch zu, und zwar um die Fläche $KHJL$ auf die Höhe MHJ. Nun passt es diesbezüglich ins Bild, dass etwa von Straubhaar (2012) eher eine Pendlersteuer, denn eine Pendlerpauschale gefordert wird.[5] Eine Steuer würde dazu führen, dass die durch Fahrten gesellschaftlich verursachte Nutzeneinbuße internalisiert werden würde und der tatsächliche Grenznutzen ins Entscheidungskalkül einfließen würde. Das Ausmaß an Fahrten würde auf die gesellschaftliche optimale Menge M gesenkt werden können.[6]

---

[4] Dies ist im Sommer ja durchaus der Fall, und alternativ können Sie sich das Beispiel der Lärmbelästigung durch Lustfahrten von Motorradnutzern im Frühling und Sommer vorstellen. Der Nutzen der einen Gruppe (das Geschwindigkeitsgefühl, wenn man bei Sonnenschein über die Landstraßen jagt) ist die Nutzeneinbuße der anderen Gruppe (denn es knattert und röhrt).

[5] Vgl. Heise.de 2012, sowie Straubhaar 2012.

[6] Eine weitere ökonomische Betrachtung der Pendlerpauschale, die auf einen völlig anderen Punkt abzielt, findet sich bei Häring (2012). Häring verweist darauf, dass die Pendlerpauschale schließlich eine Korrektur der Einkommenssteuerzahlung darstellt. Wohne ich weit abseits meines Arbeitsplatzes, dann habe ich Wegekosten zurückzulegen, die mein Einkommen reduzieren. Ist mein Einkommen also auf dem Lohnzettel als zu hoch angegeben (weil dort ja die Fahrtkosten nicht draufstehen), dann ist auch die Basis für meine Einkommenssteuer zu hoch. Deswegen holt man sich diesen Betrag über die Pendlerpauschale zurück. Erinnert man sich nun aber an die Diskussion des Produktionsfaktors Boden aus dem Band 1 der Einführung in die Mikroökonomik, dann erschließt sich einem direkt Härings weitere Argumentation. Er schreibt, dass (und dies ist eben in der Regel der Fall) der Wohnort in der Nähe der Arbeit mit höheren Wohnkosten einhergeht. Die Lagerente einer attraktiv gelegenen Wohnung, schöpft der Vermieter durch die höhere Miete ab. Dieses Einkommen steht dem Mieter demnach ebenfalls nicht zur Verfügung, zieht aber keine steuerliche Entlastung nach sich (vgl. hierfür und weitere Gedanken zum Thema Häring 2012, S. 53–55).

		Ute	
		Anhalten	Fahren
Horst	Anhalten	-1 | -1	0 | 5
	Fahren	5 | 0	-10 | -10

Abb. 19.2 Koordination im Straßenverkehr I

19.2 Koordination im Straßenverkehr

Nachfolgend schauen wir uns kurz – unter Anwendung der Spieltheorie – ein Koordinationsspiel an, das wir alle nur zu gut kennen: Pkw-Verkehr an Straßenkreuzungen. Es ist im Folgenden davon auszugehen, dass wir – wenn wir schon mit dem Pkw unterwegs sind – irgendein bestimmtes Ziel haben und sicherlich nicht unendlich viel Zeit für die Fahrt aufwenden wollen. Steuerten wir nun geradeaus und ein weiterer Fahrer von der Seite kommend auf eine Straßenkreuzung zu – unter Abwesenheit von Lichtsignalen, Schildern und allgemein einer Straßenverkehrsordnung –, so kann ein simultanes Spiel aufgebaut werden. Nennen wir unsere beiden Fahrer Horst und Ute. Beiden Spielern wäre es am liebsten, wenn der jeweils andere Fahrer sein Auto stoppen würde, damit eine ungehinderte und ungebremste Weiterfahrt ermöglicht würde. Eher unangenehm, aber nicht allzu tragisch, wäre es, wenn beide Fahrer stoppen. Das bedeutet beiderseits einen Zeitverlust, ist aber deutlich besser als die letzte Alternative: Beide Fahrer halten das Gaspedal durchgedrückt und auf der Kreuzung kommt es zu einem tragischen Unfall. Das Spiel in Normalform in Abb. 19.2 stellt die Präferenzreihenfolge anhand geeigneter Zahlenwerte für die Auszahlungen dar.[7]

Es ist ersichtlich, dass es weder für Horst noch für Ute eine dominante Strategie gibt. Sollte Ute den Wagen anhalten, dann würde Horst „*Fahren*" wählen (5 ist besser als −1). Sollte Ute jedoch weiterfahren, dann würde Horst anhalten (denn 0 ist besser als −10). Für Ute gilt dies vice versa und wir erhalten die beiden *umrandeten* strategischen Gleichgewichte in reinen Strategien. Was wäre, wenn wir uns im Gleichgewicht (5 | 0) befinden würden? Horst würde seine Strategie in dem Fall gar nicht wechseln wollen, denn ein Wechsel der Strategie von „*Fahren*" auf „*Anhalten*" würde zu einer Auszahlungsänderung von 5 auf −1 führen. Aber auch Ute würde unter diesen Umständen keinen Strategiewechsel wollen, denn durch einen Wechsel von „*Anhalten*" zu „*Fahren*" würde sie einen üblen Unfall verursachen und die Auszahlung würde sich von 0 auf −10 ändern. Die Argumentation ließe sich auch für das Gleichgewicht (0 | 5) anwenden. Gleichwohl würde im Vergleich der beiden Gleichgewichte Ute das Gleichgewicht (0 | 5) bevorzugen, wohingegen Horst das Gleichgewicht (5 | 0) vorziehen würde. Um das Verhalten der Akteure nun zu

---

[7]Vgl. diesbezüglich auch Spaniel 2015, S. 42 f.

19.2 Koordination im Straßenverkehr

		Ute		
		Anhalten n	Fahren $1-n$	
Horst	Anhalten m	-1 | -1	0 | 5	$-1n + 0(1-n)$ $= -1n$
	Fahren $1-m$	5 | 0	-10 | -10	$5n - 10(1-n)$ $= 15n - 10$
		$-1m + 0(1-m)$ $= -1m$	$5m - 10(1-m)$ $= 15m - 10$	

Abb. 19.3 Koordination im Straßenverkehr II

koordinieren und die Gleichgewichte zu realisieren, gibt es Regeln wie „Rechts vor Links", Vorfahrtsschilder und Ampeln. Diese Hilfsmittel koordinieren und ordnen den Verkehr. Sieht Horst eine rote Ampel, dann weiß er, dass Ute grünes Licht angezeigt bekommt und sie daher die Strategie *„Fahren"* wählen wird. Dieses klare Signal zeigt, dass Horsts beste Antwort ein Anhalten des Wagens darstellt. Für Ute wiederum zeigt das grüne Licht, dass Sie *„Fahren"* wählen kann, da Horst stehenbleibt.[8]

Man kann das Koordinationsspiel auch zwecks einer weiteren Beobachtung verwenden. Ermitteln wir dafür einmal das strategische Gleichgewicht in gemischten Strategien (Abb. 19.3).

Setzen wir nun die Ausdrücke $(-1m)$ und $(15m - 10)$ gleich, erhalten wir eine Wahrscheinlichkeit von 0,625 für *„Anhalten"* und 0,375 für *„Fahren"*. Gleiches gilt bei diesem Spiel auch für n bzw. $1 - n$. Ohne die Koordination über Signale wäre demnach eine weitere Strategie auch die, einem Zufallsmechanismus folgend, in 62,5 Prozent der Fälle anzuhalten und in 37,5 Prozent der Fälle weiterzufahren. Dies scheint (mir zumindest) auf den ersten Blick relativ riskant. Wir wissen jedoch, dass die gemischten Strategien von der Höhe der Auszahlungen abhängig sind. Gingen wir daher nun etwa davon aus, dass die Situation, in welcher beide Personen weiterfahren und einen Unfall bauen, deutlich negativer betrachtet wird als die Auszahlung von -10 vermuten lässt (leichter Blechschaden), und wir daher eine -100 einsetzen (ein paar Tage im Krankenhaus), dann verändert sich auch die gemischte Strategie. Berechnen wir diese erneut, erhalten wir für m bzw. n („*Anhalten"*) einen Wert von $\frac{50}{53}$ und für $1 - m$ bzw. $1 - n$ (*„Fahren"*) lediglich $\frac{3}{53}$. Ein gar sicherer Tod der Fahrzeuginsassen und eine negative Auszahlung von etwa -100.000 würde die Aufteilung der Wahrscheinlichkeiten noch mehr in Richtung *„Anhalten"* verändern.[9] In dem Sinne ließe sich vorsichtig schlussfolgern, dass der größte Vorteil der Straßenverkehrsordnung – bei ansonsten hoher Gefährdung des eigenen Leib und Lebens – im reibungslosen

---

[8] Vgl. Spaniel 2015, S. 44.

[9] Rechnen Sie es zur Übung ruhig aus. Lösung: Das Gleichgewicht in gemischten Strategien bei Auszahlungen von jeweils -100.000 für sowohl Ute als auch Horst, für den Fall, dass beide weiterfahren (und ansonsten unveränderter Matrix) liegt bei $\frac{50.000}{50.003}$ *„Anhalten"* und $\frac{3}{50.003}$ *„Fahren"*.

Ablauf und dem Abbau von Ineffizienzen aufgrund ständig anhaltender und abwartender Verkehrsteilnehmer bestehen mag und zweitens, die verstärkte Sicherheitstechnik in Fahrzeugen, die ein Ableben aufgrund von Unfällen unwahrscheinlicher macht, den negativen Pay-Off schmälert (also von -100.000 näher in Richtung 0 rücken lässt) und daher zu riskanterer Fahrweise führen kann.

19.3 Kostenerhöhungsstrategie im Kraftstoffmarkt

Nachfolgend nehmen wir an, dass die *Big Five* der Mineralölkonzerne sich gemeinsam monopolistisch verhalten und als eine dominante Firmengruppe ein Teilmonopol am Kraftstoffmarkt innehaben. Eine besondere Situation ist diesbezüglich die, dass die *Big Five* im Gegensatz zu der zersplitterten Gruppe der übrigen Kraftstoffanbieter am Markt (im Folgenden unser Wettbewerbsrand) eigene Raffineriekapazitäten besitzen. Somit sind sie gleichzeitig als Verkäufer an Endkunden als auch als Lieferanten der Unternehmen des Wettbewerbsrandes tätig. Dies führt dazu, dass von Tankstellenbetreibern zum Teil moniert wird, dass es zu so genannten Preisscherenverkäufen käme.[10] Damit ist gemeint, dass die *Big Five* ihre Kraftstoffe zu höheren Preisen an die Wettbewerber verkaufen als an die Endkunden, die sie selbst bedienen. Uns reicht es für die folgende Betrachtung, dass die *Big Five* den Bezugspreis für die Wettbewerber erhöhen und argumentieren darauf aufbauend, dass dies eine Kostenerhöhungsstrategie (KES) darstellen kann, mit dem Ziel, Marktanteile zu gewinnen.[11]

Nachfolgend wollen wir uns des Modells des Teilmonopols widmen, um zu sehen, welche Implikationen mit dieser Kostenerhöhungsstrategie verbunden sind.

Auf der linken Seite der Abb. 19.4 ist die Gesamtnachfrage nach Benzin (in Mio. Litern täglich) abgetragen. Des Weiteren ist die Grenzkostenkurve des Wettbewerbsrands eingezeichnet: K'_F. Auf der rechten Seite zeigt die Abbildung die aus dem Zusammenspiel von Angebot des Wettbewerbsrandes und Konsumentennachfrage resultierende Residualnachfrage für unseren *Big-Five*-Unternehmenszusammenschluss. Gehen wir aufgrund der Größe dieses Mega-Mineralölkonzerns von konstanten Grenzkosten der dominanten Firma und steigenden Grenzkosten der Unternehmen im Wettbewerbsrand aus, so kommt es zu folgendem Ergebnis: Insgesamt werden am Markt ungefähr 90 Mio. Liter Benzin täglich gehandelt (Punkt A) und dies zu einem Preis von 0,75 Euro pro Liter. Von den

---

[10]Vgl. Bundeskartellamt (2011), S. 18–19.

[11]Wir machen uns nun keine Gedanken darüber, dass die Tankstellen über die aus dem Gesamtmarkt abgeleitete Nachfrage nach Kraftstoff bei den *Big Five* wiederum zu deren Erlösen beitragen. Kurz durchdenken ließe sich aber auch dies: Sollte es den *Big Five* gelingen, die Wettbewerber aus dem Markt zu drängen, besitzen sie anschließend das Monopol (nicht nur Teilmonopol) und können den Gewinn durch Anbieten der Monopolmenge zum Monopolpreis maximieren. Wir müssten uns dann nicht mehr über eine Residualnachfrage Gedanken machen, sondern könnten die gesamte Nachfrage als Monopol modellieren.

19.3 Kostenerhöhungsstrategie im Kraftstoffmarkt

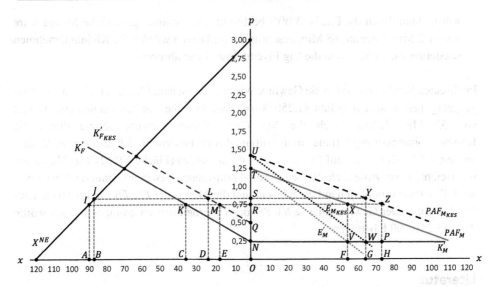

Abb. 19.4 Kostenerhöhungsstrategie bei Kraftstoffen

90 Mio. Litern setzen die *Big Five* ca. 55 Mio. (Punkt *F*) und der Wettbewerbsrand 35 Mio. Liter ab (Punkt *C*).

Nun geht es um die Beeinflussung der Bezugskosten durch den Wettbewerbsrand. Ein maßgeblicher Input der Tankstellen ist der Kraftstoff. Diesen bezieht der Wettbewerbsrand von den *Big Five*. Die *Big Five* erhöhen den Preis, den sie von den Unternehmen verlangen. Dargestellt wird dies durch die *gestrichelte* Grenzkostenkurve $K'_{F_{KES}}$. Aufgrund der gestiegenen Grenzkosten fällt der Marktanteil, der durch den Wettbewerbsrand bedient werden kann, und die Residualnachfrage für das dominante Unternehmen steigt. Es gelten nunmehr die $PAF_{M_{KES}}$ und die Grenzerlöskurve $E'_{M_{KES}}$.

Da die *Big Five* durch den höheren Verkaufspreis des Kraftstoffs an die Tankstellen der Wettbewerber nur *deren* Kosten erhöht haben, nicht aber die *eigenen*, bleibt die Grenzkostenkurve K'_M gültig. Wir können nun zwei Situationen unterscheiden:

1. Die *Big Five* können den bestehenden Marktpreis in Höhe von 75 Cent bestehen lassen. Aufgrund der gestiegenen Bezugskosten werden dies nicht alle Wettbewerber mitgehen können und einige von ihnen daher den Markt verlassen. Von der Menge von 90 Mio. Liter pro Tag würden dann eher 72 Mio. Liter (Punkt *H*) von den *Big Five* abgesetzt und lediglich 18 Mio. Liter (Punkt *E*) vom Wettbewerbsrand. Der Gewinn der *Big Five* würde sich im Vergleich zum Ausgangspunkt von der Fläche *NVXR* auf *NPZR* verändern.
2. Da die unter Punkt 1.) genannte Variante zwar Marktanteile wie auch Gewinne der *Big Five* erhöht, jedoch nicht gewinnmaximierend ist, könnten die *Big Five* die Mengen auch gemäß der Regel „Grenzerlös gleich Grenzkosten" bestimmen (Punkt *W*, Menge bei Punkt *G* mit ca. 65 Mio. Litern) und einen Preis in Höhe *S* erheben. Der Gewinn

würde dann durch die Fläche *NWYS* bestimmt. Die gesamte gehandelte Menge wäre um ca. 2 Mio. Liter auf 88 Mio. geschrumpft und davon würden die Kleinunternehmen wiederum ca. 23 Mio. und die Big Five 65 Mio. Liter absetzen.

Im direkten Vergleich würden die Gewinne wie folgt aussehen: Fläche *NVXR* (unsere Ausgangslage) entspräche ungefähr 41.250.000 € (Preis in Höhe von 75 Cent und eine Menge von 55 Mio. Litern durch die *Big Five*). Dieser Gewinn könnte durch die Kostenerhöhungsstrategie (unter Beibehaltung des Preises von 0,75 € aber einem Absatzanstieg auf 72 Mio. Liter) auf 54 Mio. Euro erhöht werden (Fläche *NPZR*). Das Maximum ist erreicht, wenn zusätzlich die neue Produktionsmenge gewinnmaximierend bestimmt wird. Der Preis erhöht sich auf ca. 85 Cent und die Menge der *Big Five* reduziert sich auf 65 Mio. Liter. Der Gewinn (Fläche *NWYS*) des Unternehmenszusammenschlusses würde dann 55.250.000 € betragen.

Literatur

Bundeskartellamt. (2011). Sektoruntersuchung Kraftstoffe, Abschlussbericht Mai 2011 – Zusammenfassung, online verfügbar. https://www.bundeskartellamt.de/SharedDocs/Publikation/DE/Sektoruntersuchungen/Sektoruntersuchung%20Kraftstoffe%20-%20Zusammenfassung.pdf;jsessionid=EAEEF8F14A57B1F81E94F8BDFDD81B1B.2_cid378?__blob=publicationFile&v=5. Zugegriffen am 03.04.2019.

Fritsch, M., Wein, T., & Ewers, H.-J. (2003). *Marktversagen und Wirtschaftspolitik* (5. Aufl.). München: Vahlen.

Häring, N. (2012). *Stimmt es, dass...? – Respektlose Fragen zu Wirtschaftsordnung und Wirtschaftskrise*. Stuttgart: Schäffer Poeschel.

Puls, T. (2009). Externe Kosten am Beispiel des deutschen Straßenverkehrs. In Institut der deutschen Wirtschaft Köln (Hrsg.), *Forschungsberichte aus dem Institut der deutschen Wirtschaft Köln* (Nr. 53). Köln: Institut der deutschen Wirtschaft Köln.

Spaniel, W. (2015). *Game theory 101: The complete textbook*. Scotts Valley: CreateSpace Independent Publishing Plattform.

Straubhaar, T. (2012). Pendlersteuer statt Pendlerpauschale? In HWWI (Hrsg.), *Standpunkt*. Hamburg. http://www.hwwi.org/fileadmin/_migrated/tx_wilpubdb/HWWI_Standpunkt_182_01.pdf. Zugegriffen am 15.11.2019.

Umweltbundesamt. (2010). Umweltschädliche Subventionen in Deutschland, Aktualisierte Ausgabe November 2010, Dessau-Roßlau.

Internetseitenverzeichnis

FAZ.net. (2018). Autofahren ist viel zu billig, von Uwe Ebbinghaus, vom 30.11.2018. http://www.faz.net/aktuell/feuilleton/externe-kosten-beim-auto-was-ist-wenn-der-preis-luegt-15916396.html?printPagedArticle=true#pageIndex_0. Zugegriffen am 30.11.2018.

Heise.de. (2012). Wirtschaftsexperte plädiert für Pendlersteuer statt Pendlerpauschale, vom 20.04.2012. http://www.heise.de/autos/artikel/Wirtschaftsexperte-plaediert-fuer-Pendlersteuer-statt-Pendlerpauschale-1543945.html. Zugegriffen am 28.11.2018.

Weiterführende Literatur

Adams, W. J., & Yellen, J. L. (1976). Commodity bundling and the burden of monopoly. *The Quarterly Journal of Economics, 90*(3), 475–498.

Adler, M. (2010). *Economics for the rest of us.* New York/London: The New Press.

Akerlof, G. A. (1970). The market for „lemons": Quality uncertainty and the market mechanism. *The Quarterly Journal of Economics, 84*(3), 488–500.

Alonso, W. (1967). A reformulation of classical location theory and its relation to rent theory. *Papers of the Regional Science Association, 19*, 23–44.

Amann, E., & Helbach, C. (2012). *Spieltheorie für Dummies, 1. Nachdruck 2016.* Weinheim: Wiley VCH.

Anger, C., Plünnecke, A., & Schmidt, J. (2010). Bildungsrenditen in Deutschland – Einflussfaktoren, politische Optionen und volkswirtschaftliche Effekte, Studie des IW Köln im Auftrag des BMBF, Köln. https://www.iwkoeln.de/_storage/asset/63672/storage/master/file/357995/download/studie_bildungsrenditen-25.pdf. Zugegriffen am 08.06.2017.

Angner, E. (2016). *A course in behavioral economics* (2. Aufl.). New York: Palgrave Macmillan.

Ariely, D. (2008). *Predictably irrational.* London: HarperCollins.

Ariely, D. (2012). *Unerklärlich ehrlich.* München: Droemer.

Averch, H., & Johnson, L. L. (1962). Behavior of the firm under regulatory constraint. *The American Economic Review, 52*(5), 1052–1069.

Axelrod, R. (2000). *Die Evolution der Kooperation* (5. Aufl.). München: R. Oldenbourg.

Backhaus, K., Erichson, B., Plinke, W., & Weiber, R. (2003). *Multivariate Analysemethoden – Eine anwendungsorientierte Einführung* (10. Aufl.). Berlin/Heidelberg/New York: Springer.

Backhaus, K., Erichson, B., Plinke, W., & Weiber, R. (2015). *Fortgeschrittene Multivariate Analysemethoden – Eine anwendungsorientierte Einführung* (3. Aufl.). Berlin/Heidelberg: Springer.

Baier, D., & Brusch, M. (2009). Erfassung von Kundenpräferenzen für Produkte und Dienstleistungen. In D. Baier & M. Brusch (Hrsg.), *Conjointanalyse* (S. 3–18). Berlin/Heidelberg: Springer.

Bajari, P., & Hortacsu, A. (2003). The winner's curse, reserve prices, and endogenous entry: Empirical insights from eBay auctions. *The RAND Journal of Economics, 34*(2), 329–355.

Balchin, P. N., & Kieve, J. L. (1977). *Urban land economics.* London: Macmillan Press.

Banerjee, A. V., & Duflo, E. (2015). *Poor Economics – Plädoyer für ein neues Verständnis von Armut* (2. Aufl.). München: btb.

Bartholomae, F., & Wiens, M. (2016). *Spieltheorie – Ein anwendungsorientiertes Lehrbuch.* Wiesbaden: Springer Gabler.

Bass, F. M. (1969). A new product growth for model consumer durables. *Management Science, 16*(5), 215–227.

© Springer Fachmedien Wiesbaden GmbH, ein Teil von Springer Nature 2019
F. Strotebeck, *Einführung in die Mikroökonomik,*
https://doi.org/10.1007/978-3-658-27307-1

Bataille, M., & Steinmetz, A. (2014). *Kommunale Monopole in der Hausmüllentsorgung* (Ordnungspolitische Perspektiven, Nr. 63). Düsseldorf.

Bathelt, H., & Glückler, J. (2012). *Wirtschaftsgeographie – Ökonomische Beziehungen in räumlicher Perspektive* (3. Aufl.). Stuttgart: Eugen Ulmer.

Bauer, T. K., Fertig, M., & Schmidt, C. M. (2009). *Empirische Wirtschaftsforschung – Eine Einführung*. Berlin/Heidelberg: Springer.

Baumol, W. J. (1982). Contestable markets: An uprising in the theory of industry structure. *The American Economic Review, 72*(1), 1–15.

Baumol, W. J., Bailey, E. E., & Willig, R. D. (1977). Weak invisible hand theorems on the sustainability of multiproduct natural monopoly. *The American Economic Review, 67*(3), 350–365.

Beck, B. (2011). *Mikroökonomie, UTB basics*. Zürich: vdf Hochschulverlag AG.

Bege, S. (2010). *Das Konzept der Metropolregion in Theorie und Praxis*. Wiesbaden: Springer Gabler.

Behar, A., & Venables, A. J. (2010). Transport costs and international trade, Department of Economics Discussion Paper Series, Number 488, University of Oxford. http://www.economics.ox.ac.uk/materials/papers/4372/paper488.pdf. Zugegriffen am 08.03.2017.

Bell, C. R. (1988). Economies of, versus returns to, scale: A clarification. *Journal of Economic Education, 19*(4), 331–335.

Belleflamme, P., & Peitz, M. (2015). *Industrial organization – Markets and strategies* (2. Aufl.). 4. Aufl. 2018. Cambridge: Cambridge University Press.

Bernhofen, D. M., & Brown, J. C. (2005). An empirical assessment of the comparative advantage gains from trade: Evidence from Japan. *The American Economic Review, 95*(1), 208–225.

Besanko, D., Dranove, D., & Shanley, M. (2000). *Economics of strategy* (2. Aufl.). New York/Chichester/Weinheim/Brisbane/Singapore/Toronto: Wiley.

Bierman, H. S., & Fernandez, L. (1998). *Game theory with economic applications* (2. Aufl.). Reading: Addison-Wesley.

Binswanger, M. (2014). *Die Tretmühlen des Glücks* (9. Aufl.). Freiburg/Basel/Wien: Herder.

Binswanger, M. (2015). *Geld aus dem Nichts*. Weinheim: Wiley-VCH.

Blankart, C. B. (2001). *Öffentliche Finanzen in der Demokratie* (4. Aufl.). München: Vahlen.

Blinder, A. S. (1974). The economics of brushing teeth. *The Journal of Political Economy, 82*(4), 887–891.

Blinder, A. S. (1981). Thoughts on the Laffer Curve. In L. H. Meyer (Hrsg.), *The supply-side effects of economic policy, economic policy conference series* (Bd. 1, S. 81–92). St. Louis: Federal Reserve Bank.

Blum, U., Müller, S., & Weiske, A. (2006). *Angewandte Industrieökonomik*. Wiesbaden: Springer Gabler.

BMEL. (o. J.). Klein- und Obstbrennereien. https://www.etracker.com/lnkcnt.php?et=dQsrB9&url=http%3A%2F%2Fwww.bmel.de%2FSharedDocs%2FDownloads%2FLandwirtschaft%2FMarkt-Statistik%2FKleinUndObstbrennereien.pdf%3F__blob%3DpublicationFile&lnkname=KleinUndObstbrennereien. Zugegriffen am 30.01.2018.

Bofinger, P. (2011). *Grundzüge der Volkswirtschaftslehre – Eine Einführung in die Wissenschaft von Märkten*. München: Pearson Studium.

Böhler, H., & Scigliano, D. (2009). Traditionelle Conjointanalyse. In D. Baier & M. Brusch (Hrsg.), *Conjointanalyse* (S. 3–18). Berlin/Heidelberg: Springer.

Bok, D. (2010). *The politics of happiness*. Princeton: Princeton University Press.

Borrmann, J., & Finsinger, J. (1999). *Markt und Regulierung*. München: Vahlen.

Brandtstätter, E. (1999). Konfidenzintervalle als Alternative zu Signifikanztests. *Methods of Psychological Research Online, 4*(2), 1–17.

Bräuninger, M., & Teuber, M.-O. (2017). *Die steuerliche Belastung von Benzin und Diesel – Fakten und Analyse* (ETR Kurzstudie, Nr. 6). Hamburg. https://www.afm-verband.de/files/2714/9855/4362/MEW_Studie_01_17_Komplett.pdf. Zugegriffen am 22.11.2019.

Weiterführende Literatur

211

Breyer, F. (2015). *Mikroökonomik – Eine Einführung* (6. Aufl.). Berlin/Heidelberg: Springer Gabler.

Brickley, J. A., Smith, C. W., Jr., & Zimmerman, J. L. (2004). *Managerial economics and organizational achitecture* (3. Aufl.). Boston: McGraw Hill.

Buhse, M. (2014). *Ökonomen retten die Welt*. München: FinanzBuch.

Bundeskartellamt. (2012a). Leitfaden zur Marktbeherrschung in der Fusionskontrolle (29. März 2012). http://www.bundeskartellamt.de/SharedDocs/Publikation/DE/Leitfaden/Leitfaden%20-%20Marktbeherrschung%20in%20der%20Fusionskontrolle.pdf?__blob=publicationFile&v=12. Zugegriffen am 20.10.2017.

Bundeskartellamt. (2012b). Fusionskontrollverfahren Verfügung gemäß § 40 Abs. 2 GWB, B 3 – 64/12. https://www.bundeskartellamt.de/SharedDocs/Entscheidung/DE/Entscheidungen/Fusionskontrolle/2012/B3-64-12.pdf?__blob=publicationFile&v=3. Zugegriffen am 03.04.2019.

Bundeskartellamt. (2014). Sektoruntersuchung Lebensmitteleinzelhandel, Bericht gemäß § 32 e GWB, BKartA, B2-15/11, SU LEH (September 2014). http://www.bundeskartellamt.de/SharedDocs/Publikation/DE/Sektoruntersuchungen/Sektoruntersuchung%20LEH-Zusammenfassung.pdf?__blob=publicationFile&v=2. Zugegriffen am 20.10.2017.

Bundesministerium der Justiz und Verbraucherschutz. (o. J.). Tabaksteuergesetz (TabStG), § 2 Steuertarif, Juristisches Informationssystem für die BRD. https://www.gesetze-im-internet.de/tabstg_2009/__2.html. Zugegriffen am 26.10.2017.

Burger, A. (2014). Schätzung der Umweltkosten in den Bereichen Energie und Verkehr, Empfehlung des Umweltbundesamtes. In Umweltbundesamt (Hrsg.), *Hintergrund*. Dessau-Roßlau. https://www.umweltbundesamt.de/sites/default/files/medien/378/publikationen/hgp_umweltkosten_0.pdf. Zugegriffen am 22.11.2019.

Busse, M. (2002). Transaktionskosten und Wettbewerbspolitik, BDI:Außenwirtschafts-Report 04/2002, HWWA Discussion Paper, Nr. 116.

Butterwegge, C. (2016). *Armut*. Köln: PapyRossa.

Camerer, C. (1999). Behavioral economics: Reunifying psychology and economics. *Proceedings of the National Academy of Sciences USA, 96*, 10575–10577.

Clark, J. R., & Lee, D. R. (1997). Too safe to be safe: Some implications of short- and long-run rescue Laffer Curves. *Eastern Economic Journal, 23*(2), 127–137.

Clarke, R. (1993). *Industrial economics*. Oxford: Blackwell Publishers.

Coase, R. H. (1972). Durability and monopoly. *Journal of Law and Economics, 15*(1), 143–149.

Daidj, N. (2017). Cooperation, coopetition and innovation. In *Innovation, entrepreneurship, management series* (Bd. 3). Hoboken/London: Wiley/ISTE Ltd.

Davis, M. D. (1983). *Game theory – A nontechnical introduction, unabridged Dover version 1997*. New York: Dover Publications.

Demmler, H. (1995). *Grundlagen der Mikroökonomie* (2. Aufl.). München/Wien: Oldenbourg.

Devereux, M. P., Griffith, R., & Simpson, H. (2004). The geographic distribution of production activity in the UK. *Regional Science and Urban Economics, 34*, 533–564.

Dhami, S. (2016). *The foundations of behavioral economic analysis*. New York: Oxford University Press.

Dieckhöner, C. (2013). Richtige Anreize setzen! – Anpassung der EEG-Ausnahmeregelung für die Industrie. *Fokus Volkswirtschaft, KFW Economic Research, 38*, 1–4.

Diekmann, A. (2013). *Spieltheorie – Einführung, Beispiele, Experimente* (3. Aufl.). Hamburg: Rowohlt Taschenbuch.

Dixit, A., & Nalebuff, B. (2018). *Spieltheorie für Einsteiger*. Stuttgart: Schäffer Poeschel.

Dixit, A., & Norman, V. (1993). *Außenhandelstheorie* (2. Aufl.). München: Oldenbourg.

Dorfman, R., & Steiner, P. O. (1954). Optimal advertising and optimal quality. *The American Economic Review, 44*(5), 826–836.

Dwyer, L., Forsyth, P., & Dwyer, W. (2010). *Tourism economics and policy*. Bristol/Buffalo/Toronto: Channel View Publications.

Eaton, B. C., & Eaton, D. F. (1995). *Microeconomics* (3. Aufl.). Prentice: Prentice Hall Inc.

Eckey, H.-F. (2008). *Regionalökonomie*. Wiesbaden: Springer Gabler.

Elberse, A. (2010). Bye-bye bundles: The unbundling of music in digital channels. *Journal of Marketing, 74*, 107–123.

Elberse, A. (2013). *Blockbusters – Hit-making, risk-taking, and the big business of entertainment*. New York: Henry Holt and Company.

Engel, E. (1895). *Die Lebenshaltungskosten belgischer Arbeiter-Familien früher und jetzt, sowie insbesondere Anhang I, Die Productions- und Consumtionsverhältnisse des Königreichs Sachsens, unveränderter Abdruck der Abhandlung aus dem Jahre 1857*. Dresden: C. Heinrich.

Ermschel, U., Möbius, C., & Wengert, H. (2016). *Investition und Finanzierung* (4. Aufl.). Berlin/Heidelberg: Springer.

Ewert, R., & Wagenhofer, A. (2014). *Interne Unternehmensrechnung* (8. Aufl.). Berlin/Heidelberg: Springer.

Farhauer, O., & Kröll, A. (2014). *Standorttheorien* (2. Aufl.). Wiesbaden: Springer Gabler.

Farrell, J., & Rabin, M. (1996). Cheap talk. *Journal of Economic Perspectives, 10*(3), 103–118.

Fehl, U., & Oberender, P. (2002). *Grundlagen der Mikroökonomie* (8. Aufl.). München: Vahlen.

Feldman, A. M. (1980). *Welfare economics and social choice theory, 12. Druckfassung 1997*. Norwell/Dordrecht: Kluwer Academic Publisher.

Ferguson, W. D. (2011). Curriculum for the twenty-first century: Recent advances in economic theory and undergraduate economics. *The Journal of Economic Education, 42*, 31–50.

Fink, C., Maskus, K. E., & Qian, Y. (2016). The economic effects of counterfeiting and piracy: A review and implications for developing countries. *The World Bank Research Observer, 31*(1), 1–28.

Foldvary, F. E. (2006). The ultimate tax reform: Public revenue from land rent, CSI Policy Study. *SSRN Electronic Journal*, Januar 2006. Santa Clara.

Frank, R. H. (2000). *Luxury fever*. Princeton: Princeton University Press.

Frank, R. H. (2009). *The return of the economic naturalist – How economics helps make sense of your world*. London: Virgin Books.

Frank, R. H. (2010). *Microeconomics and behavior* (International Edition, 8. Aufl.). Boston: McGraw-Hill.

Franke, M.-K. (2012). *Hedonischer Konsum – Emotionen als Treiber im Konsumentenverhalten*. Springer Gabler, Wiesbaden 2013, gleichzeitig Dissertation an der Universität Hamburg.

Franz, S. (2004). Grundlagen des ökonomischen Ansatzes: Das Erklärungskonzept des Homo Oeconomicus (Working paper 2004-02). Universität Potsdam. https://www.uni-potsdam.de/u/makrooekonomie/docs/studoc/stud7.pdf. Zugegriffen am 03.03.2017.

Friedman, D., Pommerenke, K., Lukose, R., Milam, G., & Huberman, B. A. (2007). Searching for the sunk cost fallacy. *Experimental Economics, 10*, 79–104.

Friemel, T. N. (2010). Diffusionsforschung. In C. Stegbauer & R. Häußling (Hrsg.), *Handbuch Netzwerkforschung* (S. 825–833). Wiesbaden: Springer, Springer Fachmedien.

Gawel, E., Korte, K., & Tews, K. (2015). *Energiewende im Wunderland: Mythen zur Sozialverträglichkeit der Förderung erneuerbarer Energien durch das EEG* (UFZ discussion papers, Leipzig, 2/2015).

Gneezy, U., & Rustichini, A. (2000). A fine is a price. *The Journal of Legal Studies, 29*, 1–17.

Goodwin, N., Nelson, J. A., Ackerman, F., & Weisskopf, T. (2009). *Microeconomics in context* (2. Aufl.). New York: M.E. Sharpe.

Graham, R. (2013). *Managerial economics for dummies*. Hoboken: Wiley.

Granovetter, M. (1978). Threshold models of collective behavior. *American Journal of Sociology, 83*(6), 1420–1443.

Weiterführende Literatur 213

Griffith, A., & Wall, S. (2000). *Intermediate microeconomics – Theory and applications* (2. Aufl.). Harlow: Pearson Education Limited.

Grings, M. (2007). Ernst Engels Entdeckung vor 150 Jahren. *Agrarwirtschaft, 56*(7), 293–296.

Grossman, G. M., & Shapiro, C. (1988). Foreign counterfeiting of status goods. *The Quarterly Journal of Economics, CIII*, No. 412, 79–100.

Güida, J. J. (2009). *Mikroökonomie und Management*. Stuttgart: Kohlhammer.

Gwartney, J. (2012). What should we be teaching in basic economics courses? *Journal of Economic Education, 43*(3), 300–307.

Gwartney, J. D., Stroup, R. L., Sobel, R. S., & Macpherson, D. A. (2003). *Economics – Private & public choice* (10. Aufl.). Mason: Thomson South Western.

Hall, R. L., & Hitch, C. J. (1939). Price theory and business behaviour. *Oxford Economic Papers, 2*, 12–45.

Hanau, A. (1928). Die Prognose der Schweinepreise. In Institut für Konjunkturforschung (Hrsg.), *Vierteljahreshefte zur Konjunkturforschung, Sonderheft 7*. Berlin: Reimar Hobbing.

Hanewinkel, R., & Isensee, B. (2003). Umsetzung, Akzeptanz und Auswirkungen der Tabaksteuererhöhung in Deutschland vom 1. Januar 2002. *Sucht, 49*(3), 168–179.

Harberger, A. (1971). Three basic postulates for applied welfare economics: An interpretive ssay. *Journal of Economic Literature, 9*(3), 785–797.

Hardin, G. (1968). The tragedy of the commons. *Science, 162*(3859), 1243–1248.

Harford, T. (2009). *The logic of life*. London: Abacus.

Harris, B. J. (2014). *Console wars – Sega, Nintendo, and the Battle that defined a generation*. New York: HarperCollins Publishers.

Hautzinger, H., Mayer, K., Helms, M., Kern, C., Wiesenhütter, M., Haag, G., & Binder, J. (2004). Analyse von Änderungen des Mobilitätsverhaltens – insbesondere der PKW-Fahrleistung – als Reaktion auf geänderte Kraftstoffpreise, Projektbericht im Auftrag des Bundesministeriums für Verkehr, Bau- und Wohnungswesen, Heilbronn, 2004. http://www.ivt-research.de/pdf/Kraftstoffpreise_und_Mobilitaet.pdf. Zugegriffen am 22.05.2017.

Heine, M., & Herr, H. (2013). *Volkswirtschaftslehre* (4. Aufl.). München: Oldenbourg.

Helmedag, F. (2001). Preisdifferenzierung. *WiSt, 1*, 10–16.

Herberg, H. (1994). *Preistheorie – Eine Einführung* (3. Aufl.). Stuttgart: Kohlhammer.

Hicks, J. R., & Allen, R. G. D. (1934). A reconsideration of the theory of value part I. *Economica, 1*(1), 52–76.

Hill, R., & Myatt, T. (2010). *The economics anti-textbook – A critical thinker's guide to microeconomics*. Nova Scotia: Fernwood Publishing.

Hirsch, F. (1980). *Die sozialen Grenzen des Wachstums*. Reinbek bei Hamburg: Rowohlt.

Hirschauer, N., Mußhoff, O., Grüner, S., Frey, U., Theesfeld, I., & Wagner, P. (2016). Die Interpretation des p-Wertes – Grundsätzliche Missverständnisse. *Journal of Economics and Statistics, 236*(5), 557–575.

Hirschey, M. (2006). *Managerial economics* (11. Aufl.). Mason: Thomson South-Western.

Hirshleifer, J. (1956). On the economics of transfer pricing. *The Journal of Business, 29*(3), 172–184.

Hirshleifer, J., & Hirshleifer, D. (1998). *Price theory and applications* (6. Aufl.). Prentice: Prentice Hall.

Holmström, B. (1979). Moral hazard and observability. *The Bell Journal of Economics, 10*(1), 74–91.

Horowitz, J. K., & McConnell, K. E. (2002). A review of WTA/WTP studies. *Journal of Environmental Economics and Management, 44*, 426–447.

Hotelling, H. (1929). Stability in competition. *The Economic Journal, 39*(153), 41–57.

Hultkrantz, L., & Lindberg, G. (2011). Pay-as-you-speed – An economic field experiment. *Journal of Transport Economics and Policy, 45*(Part 3), 415–436.

Hunt, E. K., & Sherman, H. J. (1993). *Volkswirtschaftslehre – Einführung aus traditioneller und kritischer Sicht. Band 1: Mikroökonomie.* Frankfurt/New York: Campus.

HWWI/Berengberg. (April, 2016). Wohnen in Deutschland. http://www.hwwi.org/fileadmin/hwwi/Publikationen/Partnerpublikationen/Berenberg/HWWI_Immobilien_Studie_2016.pdf. Zugegriffen am 17.03.2017.

Jensen, R. T., & Miller, N. H. (2008). Giffen behavior and subsistence consumption. *American Economic Review, 98*(4), 1553–1577.

Johansen, L. (1977). The theory of public goods: Misplaced emphasis? *Journal of Public Economics, 7,* 147–152.

Johansson, P.-O. (1991). *An introduction to modern welfare economics.* Cambridge: Cambridge University Press.

Kahneman, D. (2011). *Schnelles Denken, Langsames Denken* (6. Aufl.). München: Penguin.

Kahneman, D., Wakker, P. P., & Sarin, R. (1997). Back to Bentham? Explorations of experienced utility. *The Quarterly Journal of Economics, 112*(2), 375–405.

Kampmann, R., & Walter, J. (2010). *Mikroökonomie – Markt, Wirtschaftsordnung, Wettbewerb.* München: Oldenbourg Wissenschaftsverlag.

Keat, P. G., & Young, P. K. Y. (2006). *Managerial economics – Economic tools for today's decision makers* (5. Aufl.). Upper Saddle River: Pearson.

Kijek, A., & Kijek, T. (2010). Modelling of innovation diffusion. *Operations Research and Decisions, 20*(3–4), 53–68.

King, J. T., & Yanochik, M. A. (2013). The equivalence of economics and returns to scale revisited: Nonlinear expansion paths and the definition of scale. *Journal of Economics and Finance Education, 12*(1), 74–80.

Kirchgässner, G. (2000). *Homo Oeconomicus: Das ökonomische Modell individuellen Verhaltens und seine Anwendung in den Wirtschafts- und Sozialwissenschaften* (2. Aufl.). Tübingen: Mohr Siebeck.

Kirn, T. (2010). *Anreizwirkungen von Finanzausgleichssystemen,* Zugl.: Potsdam, Univ., Diss., 2009, Peter Lang GmbH, Internationaler Verlag der Wissenschaften, Frankfurt a. M.

Klump, R. (2006). *Wirtschaftspolitik – Instrumente, Ziele und Institutionen.* München: Pearson Studium.

Knight, B. (1952). Economics in two lessons – The ballad of the „right price". *Michigan Business Review, IV*(6), 24–25.

Knoll, K., Schularick, M., & Steger, T. (2015). *No price like home: Global house prices, 1870-2012* (CEPR discussion paper no. 10166).

Kortmann, W. (2006). *Mikroökonomik – Anwendungsbezogene Grundlagen* (4. Aufl.). Heidelberg: Physica.

Kotlikoff, L. J., & Summers, L. H. (1987). Tax incidence. In A. J. Auerbach & M. Feldstein (Hrsg.), *Handbook of public economics* (Bd. II, S. 485–1106). Amsterdam: North Holland, Chapter 16, S. 1043–1092.

Krätke, S. (1979). *Bodenrente und Stadtstruktur.* Berlin: VAS.

Külp, B., & Knappe, E. (1984). *Wohlfahrtsökonomik I – die Wohlfahrtskriterien* (2. Aufl.). Düsseldorf: Werner.

Kwak, J. (2017). *Economism – Bad economics and the rise of inequality.* New York: Pantheon Books.

Laffer, A. B. (2004). *The Laffer Curve: Past, present, and future* (Executive summary backgrounder (No. 1765)). Washington, DC: Heritage Foundation.

Landsburg, S. E. (1999). *Price theory & applications* (4. Aufl.). Cincinnati: South-Western College Publishing.

Landsburg, S. E. (2012). *The Armchair economist, Edition 2012.* London: Simon & Schuster UK Ltd.

Weiterführende Literatur

215

Lehbert, B. (1970). Mögliche Auswirkungen von Senkungen der Kaffeesteuer auf den Kaffeeverbrauch in der Bundesrepublik Deutschland. *Weltwirtschaftliches Archiv, 104*(2), 275–301.

Leibenstein, H. (1950). Bandwagon, Snob, and Veblen effects in the theory of consumers' demand. *The Quarterly Journal of Economics, 64*(2), 183–207.

Levitt, S. D., & Dubner, S. J. (2016). *Think like a Freak*. München: Goldmann.

Limao, N., & Venables, A. J. (2001). Infrastructure, geographical disadvantage, transport costs and trade. *World Bank Economic Review, 15*(3), 451–479.

Lindahl, E. (1919). Just taxation – A positive solution. In R. A. Musgrave & A. T. Peacock (Hrsg.), *Classics in the theory of public finance* (S. 168–176). London: Macmillan, 1958.

Lipczynski, J., Wilson, J., & Goddard, J. (2005). *Industrial organization – Competition, strategy, policy* (2. Aufl.). Harlow: Pearson Education Limited.

Lorenz, W. (2014). *Mikroökonomie für Dummies*. Weinheim: Wiley-VCH.

Magin, V., Heil, O. P., & Fürst, R. A. (2005). Kooperation und Coopetition: Erklärungsansätze der Spieltheorie. In J. Zentes, B. Swoboda & D. Morschett (Hrsg.), *Kooperationen, Allianzen und Netzwerke* (2. Aufl., S. 121–140). Wiesbaden: Springer Gabler.

Maier, G., & Tödtling, F. (1992). *Regional- und Stadtökonomik I* (4. Aufl.). Wien/New York: Springer.

Mankiw, G. N., & Taylor, M. P. (2012). *Grundzüge der Volkswirtschaftslehre* (5. Aufl.). Stuttgart: Schäffer-Poeschel.

Mansfield, E. (1988). *Microeconomic problems* (6. Aufl.). New York/London: W. W. Norton & Company.

Marshall, A. (1890). *Principles of economics* (8. Aufl. (1920)). London: Macmillan and Co.

Martin, S. (1988). *Industrial economics – Economic analysis and public policy*. New York: Macmillan.

McDonald, B. C., de Gouw, J. A., Gilman, J. B., Jathar, S. H., Akherati, A., Cappa, C. D., Jimenez, J. L., Lee-Taylor, J., Hayes, P. L., McKeen, S. A., Yan Cui, Y., Kim, S.-W., Gentner, D. R., Isaacman-VanWertz, G., Goldstein, A. H., Harley, R. A., Frost, G. J., Roberts, J. M., Ryerson, T. B., & Trainer, M. (2018). Volatile chemical products emerging as largest petrochemical source of urban organic emissions. *Science, 359*(6377), 760–764.

Meffert, H., Burmann, C., & Kirchgeorg, M. (2015). *Marketing* (12. Aufl.). Wiesbaden: Springer Gabler.

Monopolkommission. (2017). Post 2017: Priviliegien abbauen, Regulierung effektiv gestalten!, Sondergutachten 79, Sondergutachten der Monopolkommission gemäß § 44 PostG in Verbindung mit § 81 Abs. 3 TKG 1996, Bonn.

Motta, M. (2004). *Competition policy – Theory and practice*. New York: Cambridge University Press.

Mußhoff, O., & Hirschauer, N. (2010). *Modernes agrarmanagement*. München: Franz Vahlen.

Nalebuff, B. (Februar, 2003). Bundling, tying, and portfolio effects (DTI Economics Paper No. 1), frei verfügbar. http://faculty.som.yale.edu/barrynalebuff/BundlingTyingPortfolio_Conceptual_DTI2003.pdf. Zugegriffen am 17.11.2017.

Neumann, N., Böckenholt, U., & Sinha, A. (2016). A meta-analysis of extremeness aversion. *Journal of Consumer Psychology, 26*(2), 193–212.

Nobis, N. (2009). The „Babe" vegetarians: Bioethics, animal minds and moral methodology. In S. Shapshay (Hrsg.), *Bioethics at the movies* (S. 5673). Baltimore: John Hopkins University Press.

OECD. (o. J.). What are equivalence Scales?, OECD Project on Income Distribution and Poverty. http://www.oecd.org/eco/growth/OECD-Note-EquivalenceScales.pdf. Zugegriffen am 23.02.2018.

Officer, L. H. (2009). *Everyday economics – Hones answers to tough questions*. New York: Palgrave Macmillan.

216 Weiterführende Literatur

Oi, W. Y. (1971). A Disneyland Dilemma: Two-part tariffs for a mickey mouse monopoly. *The Quarterly Journal of Economics, 85*(1), 77–96.

Olbrich, R., & Battenfeld, D. (2007). *Preispolitik – Ein einführendes Lehr- und Übungsbuch.* Berlin/Heidelberg/New York: Springer.

Pelzmann, L. (2012). *Wirtschaftspsychologie – Behavioral Economics, Behavioral Finance, Arbeitswelt* (6. Aufl.). Vienna: Österreich.

Perloff, M. J. (2009). *Microeonomics* (5. Aufl.). Boston: Pearson Education.

Peters, H. (2009). *Wirtschaftsmathematik* (3. Aufl.). Stuttgart: Kohlhammer.

Pfähler, W., & Wiese, H. (2008). *Unternehmensstrategien im Wettbewerb – Eine spieltheoretische Analyse* (3. Aufl.). Berlin/Heidelberg: Springer.

Phillips, M. C., & Phillips, G. M. (2016). Where, oh where have the vampires gone? An extension of the Tiebout hypothesis to the undead. In G. Whitman & J. Dow (Hrsg.), *Economics of the undead* (S. 201–210). Lanham/Boulder/New York/London: Rowman & Littlefield.

Pigou, A. C. (1920). *The economics of welfare* (4. Aufl. von 1932). London: Macmillan.

Pindyck, R. S., & Rubinfeld, D. L. (2003). *Mikroökonomie* (5. Aufl.). München: Pearson Studium.

Pnk, I. (2002). *Managerial economics* (2. Aufl.). Malden/Oxford: Blackwell Publishing.

Porter, E. (2011). *The price of everything.* London: William Heinemann.

Quiggin, J. (2010). *Zombie economics – How dead ideas still walk among us* (Paperback. Aufl.). Princeton: Princeton University Press.

Ragacs, C. (2002). Warum Mindestlöhne die Beschäftigung nicht reduzieren müssen: Ein Literaturüberblick. In *Working Paper Series: Growth and Employment in Europe: Sustainability and Competitiveness* (Working Paper No. 19). Wien.

Rand, A. (1957). *Atlas Shrugged, in deutscher Übersetzung: Der Streik* (2. Aufl.). München: Kai M. John, 2013.

Rätzel, S. (2007). Ökonomie und Glück – zurück zu den Wurzeln? *Wissenschaft für die Praxis, Wirtschaftsdienst, 5,* 335–344.

Reinartz, W., Haucap, J., Wiegand, N., & Hunold, M. (2017). Preisdifferenzierung und -dispersion im Handel, ausgewählte Schriften der IFH-Förderer, Band 6.

Richert, R. (2010). *Mikroökonomik Schnell erfasst.* Heidelberg: Springer.

Roberts, D. J. (1974). The Lindahl solution for economies with public goods. *Journal of Public Economics, 3,* 23–42.

Robinson, J. (1962). *Essays in the theory of economic growth.* London: Macmillan.

Roth, A. E. (2016). *Who geht's what – And why?* London: William Collins.

Roth, A. E., Sönmez, T., & Ünver, U. M. (2005a). A kidney exchange clearinghouse in New England. *American Economic Review, 95*(2), 376–380.

Roth, A. E., Sönmez, T., & Ünver, U. M. (2005b). Pairwise kidney exchange. *Journal of Economic Theory, 125,* 151–188.

Ryan-Collins, J., Lloyd, T., & Macfarlane, L. (2017). *Rethinking the economics of land and housing.* London: Zed Books Ltd.

Sachverständigenrat. (2016). *Jahresgutachten 2016/2017.* Wiesbaden: Statistisches Bundesamt.

Saez, E., Slemrod, J., & Giertz, S. H. (2012). The elasticity of taxable income with respect to marginal tax rates: A critical review. *Journal of Economic Literature, 50*(1), 3–50.

Salop, S. C., & Scheffman, D. T. (1983). Raising rivals' costs. *The American Economic Review, 73*(2), 267–271.

Samuelson, P. A. (1954). The pure theory of public expenditures. *The Review of Economics and Statistics, 36*(4), 387–389.

Schelling, T. C. (1978). *Micromotives and Macrobehavior, Taschenbuchausgabe 2006.* New York: W. W. Norton & Company Inc.

Scherer, F. M., & Ross, D. (1990). *Industrial market structure and ecpnomic Performance* (3. Aufl.). Dallas: Houghton Mifflin Company.

Weiterführende Literatur

Schneider, U. (2015). Armut kann man nicht skandalisieren, Armut ist der Skandal! In U. Schneider (Hrsg.), *Kampf um die Armut* (S. 12–50). Frankfurt a. M.: Westend.

Schröck, R. (2013). Analyse der Preiselastizitäten der Nachfrage nach Biolebensmitteln unter Berücksichtigung nicht direkt preisrelevanten Verhaltens der Verbraucher, Projekt der Justus-Liebig-Universität Gießen, im Auftrag des Bundesministeriums für Ernährung, Landwirtschaft und Verbraucherschutz im Rahmen des Bundesprogramms Ökologischer Landbau und andere Formen nachhaltiger Landwirtschaft, Schlussbericht. http://www.orgprints.org/22414/13/22414-08OE148-uni-giessen-herrmann-2013-preiselastizitaeten_biolebensmittel.pdf. Zugegriffen am 22.02.2017.

Schumacher, R. (2013). Deconstructing the theory of comparative advantage. *World Economic Review, 2*, 83–105.

Schumann, J., Meyer, U., & Ströbele, W. (2011). *Grundzüge der mikroökonomischen Theorie* (9. Aufl.). Heidelberg: Springer.

Sell, F. L., & Reinisch, D. C. (2012). *Anmerkungen zum Monopson am Arbeitsmarkt: Der Zeithorizont macht den Unterschied* (Working papers in economics). München: Universität der Bundeswehr.

Sellenthin, M. (2017). *Volkswirtschaftslehre – mathematisch gedacht*. Wiesbaden: Springer Gabler.

Sener, U. (2014). *Die Neutralitätstheorie des Geldes – ein kritischer Überblick* (Potsdam Economic Papers, Nr. 4). Potsdam: Universitätsverlag.

Shapiro, C., & Varian, H. R. (1998). *Versioning, notes to accompany information rules*. Boston: Harvard University Press.

Siebert, H. (2001). *Der Kobra-Effekt – Wie man Irrwege der Wirtschaftspolitik vermeidet*. Stuttgart/München: Deutsche Verlags-Anstalt.

Siebert, H., & Lorz, O. (2007). *Einführung in die Volkswirtschaftslehre* (15. Aufl., S. 155). Stuttgart: Kohlhammer.

Sloman, J., & Wride, A. (2009). *Economics* (7. Aufl.). Harlow: Pearson Education Ltd.

Smith, A. (1774). *Wohlstand der Nationen, 2009*. Köln: Anaconda.

Statistisches Bundesamt. (2017a). Volkswirtschaftliche Gesamtrechnung, Fachserie 18, Reihe 1.2, Mai 2017, Wiesbaden.

Statistisches Bundesamt. (2017b). Volkswirtschaftliche Gesamtrechnung, Bruttoinlandsprodukt, Bruttonationaleinkommen, Volkseinkommen; Lange Reihen ab 1925, Mai 2017, Wiesbaden.

Statistisches Bundesamt. (2017c). Zahl der Woche vom 8. August 2017, Pressemitteilung, Täglich werden 121 Millionen Liter Diese verbraucht. https://www.destatis.de/DE/PresseService/Presse/Pressemitteilungen/zdw/2017/PD17_32_p002pdf.pdf?__blob=publicationFile. Zugegriffen am 16.05.2018.

Steven, M. (1998). *Produktionstheorie*. Wiesbaden: Springer Gabler.

Stiglitz, J. E. (2015). The origins of inequality, and policies to contain it. *National Tax Journal, 68*(2), 425–448.

Stobbe, A. (1991). *Mikroökonomik* (2. Aufl.). Berlin/Heidelberg: Springer.

Stocker, F. (2002). *Spaß mit Mikro – Einführung in die Mikroökonomik* (6. Aufl.). München: Oldenbourg.

Stoetzer, M.-W. (2017). *Regressionsanalyse in der empirischen Wirtschafts- und Sozialforschung Band 1*. Berlin: Springer Gabler.

Triffin, R. (1947). *Monopolistic competition and general equilibrium theory*. Cambridge, MA: Harvard University Press.

Truett, L. J., & Truett, D. B. (1990). Regions of the production function, returns, and economies of scale: Further considerations. *Journal of Economic Education, 21*(4), 411–419.

Tversky, A., & Kahneman, D. (1991). Loss aversion in riskless choice: A reference-dependent model. *The Quarterly Journal of Economics, 106*(4), 1039–1061.

Valente, T. W. (1995). *Network models of diffusion*. Cresskill: Hampton Press.

218 Weiterführende Literatur

Veblen, T. (1986). *Die Theorie der feinen Leute – Eine ökonomische Untersuchung der Institutionen.* Frankfurt a. M.: Fischer Taschenbuch.

Veblen, T. (2005). *Conspicuous consumption.* London: Penguin Books.

Viner, J. (1931). Cost curves and supply curves. *Zeitschrift für Nationalökonomie, 3*(1), 23–46.

Vogt, G. (2002). *Faszinierende Mikroökonomie.* München: Oldenbourg.

Waldman, D. E., & Jensen, E. J. (2001). *Industrial organization – Theory & practice* (2. Aufl.). Boston: Addison Wesley Longman.

Ward, D., & Begg, D. (2005). *Economics – Student workbook* (8. Aufl.). London: McGraw-Hill.

Weber, K. (1988). Break-even-analyse. *Die Unternehmung, 42*(1), 94–110.

Wehler, H.-U. (2013). *Die neue Umverteilung – Soziale Ungleichheit in Deutschland* (4. Aufl.). München: C.H. Beck.

Weise, P., Brandes, W., Eger, T., & Kraft, M. (2005). *Neue Mikroökonomie* (5. Aufl.). Heidelberg: Physica.

Werbeck, T. (1998). Intertemporale Preisdifferenzierung zwischen Modell und Realität. In R. Hüpen & T. Werbeck (Hrsg.), *Wirtschaftslehre zwischen Modell und Realität: theoretische Analyse als Fundament anwendungsbezogener Aussagen* (S. 61–74). Stuttgart: Lucius & Lucius.

Wied-Nebbeling, S., & Schott, H. (2007). *Grundlagen der Mikroökonomik* (4. Aufl.). Berlin/Heidelberg: Springer.

Wiese, H. (2005). *Mikroökonomik – Eine Einführung in 379 Aufgaben* (4. Aufl.). Berlin/Heidelberg: Springer Gabler.

Wiese, H. (2014). *Mikroökonomik – Eine Einführung* (6. Aufl.). Berlin/Heidelberg: Springer Gabler.

Wigger, B. U. (2006). *Grundzüge der Finanzwissenschaft* (2. Aufl.). Berlin/Heidelberg: Springer.

Winter, S. (2015). *Grundzüge der Spieltheorie.* Berlin/Heidelberg: Springer Gabler.

Woeckener, B. (2013). *Volkswirtschaftslehre – Eine Einführung* (2. Aufl.). Berlin/Heidelberg: Springer.

Wölfle, M. (2014). *Mikroökonomik im Bachelor-Studium.* Berlin/Heidelberg: Springer Gabler.

Wright, P. G. (1917). Total utility and consumers' surplus under varying conditions of the distribution of income. *The Quarterly Journal of Economics, 31*(2), 307–318.

Wright, P. G. (1928). *The tariff on animal and vegetable oils.* New York: The Macmillan Company.

Zajac, E. E. (1970). A geometric treatment of Averch-Johnson's behavior of the firm model. *The American Economic Review, 60*(1), 117–125.

Internetseitenverzeichnis

4Players.de. (2018). Mehrtägiger Vorabzugang zu einem Spiel ist ein effektiver Anreiz und steigert die Umsätze mit Sonder-Editionen, von Kleffmann, Marcel, vom 17.11.2018. http://www.4players.de/4players.php/spielinfonews/Allgemein/4888/2179114/Spielkultur-Mehrtaegiger_Vorabzugang_ist_ein_effektiver_Anreiz_und_steigert_die_Umsaetze_mit_Spezial-Editionen.html. Zugegriffen am 03.12.2018.

Absatzwirtschaft.de. (2016). Der Preis für die Männlichkeit: Frauen zahlen für die gleichen Produkte weniger, vom 26.10.2016. http://www.absatzwirtschaft.de/der-preis-fuer-die-maennlichkeit-frauen-zahlen-fuer-die-gleichen-produkte-weniger-91565/. Zugegriffen am 03.11.2017.

Antidiskriminierungsstelle des Bundes. (2017). Themen und Forschung – Unsere Forschung im Überblick, vom 27.10.2017. http://www.antidiskriminierungsstelle.de/DE/ThemenUndForschung/Forschung/laufende_Forschung/laufende_Forschung_node.html. Zugegriffen am 03.11.2017.

Augsburger Allgemeine. (2016). Zuckersteuer in Deutschland: WHO fordert Abgabe auf süße Getränke, vom 30.12.2016. http://www.augsburger-allgemeine.de/panorama/Zuckersteuer-in-Deutsch-

Weiterführende Literatur

land-WHO-fordert-Abgaben-auf-suesse-Getraenke-id39334852.html. Zugegriffen am 01.03.2017.

Bloomberg Businessweek. (2015). Who bought the most expensive Album ever made?, vom 09.12.2015. https://www.bloomberg.com/features/2015-martin-shkreli-wu-tang-clan-album/. Zugegriffen 08.05.2017.

Brandeins. (2008). Konkurrenz auf dem Noppenmarkt, frei verfügbar unter. https://www.brandeins.de/archiv/2008/tempo/konkurrenz-auf-dem-noppenmarkt/. Ausgabe 03/2008. Zugegriffen am 26.10.2017.

brandeins. (2014). Marktforschung in Haßloch – Das ist Deutschland. Abrufbar unter. https://www.brandeins.de/magazine/brand-eins-wirtschaftsmagazin/2014/werbung/das-ist-deutschland. Zugegriffen am 31.02.2019.

Bundesfinanzministerium.de. (o. J.). Kaffeesteuer, Glossareintrag. http://www.bundesfinanzministerium.de/nn_4094/DE/BMF__Startseite/Service/Glossar/K/005__Kaffeesteuer.html. Zugegriffen am 26.10.2018.

Bundeskartellamt. (o. J.). Mineralölwirtschaft. http://www.bundeskartellamt.de/DE/Wirtschaftsbereiche/Mineral%C3%B6l/mineraloel_node.html. Zugegriffen am 06.07.2017.

Bundesnetzagentur.de. (o. J.). EEG-Umlage. https://www.bundesnetzagentur.de/SharedDocs/FAQs/DE/Sachgebiete/Energie/Verbraucher/Energielexikon/EEGUmlage.html. Zugegriffen am 18.12.2018.

Bundeszentrale für politische Bildung. (2012). Bevölkerung und Haushalte, veröffentlicht am 24.10.2017. http://www.bpb.de/nachschlagen/zahlen-und-fakten/soziale-situation-in-deutschland/61584/bevoelkerung-und-haushalte. Zugegriffen am 20.09.2017.

Bundeszentrale für politische Bildung. (o. J.). Transport- und Kommunikationskosten. http://www.bpb.de/nachschlagen/zahlen-und-fakten/globalisierung/52499/transport-und-kommunikation. Zugegriffen am 31.08.2017.

Deutsche Handwerkszeitung. (2017). Verkauf von Speisen: Das gilt steuerlich, Beitrag von Bernhard Köstler, vom 21.02.2017. http://www.deutsche-handwerks-zeitung.de/steuersaetze-das-gilt-fuer-den-verkauf-von-speisen/150/3098/215748. Zugegriffen am 25.04.2017.

Europäische Union. (2018). Verordnung (EU) 2018/302 des Rates vom 28. Februar 2018, Amtsblatt der Europäischen Union, LI 60/1 vom 28. Februar 2018. https://eur-lex.europa.eu/legal-content/DE/TXT/HTML/?uri=CELEX:32018R0302&from=DE. Zugegriffen am 03.12.2018.

habsburger.net. (o. J.). Biografie Marie Antoinette, Wenn sie kein Brot haben, dann sollen sie doch Kuchen essen! http://www.habsburger.net/de/kapitel/wenn-sie-kein-brot-haben-dann-sollen-sie-doch-kuchen-essen. Zugegriffen am 22.11.2018.

Handelsblatt. (2013). 100.000 Euro Pacht für ein Windrad, veröffentlicht am 31.10.2013. http://www.handelsblatt.com/technik/das-technologie-update/energie/reiche-stromernte-100-000-euro-pacht-fuer-ein-windrad/9010566-all.html. Zugegriffen am 06.03.2018.

Handelsblatt. (2016). Das sind die fünf größten Armutsrisiken, veröffentlicht am 23.02.2016. http://www.handelsblatt.com/my/politik/deutschland/armutsbericht-fuer-deutschland-das-sind-die-fuenf-groessten-armutsrisiken/13004298.html?ticket=ST-444865-jmFelDa2B6SOHdo-EImbK-ap3. Zugegriffen am 20.09.2017.

Handelsblatt. (o. J.). Oligopol in Deutschland. http://www.handelsblatt.com/unternehmen/industrie/oligopol-in-deutschland-politik-macht-den-energieriesen-druck-seite-2/2703926-2.html. Zugegriffen am 06.07.2017.

Kalorientabelle.net. (o. J.). Kalorientabelle. http://www.kalorientabelle.net/. Zugegriffen am 05.07.2017.

Lifewire.com. (2017). DVD region codes – What you need to know, vom 04.06.2017. https://www.lifewire.com/dvd-region-codes-1845720. Zugegriffen am 02.11.2017.

220 Weiterführende Literatur

Los Angeles Times. (2008). Apple removes $1.000 featureless iPhone Application, vom 07.08.2008. http://latimesblogs.latimes.com/technology/2008/08/iphone-i-am-ric.html. Zugegriffen am 06.04.2017.

n-tv.de. (2017). Airline-Monopoly nimmt Fahrt auf, vom 31.12.2017. https://www.n-tv.de/wirtschaft/Airline-Monopoly-nimmt-Fahrt-auf-article20204226.html. Zugegriffen am 02.01.2018.

n-tv.de. (2018b). Griechischer Tourismus leidet unter „Schlafsteuer", vom 19.02.2018. https://www.focus.de/finanzen/steuern/wichtigste-branche-des-landes-griechischer-tourismus-leidet-unter-schlafsteuer-urlaub-duerfte-teurer-werden_id_8487253.html. Zugegriffen am 19.02.2018.

n-tv.de. (2018c). Folge des Wirtschaftsbooms – Paletten sind ausverkauft, vom 07.01.2018. https://www.n-tv.de/wirtschaft/Paletten-sind-ausverkauft-article20217502.html. Zugegriffen am 08.01.2018.

NYTimes. (1999). Variable-price coke machine being tested, vom 28.10.1999. http://www.nytimes.com/1999/10/28/business/variable-price-coke-machine-being-tested.html. Zugegriffen am 30.10.2017.

shz.de. (2018). Parfüm und Putzmittel belasten die Luft wie Abgase, vom 15.02.2018. https://www.shz.de/deutschland-welt/panorama/parfuem-und-putzmittel-belasten-die-luft-wie-abgase-id19097511.html. Zugegriffen am 19.02.2018.

Spiegel-Online. (2015). EuGH gegen Mindestpreis für Alkohol, veröffentlicht am 23.12.2015. http://www.spiegel.de/wirtschaft/soziales/schottland-eugh-verbietet-mindestpreis-fuer-alkohol-a-1069333.html. Zugegriffen am 02.05.2018.

Spiegel-Online. (2016). Shkreli droht Ärger wegen Wu-Tang-Clan-Album, vom 09.02.2016. http://www.spiegel.de/wirtschaft/martin-shkreli-wegen-wu-tang-clan-album-verklagt-a-1076548.html. Zugegriffen am 08.05.2017.

Spiegel-Online. (2017a). Das Lufthansa-Märchen, vom 14.12.2017. http://www.spiegel.de/wirtschaft/unternehmen/lufthansa-und-niki-was-wirklich-hinter-dem-nein-der-eu-kommission-steckt-a-1183328.html. Zugegriffen am 14.12.2017.

Spiegel-Online. (2017b). EU bunkert größten Milchpulvervorrat seit 20 Jahren, vom 27.07.2017. http://www.spiegel.de/wirtschaft/soziales/bauern-hilfe-eu-bunkert-groessten-milchpulvervorrat-seit-20-jahren-a-1159893.html. Zugegriffen am 27.07.2017.

Spiegel-Online. (2017c). Missernte in Madagaskar – Vanillepreis explodiert, vom 26.05.2017. http://www.spiegel.de/wirtschaft/unternehmen/vanille-preis-explodiert-nach-missernten-in-madagaskar-a-1149359.html. Zugegriffen am 11.12.2017.

Spiegel-Online. (2017d). Olivenöl-Missernten in Südeuropa lassen Preise explodieren, vom 14.02.2017. http://www.spiegel.de/wirtschaft/olivenoel-missernten-in-suedeuropa-lassen-preise-explodieren-a-1134412.html. Zugegriffen am 02.03.2017.

Spiegel-Online. (2017e). Olivenöl – 10 von 24 Produkte sind laut Stiftung Warentest mangelhaft, vom 25.01.2017. http://www.spiegel.de/wirtschaft/service/olivenoel-10-von-24-produkte-sind-laut-stiftung-warentest-mangelhaft-a-1131550.html. Zugegriffen am 02.03.2017.

Spiegel-Online. (2018). Burberry stoppt Verbrennen unverkaufter Ware, vom 06.09.2018. http://www.spiegel.de/stil/burberry-luxuslabel-stoppt-zerstoerung-eigener-ware-a-1226785.html. Zugegriffen am 06.09.2018.

Statistisches Bundesamt. (2017). Länderprofil Deutschland 2017. https://www.destatis.de/DE/Publikationen/Thematisch/Internationales/Laenderprofile/Deutschland2017.pdf?__blob=publicationFile. Zugegriffen am 02.03.2018.

Süddeutsche Zeitung. (2016). Was würde eine Zuckersteuer bewirken?, vom 18.10.2016. http://www.sueddeutsche.de/gesundheit/ernaehrung-was-wuerde-eine-zuckersteuer-bewirken-1.3206627. Zugegriffen am 01.02.2017.

Weiterführende Literatur

Telepolis. (2016). Was ist Armut? Probleme mit der Prozentrechnung, veröffentlicht am 09.03.2016. https://www.heise.de/tp/features/Was-ist-Armut-Probleme-mit-der-Prozentrechnung-3378785.html. Zugegriffen am 20.09.2017.

Umweltbundesamt. (2017). Dicke Luft zum Jahreswechsel, veröffentlicht am 27.12.2017. https://www.umweltbundesamt.de/themen/dicke-luft-jahreswechsel. Zugegriffen am 02.01.2018.

Welt.de. (2015). Blackstone-Chef winkt Milliarden-Jahresgehalt, vom 17.03.2015. https://www.welt.de/wirtschaft/article138478678/Blackstone-Chef-winkt-ein-Milliarden-Jahresgehalt.html. Zugegriffen am 06.07.2017.

Welt.de. (2016a). Der gläserne Autofahrer, vom 08.04.2016. https://www.welt.de/print/die_welt/finanzen/article154127991/Der-glaeserne-Autofahrer.html. Zugegriffen am 27.06.2017.

Welt.de. (2016b). Aldi und Lidl sind ein Segen für die Kunden – noch, vom 19.07.2015. https://www.welt.de/wirtschaft/article144196760/Aldi-und-Lidl-sind-ein-Segen-fuer-die-Kunden-noch.html. Zugegriffen am 27.06.2017.

Wired.com. (2004). The long tail, vom 10.01.2014. https://www.wired.com/2004/10/tail/. Zugegriffen am 25.10.2018.

Wirtschafts- und Sozialwissenschaftliches Institut. (o. J.). Datenportal, Nominale mittlere Nettomonatseinkommen. https://www.boeckler.de/wsi_50933.htm. Zugegriffen am 20.09.2017.

Wiwo.de. (2019). Feuert das Baukindergeld die Preise weiter an?, vom 19.02.2019. https://www.wiwo.de/finanzen/immobilien/immobilienbranche-feuert-das-baukindergeld-die-preise-weiter-an/24011908.html. Zugegriffen am 21.02.2019.

Zeit Online. (2012). Das Karat-Kartell gewinnt, vom 06.01.1984, aktualisiert am 21.11.2012. http://www.zeit.de/1984/02/das-karat-kartell-gewinnt/komplettansicht. Zugegriffen am 26.10.2017.

Zeit Online. (2017). Schottland führt Mindestpreis für Alkohol ein, veröffentlicht am 15.11.2017. https://www.zeit.de/gesellschaft/zeitgeschehen/2017-11/alkoholkonsum-schottland-mindestpreis-whiskey. Zugegriffen am 02.05.2018.